常识与理性

走向实践主义的司法哲学

江国华⊙著

生活·讀書·新知 三联书店

图书在版编目（CIP）数据

常识与理性：走向实践主义的司法哲学 / 江国华著. —北京：生活 · 读书 · 新知三联书店，2017.4
ISBN 978 - 7 - 108 - 05718 - 1

Ⅰ. ①常…　Ⅱ. ①江…　Ⅲ. ①社会主义法制 - 研究 - 中国
Ⅳ. ① D920.0

中国版本图书馆 CIP 数据核字（2016）第 118341 号

责任编辑　胡群英
装帧设计　刘　洋
责任印制　宋　家
出版发行　生活 · 讀書 · 新知　三联书店
（北京市东城区美术馆东街 22 号　100010）
网　　址　www.sdxjpc.com
经　　销　新华书店
印　　刷　河北鹏润印刷有限公司
版　　次　2017 年 4 月北京第 1 版
2017 年 4 月北京第 1 次印刷
开　　本　635 毫米 × 965 毫米　1/16　印张 19.5
字　　数　251 千字
定　　价　58.00 元
（印装查询：01064002715；邮购查询：01084010542）

目　录

题记　1

导论　司法立宪主义与中国司法改革　3

一　司法立宪主义的基本意味　4

二　司法立宪主义视野中的“司改问题”　15

三　司法立宪主义视野中的“司改理路”　27

第一章　法院的定位与职责　44

一　法院的审判者定位及其宪法依据　45

二　法院的治理者角色及其法理　51

三　司法之治——通过审判的社会治理　55

第二章　法官的角色与本位　63

一　重返常识：作为裁判员的法官　64

二　回缚理性：作为工程师的法官　70

三　规复本位：作为规则适用者的法官　76

第三章　司法权的谦抑与能动　82
一　本体论：谦抑的审判权　83
二　方法论：能动的审判官　91
三　原则与方法：走向能动的司法　97

第四章　司法的国家性与地方性　106
一　审判权的国家性　107
二　审判事务的地方性　110
三　司法的相对统一论　113

第五章　司法偏好的衡平与折中　122
一　司法之程序性偏好　123
二　司法之实体性偏好　128
三　司法之中庸性偏好　133

第六章　司法效果的客观性与主观性　140
一　法律效果：审判之客观效果　141
二　社会效果：审判之主观效果　149
三　在法律框架内谋求社会效果的最优化　155

第七章　司法理性的逻辑与悖论　161
一　司法理性之逻辑　162
二　司法理性之悖论　166
三　走向包容性司法：司法改革的一个可能向度　171

第八章　司法裁判模式的困境与取向　180
一　职权主义之悖论　181

二　当事人主义之诘难　188
三　走向衡平的裁判模式　193

第九章　司法技术与司法政治　201
一　司法技术：司法过程的客观构造　202
二　司法政治：司法过程的主观构造　209
三　司法的政治性与技术性何以兼容　214

第十章　司法规律与司法改革　219
一　司法不是唯一的　220
二　法院不是万能的　225
三　综合的司法改革理念　229

代结语　转型中国的司法价值观　234
一　政治司法价值观：为阶级斗争冲锋陷阵　236
二　经济司法价值观：为经济建设保驾护航　247
三　社会司法价值观：为社会稳定排忧解难　260
四　走向衡平司法价值观：为法治文明注译导航　271

参考文献　282

题　记

近三十年来，中国司法改革的路线似乎一直游走于“西化路线”与“回归传统”之间。但司法是民族的，也是历史的。西方司法只不过看上去很美，至多可供欣赏与借鉴；历史也不可逆转，我们无法回到过去。现实主义者的思路是“回归现实”，走向实践主义——用实效来审视司法改革之路径，以累计正义来构筑中国司法之未来。

司法实践主义既是一项原则，也是一套方法，它是一种“行动中”的司法哲学，因而也是以“实践”为全部基础的司法哲学。它引领着司法资源之流向，并为司法方法注入灵活性与创造性元素。

作为原则的实践主义，要求司法权力的配置和制度设计都有助于提升司法效率与司法实效：司法是要讲究效率的，法官必须在有限的时间内解决问题，不容许磨蹭到“黄花菜都凉了”；司法也是要讲究实效的，法官必须充分考虑其判决所可能带来的系统性后果，不容许只顾“走完法定程序，任他洪水滔天”。

作为方法的实践主义，旨在实现以下几个方面的目标：（1）为谦抑的司法权与能动的审判官之间搭建某种桥梁——在本体论意义上，司法权只能是谦抑的；但在方法论上，法官必须能动地行使审判权。（2）在形式正义与实质正义之间寻求动态平衡——法官的使命不在于“走程序”，而在于以最优方式追求“实质正义”。（3）将司法裁判与社会治理结合起来——司法之目的不在于裁判，而在于通过裁判实现社会治理。（4）将法律效果与社会效果统一起来——

法律源于生活，司法的过程不是要抽空法律中之“情理”，而是要将法律还原于生活，并融于情理之中，所以“合乎情理”构成实践主义司法的基本目标。（5）将个案正义与社会普遍正义连接起来——法官审理的是个案，但追求的不仅仅是个案正义，而是社会的普遍正义。

导论　司法立宪主义与中国司法改革*

［**观点提示**］司法立宪主义的核心旨意即司法的合宪性控制，它内在地包含元宪法、宪法核、宪法保留、法律保留四个基本法则，分别对制宪权、修宪权、立法权和立法以外其他权力的作用圈定禁区。基于司法立宪主义的要求，司法改革首先应当解决其本身的“合宪性”“必要性”“导向性”等基本问题，即应厘定司法改革的禁止空间与作用空间，应理清“司法为什么要改”以及“哪些问题是非改不可的”，应告诉人民“司法到底要改到哪里去”以及“我们通过什么路径实现改革愿景”。故此，中国司法改革的当务之急在于：通过释宪或者修宪，明确司法机关的宪法定位及其与人民代表大会制度的关系，让司法回缚于宪法；通过制定《司法改革法》，将改革的顶层设计和改革清单法律化和规范化，让司法改革于法有据、统筹兼进；通过修改旧法与制定新法等方式，完善中国司法法体系，为司法运行铺就法治轨道。

在迄今为止比较长的一段时期，中国学术界在宪法实施方面一直有一个理想，那就是实现宪法的司法化。所谓宪法司法化，简单地说，就是让宪法规范走进司法程序，成为裁决个案的依据——在穷尽普通

* 本章主要观点曾以《司法立宪主义与中国司法改革》为题，刊发于《法制与社会发展》2016年第1期。

法律规范的条件下，法官可以直接适用宪法条文，对案件作出裁决。[1]但2008年最高人民法院废止当年其对齐玉苓案所作批复的事实，再次表明宪法司法化在中国有着难以逾越的障碍。

在十八大之后，高层正以前所未有的力度推动中国司法改革——继四中全会《中共中央关于全面推进依法治国若干重大问题的决定》（以下简称《决定》）构设了以“保证公正司法，提高司法公信力”为目标的司法改革总体框架之后，最高人民法院、最高人民检察院以及司法部分别出台了具体的“改革意见”。就其内容而言，这些改革举措涉及现行司法体制机制的方方面面。鉴于司法制度本身的特殊性及其在法治国家建设中的重要地位，司法改革的过程中有必要植入“司法宪法化”之议题。所谓司法宪法化，即让司法回缚于其宪法定位和宪法拘束，其核心问题就是将司法权及其运行过程纳入宪法轨道，实现宪法对司法和司法改革的全面规制——其本质即司法立宪主义（Judicial Constitutionalism）。

一　司法立宪主义的基本意味

从一般意义上说，立宪主义是一种关于国家正当性的理论或者学说，它涉及国家政权如何组建、国家政治权力如何运行以及国家和人民应当如何相待等问题，其精髓在于“以宪法和法律来规范政府的产生、更替及其权力的行使，借以防止人民的人权受到政权的侵害，并进而确保政权的行使能符合人民的利益”[2]。据此，司法立宪主义是关于司法正当性的学问，它涉及司法权如何配置、司法机

〔1〕谢维雁：《“宪法间接适用论”质疑》，载《法商研究》，2011年第2期。

〔2〕陈弘毅：《论立宪主义》，载陈弘毅《法理学的世界》，中国政法大学出版社2003年版，第108页。

构如何组织、司法权力如何运作以及司法如何保证人权等基本问题。其要义有四：（1）司法独立属于“元宪法”的范畴。（2）“宪法核”属于修宪权作用禁止事项。（3）司法权配置属于宪法保留事项。（4）司法组织及司法人员的遴选和惩戒、司法运行方式和程序等司法制度属于法律保留事项。

（一）司法独立属于“元宪法”的范畴

肇始于13世纪英国的立宪主义传统，缘起于对“国王集权”的恐惧，发轫于1215年《自由大宪章》，英国立宪主义基本上是在沿着“限制王权”和“分解王权”两条线路与“国王集权”进行博弈。其中，“限制王权”的博弈逐渐形成了以“法律至上，王在法下”“合法裁判”为基本内核的法治原则，以“无代表不纳税”“人民同意”为基本内核的民主原则，以人身自由和财产权利不受非法限制和剥夺为基本内核的人权保障原则。而“分解王权”的博弈逐渐形成了以“议会主权”（将立法权从王权中独立出来）、“法官独立”（将司法权从王权中独立出来）为基本内核的分权原则。这些原则构成了英国立宪主义的精髓，并历经时代的洗礼和沉淀，升华为其后成文宪法之“元宪法”（meta-constitution）。

“元宪法”是受“元理论”启发而衍生出来的一个概念，大致可以作两重解释：（1）“元宪法”乃宪法之法或者最高的宪法，它构成了一国宪法的精神内核，并决定了其本质属性和价值取向性。它具有逻辑上和效力上的双重“先在性”，即在逻辑上，它先于宪法文本而存在；在效力上，它优于宪法文本而存在。（2）“元宪法”乃宪法自我认知或自我审视之元点，它规定了“宪法之所以成其为宪法”“宪法何以证成其自身（正当性）”“宪法为什么是必要的”等基本问题。

在法理上，“司法独立”即属于“元宪法”之范畴。它的正当性不取决于宪法的明文规定，相反，它是宪法证成自身正当性的基本依据。从这个意义上说，元宪法具有自然正义之意味[1]，其正当性可直接诉诸自然法——这种萌发于古希腊哲学的自然法，经由苏格拉底、柏拉图、亚里士多德以及斯多葛学派的演绎，被普遍地接受为“一种关于良善行为的普遍理念，这种理念代表着人间实证法律的基础”，不仅可以作为评价成文法优劣的参照[2]，而且可以当作司法裁判正当性的准则[3]。

正是基于其元宪法之属性，宪法必须以某种方式对“司法独立”予以确认，否则，其将陷入自身正当性证成之逻辑困境。正因如此，迄今为止142部成文宪法中，有105部明确规定了司法独立和法官独立。比如，美国1787年宪法第3条在司法权的适用范围问题、法官的地位问题（主要是终身任期和薪酬方面）和司法机构的设置问题三个方面作了一系列规定，以确保司法活动独立，保护法官独立行使权力。为确保该条款得到切实贯彻，1789年美国又出台了作为宪法第3条实施细则的《司法法》，在联邦司法权的适用范围与具体适用的方式上规定了司法权行使的独立性，细

---

〔1〕一般认为，自然正义根植于英国普通法传统，作为正式的法律制度，其历史可追溯到1215年《自由大宪章》第39条的规定：“凡自由民，如未经其同级贵族之依法裁判，或经国法判决，皆不得被逮捕、监禁、没收财产、剥夺法律保护权、流放或加以任何其他损害。”正是从这个意义上说，“自然正义乃是由大宪章所衍生出来的一项原则”，而这项原则本身正是对“司法独立”的一种抽象。

〔2〕1610年，首席法官科克在博翰姆大夫一案中指出，如果议会法律让某人做自己案件的法官或以别的方式“触犯普通的理性”，法院可以宣布该法无效。[美] 伯纳德·施瓦茨：《美国最高法院史》，毕洪海等译，中国政法大学出版社2005年版，第2页。

〔3〕1470年，耶沃顿（Yelverton）首席大法官曾经说过：“在碰到一个新案件而又缺少现存法律依据的情况之下，我们的做法应该和教会法专家以及平民的做法一样。他们所考虑的是如何才能最有利于公众的利益，求助的是作为所有法律基础的自然的法律，我们也应该这样办。在此意义上，如果我们准备制定一部实证的法律，也同样应该明白什么是对公众最有益的，然后再去制定该法律。”

化了联邦宪法对司法权的原则性规定。德国基本法第 97 条第 1 项明确规定："法官具有独立性，只服从宪法和法律。"其第 2 项又规定，专职且是正式任用的法官，非经法院判决，并根据法定理由、依照法定程序，在其任期届满之前，不得违反其意志予以免职、停职、转任或命其退休。俄罗斯联邦宪法第 120 条规定："法官独立，只服从俄罗斯联邦宪法和联邦法律。"日本宪法第 76 条第 3 款规定："所有法官依良心独立行使职权，只受本宪法及法律的约束。"

在我国，自《中华民国临时约法》以来的历部宪法均设有专门的司法独立条款。如《中华民国临时约法》（1912）第 51 条规定："法官独立审判不受上级官厅之干涉。"《中华民国约法》（1914）第 45 条和第 48 条分别规定："法院依法律独立审判民事诉讼、刑事诉讼"；"法官在任中不得减俸或转职；非依法律受刑罚之宣告或应免职之惩戒处分，不得解职。惩戒条规，以法律定之"。《中华民国宪法》（1923）第 101 条规定："法官独立审判，无论何人，不得干涉之。"其第 102 条规定："法官在任中，非依法律，不得减俸、停职或转职。法官在任中，非受刑法宣告或惩戒处分，不得免职。但改定法院编制及法官资格时，不在此限。法官之惩戒处分，以法律定之。"《中华民国宪法》（1946）第 80 条规定："法官须超出党派以外，依据法律独立审判，不受任何干涉。"其第 81 条规定："法官为终身职，非受刑事或惩戒处分，或禁治产之宣告，不得免职。非依法律，不得停职、转任或减俸。"承其传统，中华人民共和国成立后，"五四宪法"和现行宪法中均有司法独立条款。如"五四宪法"第 78 条即规定："人民法院独立进行审判，只服从法律。"现行宪法第 126 条和第 131 条规定，人民法院和人民检察院依照法律规定独立行使审判权和检察权，不受行政机关、社会团体和个人的干涉。

（二）“宪法核”属于修宪权作用禁止事项

在现代宪法学理论看来，“宪法实质是法”的观念是宪法学保持其生命力与价值的重要体现，亦是建立宪法规范体系的理论基础。正是基于宪法首先是法这一认知，宪法自身的规范性得以证成。韩大元教授认为，宪法本身由不同规范构成，主要包括宪法制定规范、宪法修改规范、宪法核与宪法律。[1]其中，宪法核，顾名思义，即为宪法核心，亦有学者称为“宪法的宪法”。台湾学者陈慈阳则将其阐释为“以人性尊严与以人的基本价值为基础的自由民主宪法秩序，以及为了保障此秩序所必要的诸如法治国家、权力分立、正当法律程序与社会国原则等宪法基本原则”[2]。

在逻辑上对宪法规范作此区分，很大程度上源于“宪法修改的限制理论”[3]。基于德国学者卡尔·施密特（Carl Schmitt）关于“制宪权”与“修宪权”的划分，宪法在本质上是一种政治决断，它由源于政治现实力量或权威的政治意志而形成，代表此一政治意志之制宪权决定了宪法条文之性质——属于不可变更之核心，除此之外的实证宪法条文则可由修宪权加以修改。[4]据此，对宪法的存在具有根基性作用的宪法条款不得成为宪法修改的对象，这些条款属于“宪法核”之范畴。

在实践中，正是基于“宪法核”之根本性，各国大多在其宪法文本中对宪法修改设有明示或者默示的限制性规定。例如，德国基本法第 79 条第 3 款规定，对基本法的修改不得影响联邦由各邦组成

---

〔1〕韩大元：《论宪法规范的至上性》，载《法学评论》，1999 年第 4 期。

〔2〕陈慈阳：《宪法学》，元照出版公司 2004 年版，第 83 页。转引自柳飒、涂云新：《宪法修改的限制理论与宪法核心之保障》，载《政治与法律》，2013 年第 8 期。

〔3〕对宪法修改有无限制的理论争议，学界亦存在“无限制说”和“有限制说”两种观点。“无限制说”基于“国民主权”不受限制理论，主张宪法的修改亦无所限制。而以德国、日本为代表的国家则承认宪法修改的“有限论”，认为宪法的修改不能突破“宪法核”。

〔4〕陈慈阳：《宪法规范性与宪法现实性》，台北翰芦图书出版有限公司 2007 年版，第 22 页。

之事实，不得影响各邦参与立法及第1条和第20条所规定原则。[1]日本现行宪法在序言中指出：国民主权“是人类普遍的原理，本宪法即以此原理为根据。凡与此相反的一切宪法、法律、法令和诏敕，我们均将排除之”[2]。美国联邦宪法第5条规定：“……但在1808年前所制定的修正案不得以任何形式影响本宪法第1条第9款之第1、第4两项；任何一州，未经其同意，不得被剥夺它在参议院中的平等投票权。”等等。

从这个意义上说，“宪法核”并非指涉某一具体规定，而是对宪法根本性内涵的概括总称。因此，在不同国家，其具体指涉和表现都有所不同。比如依德国学者卡尔·施密特的学说，立宪政体、权力分立、法律保留、司法独立、人权保障等五项基本原则，即属于宪法核之范畴。“宪法核”是一国宪法之根本，亦是一国之根本，属于一国“国体”或“政体”之核心，其意在圈定修宪禁区，即禁止通过修宪的方式予以变更或改易，否则即视为宪法破弃（Verfassungsdurchbrechung）。[3]

就我国而言，人民代表大会制度即属于“宪法核”之范畴[4]，系修宪权作用禁止之事项，即人民代表大会制度不得通过修宪方式予以更改。其效力及于人民代表大会制度整体和其构成要件，即修宪权不仅禁止作用于作为一个整体的人民代表大会制度，而且也禁止作用于构成人民代表大会制度的“组成部分”。作为人民代表大会制度构成要素

---

〔1〕例如，人性尊严的不可侵犯性原则、民主原则、共和国原则、权力分立原则、法治国原则、社会国原则等。参见王锴：《宪法解释的融贯性》，载《当代法学》，2012年第1期。

〔2〕曾祥华：《日本的宪法修改与违宪审查》，载《山东科技大学学报（社会科学版）》，2014年第2期。

〔3〕陈朝建：《宪法保留与国会保留——法政专业名词解析》，http://www.lawtw.com/article.php?template=article_content&area=free_browse&parent_path=,1,1648,&job_id=45385&article_category_id=1170&article_id=19953，最后访问时间为2014年12月25日。

〔4〕另有学者认为，党的领导、社会主义制度等亦属于“宪法核”范畴。

的人民代表大会代表由人民选举产生，人民代表大会产生国家“一府两院”，国家“一府两院”对人民代表大会负责、受人民代表大会监督等任何一项都属于修宪权作用禁止事项。

因此，坚持人民代表大会制度，是我国司法改革所必须遵循的一项基本的宪法原则。即便启动修宪程序，也不得改变各级司法机关由同级人民代表大会产生、对产生它的国家权力机关负责等基本规范。其效力涉及两个方面，一则全国人大自身立法对“人民代表大会与司法机关之间关系”作用的排除；二则全国人大立法之外其他规范对“人民代表大会与司法机关之间关系”作用的禁止，包括全国人大常委会立法。

（三）司法权配置属于宪法保留事项

所谓宪法保留，意指涉及国家政权组织及其配置等内容只能由宪法规定，排除立法权的作用。其核心效力在于圈定议会立法禁区，即宪法保留事项原则上禁止授权议会以立法形式予以规定。

就其历史渊源而言，立宪主义的原初旨意即在于实现“国家权力配置的宪法化”，其要义有二：（1）打破国家权力由国王垄断的格局，基于功能性的类型划分，将不同性质的权力配置到不同的机构之中，从而实现国家权力的公共化和专业化。以英国为例，在国王一统的时代，国家权力被视为皇家私有之物，所谓“普天之下，莫非王土；率土之滨，莫非王臣”，生杀予夺，全凭国王一己之念或一己之利。君主立宪的基本意图，正是通过对国王权力的功能性分类之后的剥离，将立法、行政、司法之权分别交由专门的职能部门掌理，从而在实现国家权力专业化的同时，实现国家权力的公共化。由此而衍生出来的分权原则，其后被各国立宪奉为圭臬。（2）重构国家权力的正当性基础，并为其设定必要的边界，从而实现国家权力的民主化和法治化。以英国为例，在前立宪时代，国王“口含天宪，言出法随”，可谓名副其实的君主主权和君主专制国家。但在经由《自由大宪章》（1215）、《人民公约》（1259）、《权利请愿书》（1628）、《人身保护法》（1679）以及《王位继承法》（1701）等宪法性文件所确立的“王在法下”的“法统”之后，其国家权力的正当性基础即由君主主权转向议会主权和法的统治，从而实现了国家权力的民主化和法治化，由此所确立的法治原则和代议民主制度构成了近现代立宪主义的基石。

正是从这个意义上说，宪法在本体论上即国家权力配置法。所谓“宪法即人权保障法”的命题，乃其价值论层面的判断——价值判断通常具有应然性和或然性。应然性的价值判断并不等于“实然”，正如同或然性的价值判断并不等同于“必然”一样。宪法作为人权保障法所具的必然性和实然性，取决于这样一个本体论事实，那就是宪法在多大程度上实现了“国家权力配置最优”。这一观点的要义有三：（1）宪法是否在法律和政治双重意义上统摄了全部的国家权力，由此衍生出宪法至上和权力宪定两项基本原则。其中前者意味着宪法在国家法律体系和政治生活中具有最高权威，没有超越宪法之上或者游弋于宪法之外的特权；后者意味着宪法是国家权力唯一的正当性渊源，但凡没有宪法根据的权力都是非法的权力。（2）宪法在国家权力配置上是否遵从了最低限度的分权，即是否基于国家权力的功能性分类，将不同性质权力分别配置给不同的国家机关掌理，立法的归立法，行政的归行政，司法的归司法，各负其责，各守其界。[1] 由此衍生出来的专业化的立法制度、行政制度和

---

〔1〕纵观世界司法权形成的历程可以明确：司法权从行政权中分离出来，是司法权得以成为一种独立性权力的第一步；第二步是在司法权内部实现审判权与控诉权的分离；第三步是加强辩护方的辩护权，使辩护方取得与控诉方趋于平等的“平民武装”，进而实现控辩双方的平等对抗。冀祥德：《论司法权配置的两个要素》，载《中国刑事法杂志》，2013 年第 4 期。

司法制度等构成了现代国家整体的基本架构。（3）宪法之于国家权力配置的效力是否有制度上的保障。为此，必须形成宪法实施和宪法监督两项配套制度——如果说，组织法和程序法构成了宪法权力配置条款实施制度的核心内容，那么，违宪审查制度则构成了宪法监督制度的基本内核。

唯其如此，“权力配置条款”才构成了各法治国家成文宪法的保留条款。以美国为例，其1787年宪法总共七条，其中前三条分别为立法、行政和司法权力配置条款。中国自《中华民国临时约法》（1912）以来，“权力配置”条款在历部宪法文本中都占据基础性地位。比如，《中华民国临时约法》加“附则”共7章56条，其中第3—6章分别涉及立法权、行政权和司法权的配置问题。“五四宪法”共4章106条，其中第2章“国家机构”中设有专门条款规定了国家立法职权、行政职权、审判权和检察权在国家机构之间的配置。这一立宪范例为现行宪法所承继。

既然国家权力配置为宪法所保留，那么，作为国家权力重要组成部分的司法权之配置当然属于宪法保留之范畴。以我国为例，“五四宪法”第73条明文规定：“中华人民共和国最高人民法院、地方各级人民法院和专门人民法院行使审判权。”其第81条规定：“中华人民共和国最高人民检察院对于国务院所属各部门、地方各级国家机关、国家机关工作人员和公民是否遵守法律，行使检察权。地方各级人民检察院和专门人民检察院，依照法律规定的范围行使检察权。”“七五宪法”第25条尽管有“检察机关的职权由各级公安机关行使”的规定，但“最高人民法院、地方各级人民法院和专门人民法院行使审判权”的规定仍得以保留。“七八宪法”第41条重复了“五四宪法”第73条和“七五宪法”第25条关于审判权的规定，第43条则回归到“五四宪法”第81条的规定。现行宪法第123条和第126条涉及审判权的配置，第129条和第131条则涉及检察权的配置。

（四）司法制度属于法律保留事项

法律保留意指在特定范围内对行政自行作用和委托立法的排除，可分为一般保留和绝对保留。一般保留，意指某些法定事项原则上只能由立法机关通过立法方式才可以规定，但在立法机关尚未立法的条件下，基于立法机关特别授权，可以对其中部分事项先行出台行政法规。绝对保留，意指某些法定事项只能由立法机关通过立法的方式予以规定，并禁止立法机关委托行政机关通过制定行政法规的方式予以规定。

在我国，宪法尽管没有明文规定法律保留原则，但现行宪法用两种方式表达了法律保留的意思。其一，通过明确立法权限的方式，表达法律保留。宪法第62条、第67条对最高权力机关的立法权限作了明确规定；规定了全国人大及其常委会的立法权限范围，在某种意义上就是圈定了立法保留的事项范围。其二，通过“由法律规定”或“依照法律”的方式，表达法律保留。比如，宪法第78条、第86条、第95条、第124条、第130条分别规定“全国人民代表大会和全国人民代表大会常务委员会的组织和工作程序由法律规定”“国务院的组织由法律规定”“地方各级人民代表大会和地方各级人民政府的组织由法律规定”“人民法院的组织由法律规定”“人民检察院的组织由法律规定”，其中的“由法律规定”即明示“国家机关组织”只能由法律规定。又如，宪法第10条规定“农村和城市郊区的土地，除由法律规定属于国家所有的以外，属于集体所有”，“国家为了公共利益的需要，可以依照法律规定对土地实行征收或者征用并给予补偿”，其中的“依照法律”即表明改变农村和城市郊区土地“集体所有制属性”只能由法律规定，对“土地实行征收或征用”须有法律上的依据。宪法第91条规定“审计机关在国务院总理领导下，依照法律规定独立行使审计监督权”，第126条规定“人民法院依照法律规定独立行使审判权”，

第131条规定“人民检察院依照法律规定独立行使检察权”，等等，其中的“依照法律”即明示审计权、审判权和检察权的“独立行使”属于法律保留事项。

基于宪法的上述明示或暗示，我国《立法法》第8条和第9条则对法律保留事项作了明确列举。其中，第8条规定了相对保留事项，包括国家主权的事项，各级人民代表大会、人民政府、人民法院和人民检察院的产生、组织和职权，诉讼和仲裁制度等；第9条规定了绝对保留事项，包括有关犯罪和刑罚、对公民政治权利的剥夺和限制人身自由的强制措施和处罚、司法制度等事项。据此，司法制度不仅属于法律保留事项，而且属于绝对保留范围，禁止授权立法作用。

司法制度之所以被设定为法律绝对保留之事项，其法理有五：（1）司法机关代表国家行使职权、履行职责，其组织和程序之正当性程度决定了其本身的权威度和公信度，为此，有必要排除其他规范的作用，将其保留给最高国家权力机关依据宪法、以国家立法形式予以规定。（2）法律是司法的唯一上司，司法权运行过程只接受法律的规制，法官只服从法律，法官不能接受法律明文规定之外的任何惩戒或奖励。所以，除非排除法律以外的其他规范作用，否则即有违司法独立之原则。（3）司法是天然的“保守派”，法若不变，则司法不变；将其设定为“绝对保留”，乃其保守性和稳定性的内在要求。（4）司法机关是“法律”适用机关，在逻辑上，唯有依照法律规定产生的组织，依照法律规定的程序和方式，才有可能确保法律得到公正、充分的适用。（5）在中国，以司法组织和司法程序等为基本内核的司法制度由法律绝对保留，是司法机关由人大产生、受人大监督、对人大负责的制度保障，是人民代表大会体制的内在要求和当然延伸。

二　司法立宪主义视野中的"司改问题"

在原理上，司法体制是国家宪法体制的有机组成部分[1]，它与国家立法体制、行政体制、社会体制等存在着不可分割的关联性。因此，司法改革并非司法体制的"自我"完善，而是国家整个宪法体制改革的一个环节或者一个板块。为此，有必要将司法改革置于司法立宪主义视野中进行考量，置于国家整个宪法体制改革系统工程中进行考量，置于整个国家法治建设总体构架中进行考量。否则，司法改革难免陷入自说自话（神秘性）、零敲碎打（碎片性）、为改革而改革（盲目性）等困境。

（一）司法改革的合宪性问题

宪法乃司法正当性之规范渊源，司法则是宪法实施的基本途径和保障。因此，司法及其运行过程必须接受宪法的规制；同时，宪法也应当对司法及其运行过程形成持续的规约能力。司法改革涉及司法体制机制的变革，其正当性直接取决于其合宪性。唯有满足合宪性要件，司法改革之正当性方可能得到证成。基于上文论述可知：

其一，作为"元宪法"，司法独立原则乃一国司法制度的基石和精髓所在。故此，司法改革的所有举措都应当有助于司法独立原则的保障与实现，唯其如此，中共十八届四中全会《决定》将"完善确保依法独立公正行使审判权和检察权的制度"作为整个司法改革的首要议题。其要义有三：（1）是否有助于"司法机关独立行使司法权"是判断各项司法改革合宪性的核心指标，但凡无助于甚或有违于司法独立原则之改革措施都有违宪之嫌。（2）"确保"司法独立

〔1〕江国华：《论司法改革的五个前提性问题》，载《政治与法律》，2015年第3期。

是司法改革的基本诉求，所有的改革措施都是为了满足这一诉求而设置的。（3）“完善制度”是司法改革的基本任务，它意味着司法改革的任务正在于“为司法机关独立公正行使职权建章立制，清除障碍，提供保障”。

其二，作为“宪法核”，人民代表大会制度是我国的根本政治制度，“是坚持党的领导、人民当家做主、依法治国有机统一的根本制度安排”。因此，是否坚持人民代表大会制度既是判断司法改革合宪性的重要指标，又是司法改革所必须坚持的政治底线。其要义有三：（1）人民代表大会制度是社会主义政治文明本质特征的集中体现，是我国各项建设和改革必须遵循的政治底线。（2）中国司法改革是以坚持人民代表大会制度为基本前提的改革，任何否定或者篡改人民代表大会制度的改革都是违宪的。（3）司法改革固然涉及“人大与司法关系之改善”，但在逻辑上，“人民代表大会制度的完善”不属于“司法改革”之范畴，但凡涉及“司法与人大关系”之改革，均属于“人大制度完善”之事项。“完善”之意在于更好地发挥人民代表大会制度的作用，而不是相反。所以，这个“完善”是不能改变“国家司法机关由人大产生、受人大监督、对人大负责”之类核心原则的。这就意味着一切涉及“司法与人大关系”的调整或改善措施，都只能强化人大对司法的监督，完善司法对人大的负责机制，而不是相反。

其三，作为法律绝对保留事项，司法制度的任何变更都必须“依照法律”。其要义有三：（1）司法改革属于法律绝对保留的事项，因此任何涉及司法制度改革的措施都必须于法有据，司法改革的权限、司法改革的依据、司法改革的内容以及司法改革的目标等，均必须有法律的明文规定；但凡于法无据的改革都是非法的。（2）在逻辑上，“法变”具有先在性，法若不变，司法则不能变；因此，司法改革只能在现行法律框架内进行，如果改革要突破法律的框架和界限，只能先修改法律，或取得立法机关的特别授权。（3）司法改革的过程必须“依照法律进行”，并接受法律拘束——司法是正义的守护者和供给者，它应当充当守法的模范和表率；因此，涉及司法组织、司法程序以及司法人员管理等方面的改革，应当全部、全面、全程恪守法律的规定，接受法律的拘束。

（二）司法改革的主次性问题

改革不是与旧制度决裂，而是对旧制度的完善——完善即去其糟粕，存其精华。[1] 既然“改革”意味着改旧革新，那么我们就应当避免将司法制度当作“试验品”来重新设计的冲动[2]，套用波普尔的话说，我们的司法改革不是“去寻找司法的理想的终极的善并为之战斗，而是寻找司法制度中的最大最紧迫的恶并与之斗争”。因此，找出症结所在，找出“中国司法存在怎样的问题”，以及哪些问题是非改不可的，哪些问题是可改可不改的，理出主次轻重，当成为司法改革的首要问题。

其一，司法存在哪些问题。这是讨论司法改革的逻辑起点。因此，全面梳理、准确分析和客观评价司法领域存在的问题，是探讨司法改革必要性的前提。以法院为例，从 1984 年至 2015 年历任最高人民法院院长向全国人大所做的工作报告中，可以梳理出以下具体问题和不足：（1）人民法院依法独立行使审判权受到干涉和阻挠，“‘以言代法’‘以权压法’，对法院依法办事横加干涉并不鲜见”，“甚至阻挠法官对一些案件的受理、判决和执行”。（2）司法不公现象仍然存在，有案不立、诉讼拖延、裁判标准不统一等问题有待进

〔1〕江国华：《实质合宪论——中国宪法三十年演化路径的检视》，载《中国法学》，2013 年第 4 期。
〔2〕秦德君：《渐进的修补：政治设计的社会运用》，载《探索与争鸣》，2010 年第 3 期。

一步解决。（3）司法权威不高，司法公信力不足，从20世纪80年代后期开始，生效法律文书“执行难”的问题依然存在，且呈现恶化趋势。（4）法官素质不高，部分法官司法能力不适应形势发展要求，准确认定事实、正确适用法律、妥善化解矛盾的水平不高。（5）“四风”问题依然不同程度地存在，部分法官群众观念不强，司法作风不正，对当事人冷硬横推，有的法官缺乏司法良知和法纪观念，违背法官职业道德，甚至徇私枉法，办关系案、人情案、金钱案。（6）法院人才流失问题突出，随着人民法院办案数量持续快速增长，新类型案件大量增加，办案压力越来越大，而与之相对应的法官职业保障制度却仍未完善。

就其性质而言，这些问题有体制上的，也有机制上的；就其视域而言，这些问题有历时性的，也有共时性的；就其成因而言，有的问题是司法体制本身造成的，有的问题是司法以外的其他因素造成的。因此，对于司法改革而言，仅仅发现问题或者罗列问题，是远远不够的，还必须研究问题。只有对问题进行深入研究和分析之后，才能认清与把握问题的本质和成因。问题的性质不同、视域不同、成因不同，其解决方案理当不同。比如，司法公信力的问题，就是一个非常复杂的问题，如果我们对其成因或影响因素缺乏足够的认知，我们的改革方案就很可能“文不对题”。

其二，哪些问题非改不可。世界上没有十全十美的制度，任何制度都可能存在缺陷。如果“缺陷”尚未达到“不能容忍”的程度，那么就应当有容纳这种“缺陷”存在的肚量。因为任何改革都是需要成本的，当一项改革的代价远远超过“缺陷”所可能带来的损失时，这项改革就显然没有必要。所以，司法改革应当找准“非改不可的问题”，并与之决战。所谓“非改不可的问题”，至少有四重意思：（1）“问题”已经到了“无法容忍的程度”，不改不足以保障司法公正。（2）“改革”是“问题解决”的必要条件——在现有的制度资源中，找不到解决问题的方案，也没有替代“改革”的可能策略；除非改革，否则“问题”就无法解决。（3）“改革”有助于问题解决，并现实可行——司法改革是围绕解决“司法问题”而展开的，只有切实可行的改革举措，才可能对“问题解决”有所助益；“为了改革而改革”，有违改革必要性原则。（4）“问题”本身属于司法制度的范畴，即“问题”出自司法本身——唯有出自司法本身的“问题”，方可能通过司法改革予以解决；如果“问题”源于社会或者历史或者文化，那么就超越了司法改革可能解决的能力范围。

其三，哪些问题是可改可不改或可暂缓处理的。司法改革只针对“非改不可的问题”，而非“所有的问题”。因此，不能指望司法改革可以解决司法领域中存在的所有问题，并缔造出司法的天堂。迄今为止的经验表明，企图缔造人间天堂的结果无一例外是造成人间地狱。[1]所以，循序渐进当成为司法改革的一项基本原则。其要义有三：（1）可改可不改的，原则上不改。可改可不改的问题，或者属于发展中的问题，可在发展中自行消化；或者尚未达到“不可容忍的程度”，即“问题”不够尖锐，尚无“动手术”之必要；或者超出司法改革可能作用的范围，有待于其领域的改革方有可能解决……这些问题，改与不改，效果都一样，所以，没有改革的必要。（2）可暂缓处理的，留待“明天”解决——司法保守的本性决定了司法改革必须戒急用忍，不可冒失激进，所以，可缓行的改革举措不宜急蹴，可留待“明天”解决的问题，不妨等到“明天”再说。（3）可分阶段的改革，不可毕其功于一役。任何改革都是有风险的，为将改革风险控制在最低限度，试错性或阶段性推进，实为最优选项；另外，任何改革都需要借助于一定的条件，

〔1〕［英］卡尔·波普尔：《开放社会及其敌人》，陆衡等译，中国社会科学出版社 1999 年版，第 361 页。

而条件的成熟有其自身的法则，本着“看菜下锅”之原则，司法改革的举措当据条件之成熟程度，分阶段渐次推进为要。

（三）司法改革的导向性问题

改革的导向性问题关涉改革的目标和愿景。和所有的改革一样，司法改革应当有所导向，至少，改革者应当让社会知晓：司法要改到哪里去？司法最终要改成什么样子？故此，司法改革应当有顶层设计，有改革清单，有改革路线图等。

其一，司法改革要有顶层设计。顶层设计原是一个工程学术语，本义是运用系统论的方法，统揽全局，统筹考虑各层次和各方面之要素，在最高层次上谋设问题的解决之道。借用到改革、治理领域，顶层设计意指“以全局视角，自上而下地对政治社会治理的各方面、各层次、各要素进行统筹考虑，确定目标并为其制定正确的战略、路径，以解决深层次的矛盾问题”。其核心意旨，即在于解决“头痛医头、脚痛医脚”的改革困局。我国二十多年的司法改革表明，“缺少顶层设计的司法改革，会偏离正轨，迷失方向，固化甚至加剧司法体制的既有缺陷，最终使司法改革本身成为‘被改革’的对象”[1]。但顶层设计并非乌托邦式的狂想，而是必须具备针对性、全局性、民主性、合规律性和法律化等要素。其中，针对性强调司法改革的顶层设计应当结合中国具体国情，围绕司法体制中存在的根本问题，为整个司法改革“设计”总体方向和基本进路；全局性强调顶层设计必须立足于全局和整体，进行系统思考和统筹谋划；民主性强调顶层设计必须遵循“从群众中来，到群众中去”的民主路线，尊重“人民群众的

---

〔1〕徐昕：《司法改革的顶层设计及其推进策略》，载《上海大学学报（社会科学版）》，2014年第6期。

首创精神”，避免“拍脑袋”“闭门造车”的官僚作风——所谓“知屋漏者在宇下，知政失者在草野”，底层创造和底层经验乃顶层设计的智慧之源；合规律性要求司法改革的顶层设计必须尊重和体现司法规律——司法有其自身的演变、发展和运行规律，司法改革的顶层设计及其实施过程，均须尊重这种客观的规律；法律化强调司法改革的顶层设计应当以法律的形式表达——在一个法治社会，唯有法律才具有普遍的约束力。

就其现实性而言，十八届四中全会《决定》承担了我国司法改革顶层设计功能，其核心目标即“保证公正司法，提高司法公信力”。具体目标有六：（1）建立和完善“确保依法独立公正行使审判权和检察权的制度”，特别是要完善党政机关和领导干部违法干预司法活动的追惩机制，完善法官检察官依法履职的保障机制。（2）优化司法职权配置，特别是要健全公安机关、检察机关、审判机关、司法行政机关各司其职，侦查权、检察权、审判权、执行权相互配合、相互制约的体制机制；完善审判权和执行权相分离的体制；设立跨行政区划的司法机构等。（3）推进严格司法，特别是要建立完整有效的司法评价机制和案件质量评价指标体系等。（4）坚持人民司法为人民，依靠人民推进公正司法，通过公正司法维护人民权益，完善人民群众参与司法的有效机制和保障机制，特别是要完善人民陪审员制度、司法公开制度等。（5）加强人权司法保障，特别是要强化诉讼过程中当事人和其他诉讼参与人的知情权、陈述权、辩护辩论权、申请权、申诉权的制度保障；健全落实罪刑法定、疑罪从无、非法证据排除等法律原则的法律制度；完善对限制人身自由司法措施和侦查手段的司法监督，加强对刑讯逼供和非法取证的源头预防，健全冤假错案有效防范、及时纠正机制等。（6）加强对司法活动的监督，特别是要完善检察机关行使监督权的法律制度，完善人民监督员制度，完善媒体司法监督制度，规范司法人员与当事人、律师、特殊关系人、中介组织的接触、交往行为等。[1]

其二，司法改革要有改革清单。如果说顶层设计意在设定司法改革的目标，那么改革清单则意在圈定改革的具体任务。在其一般意义上，司法的改革清单应当满足具象性和法律性两个基本要件。其中，法律性强调司法改革清单应当用法律形式表达，具象性强调司法改革清单必须具体、明确、不抽象、不模棱两可。根据十八届四中全会精神，最高人民法院、最高人民检察院、公安机关、司法行政机关等四部门都相继出台了全面深化部门改革的相关意见，这些意见分别从改革的总体思路、基本原则、主要任务以及工作要求四个方面明确了各部门践行司法改革的清单。其中，《最高人民法院关于全面深化人民法院改革的意见》以及最高人民检察院发布的《关于深化检察改革的意见》，从建立与行政区划适当分离的司法管辖制度、改革司法人员管理制度、构建阳光司法、加强司法监督等方面，推动司法体制机制改革，以期保障司法机关独立、公正行使审判权和检察权。其具体改革内容，如下面表 1、表 2 所示。

表 1 《最高人民法院关于全面深化人民法院改革的意见》改革清单

重点任务	改革清单	备注
建立与行政区划适当分离的司法管辖制度	设立最高人民法院巡回法庭；设立跨行政区划的法院；设立知识产权法院；改革行政案件管辖制度；改革海事案件管辖制度；改革环境资源案件管辖制度；健全公益诉讼管辖制度；推动法院管理体制改革；改革军事司法体制机制。	一共七大改革任务，65 项改革点

[1] 江国华：《深刻认识司法改革的四个重要问题》，载《河南日报》，2014 年 11 月 26 日第 5 版。

续表

重点任务	改革清单	备注
建立以审判为中心的诉讼制度	全面贯彻证据裁判原则；强化人权司法保障机制；健全轻微刑事案件快速办理机制；完善刑事诉讼中认罪认罚从宽制度；完善民事诉讼证明规则；建立庭审全程录音录像机制；规范处理涉案财物的司法程序。	
优化人民法院内部职权配置	改革案件受理制度；完善分案制度；完善审级制度；强化审级监督；完善案件质量评估体系；深化司法统计改革；完善法律统一适用机制；深化执行体制改革；推动完善司法救助制度；深化司法领域区际国际合作。	
健全审判权力运行机制	健全主审法官、合议庭办案机制；完善主审法官、合议庭办案责任制；健全院长、庭长审判管理机制；健全院长、庭长审判监督机制；健全审判管理制度；改革审判委员会工作机制；推动人民陪审员制度改革；推动裁判文书说理改革；完善司法廉政监督机制；改革涉诉信访制度。	一共七大改革任务，65 项改革点
构建开放、动态、透明、便民的阳光司法机制	完善庭审公开制度；完善审判流程公开平台；完善裁判文书公开平台；完善执行信息公开平台；完善减刑、假释、暂予监外执行公开制度；建立司法公开督导制度；完善诉讼服务中心制度；完善人民法庭制度；推动送达制度改革；健全多元化纠纷解决机制；推动实行普法责任制。	

续表

重点任务	改革清单	备注
推进法院人员的正规化、专业化、职业化建设	推动法院人员分类管理制度改革；建立法官员额制度；改革法官选任制度；完善法官业绩评价体系；完善法官在职培训机制；完善法官工资制度。	一共七大改革任务，65 项改革点
确保人民法院依法独立公正行使审判权	推动省级以下法院人员统一管理改革；建立防止干预司法活动的工作机制；健全法官履行法定职责保护机制；完善司法权威保障机制；强化诉讼诚信保障机制；优化行政审判外部环境；完善法官宣誓制度；完善司法荣誉制度；理顺法院司法行政事务管理关系；推动人民法院财物管理体制改革；推动人民法院内设机构改革；推动人民法院信息化建设。	

表 2 《关于深化检察改革的意见》改革清单

重点任务	改革清单	备注
完善保障依法独立公正行使检察权的体制机制	推动省以下地方检察院人员统一管理改革；推动省以下地方检察院财物统一管理改革；探索实行检察院司法行政事务管理权和检察权相分离；建立健全检察人员履行法定职责保护机制；探索设立跨行政区划的人民检察院；全面落实部门、企业管理公检法体制改革要求，将部门、企业管理的检察机关统一纳入国家检察管理体系；完善防范外部干预司法的制度机制。	一共六大改革任务，42 项改革点

续表

重点任务	改革清单	备注
建立符合职业特点的检察人员管理制度	实行检察人员分类管理；建立检察官专业职务序列及与其相配套的工资制度；完善检察官职业准入和选任制度；建立检察官宪法宣誓制度；完善检察人员职业保障体系；建立完善专业化的检察教育培训体系。	一共六大改革任务，42项改革点
健全检察权运行机制	深化检察官办案责任制改革；规范内设机构设置；完善案件管理机制。	
健全反腐败法律监督机制，提高查办和预防职务犯罪的法治化水平	推动反腐败法律制度建设；加强查办职务犯罪规范化建设；加强查办和预防职务犯罪能力建设；建立健全工程建设领域腐败预防、监督机制。	
强化法律监督职能，完善检察机关行使监督权的法律制度，加强对刑事诉讼、民事诉讼、行政诉讼的法律监督	完善侦查监督机制；完善刑事审判监督机制；适应以审判为中心的诉讼制度改革，全面贯彻证据裁判规则；健全冤假错案防范、纠正、责任追究机制；完善羁押、刑罚执行等刑事执行活动和强制医疗监督机制；完善提高司法效率工作机制；完善民事行政诉讼监督机制；完善对涉及公民人身、财产权益的行政强制措施实行司法监督制度；探索建立健全行政违法行为法律监督制度；探索建立检察机关提起公益诉讼制度；健全行政执法与刑事司法衔接机制；改革涉法涉诉信访制度；完善检察环节司法救助制度；加强和规范司法解释和案例指导，统一法律适用标准。	

续表

重点任务	改革清单	备注
强化对检察权运行的监督制约	健全内部监督制约机制和防止内部干预制度；配合完善强制执行和涉案财物处置法律制度；强化纪检监察、检务督察；保障律师依法执业，形成检察机关与律师良性互动关系；完善人民监督员制度；构建开放、动态、透明、便民的阳光检察机制，进一步深化检务公开；在对案件进行繁简分流的前提下，加强法律文书释法说理，增强法律文书的说服力；完善意见收集机制，探索建立社会监督转化为内部监督的工作机制。	一共六大改革任务，42 项改革点

另外，《关于全面深化公安改革若干重大问题的框架意见》共有七个方面的主要任务，分别是健全维护国家安全工作机制、创新社会治安治理机制、深化公安行政管理改革、完善执法权力运行机制、完善公安机关管理体制、健全人民警察管理制度以及规范警务辅助人员管理。而与公安局、检察院、法院三机关的改革密切相关的司法行政机关，以现有实体法为依据，从完善律师执业保障机制、出台狱务公开工作意见、完善社区矫正法律制度、逐步扩大法律援助范围、建立健全法律服务网络、建立罪犯危险性评估制度六大主要方面，分别出台了相应改革意见或方案。

其三，司法改革要有路线图。如果说改革清单所要解决的核心问题在于规划改革任务，那么改革路线图的核心问题，则在于为每一项改革任务框定“改革路径、成果形式和时间进度”。因此，其内容更多地体现为具体的操作项目和践行方式。比如 2015 年 4 月 9 日出台的《关于贯彻落实党的十八届四中全会决定进一步深化司法体制和社会体制改革的实施方案》（以下简称《实施方案》）就具有改革路线图的意味。《实施方案》将四中全会有关深化司法体制和社会体制改革的84项改革举措逐项具体化，明确了主要任务、牵头单位和参与单位、改革进度和工作成果要求等事项。按照时间安排，这些改革举措都要在2015年至2017年的三年内出台具体落实的政策、措施。这些安排，具体来说分为三个方面：（1）在保正公正司法、提高司法公信力方面，共框定了48项改革举措。重点包括推进以审判为中心的诉讼制度改革，改革法院案件受理制度，探索建立检察机关提起公益诉讼制度，实行办案质量终身负责制和错案责任倒查问责制，完善人民陪审员和人民监督员制度等。（2）在增强全民法治观念、推进法治社会建设方面，共框定了18项改革举措。重点包括发展中国特色社会主义法治理论，把法治教育纳入国民教育体系和精神文明创建内容，完善守法诚信褒奖机制和违法失信行为惩戒机制，推进公共法律服务体系建设，构建对维护群众利益具有重大作用的制度体系，完善多元化纠纷解决机制等。（3）在加强法治工作队伍建设方面，共框定了18项改革举措。重点包括完善法律职业准入制度，加快建立符合职业特点的法治工作人员管理制度，建立法官、检察官逐级遴选制度，健全法治工作部门和法学教育研究机构人员的双向交流与互聘机制，深化律师管理制度改革等。

三　司法立宪主义视野中的“司改理路”

受司法立宪主义拘束，司法改革应当以保障司法独立为基本目标，以坚持人民代表大会制度为底线法则，并回缚于宪法，束羁于法治，但凡涉及宪法保留事项的改革，应当通过修宪或释宪的方式解决，涉及法律保留事项的改革，应通过立法或修法释法的方式解决。

（一）为司法正本：释宪或修宪

从规范意义上说，国家司法之本源在于宪法。在我国，宪法不仅规定了司法权与司法机关的性质和地位，而且规定了司法独立之原则，以及司法机关与人民代表大会之间，公、检、法三机关之间的关系。鉴于司法改革试点已触及上述宪法规定事项，所以，有必要通过释宪或者修宪方式，明确司法权的国家属性，阐释司法独立原则的宪法意涵，明确司法机关与人民代表大会之间的关系，规范公、检、法三机关的相互关系，以为司法"正本"。

其一，明确司法权的国家属性。在现代国家，司法权与立法权、行政权一样，都属于国家权力。但是，司法权并不遵从立法和行政的分权原则，而是遵循司法权统一原则。〔1〕正如凯尔森所言："法院被认为是国家的法院，而不是自治省的法院。这意味着司法已不再有相当于行政分权类型那样的分权了。只有立法和行政，而不是司法，才具有自治性质；只有立法和行政才在中央和地方的法律共同体之间加以划分。"〔2〕在我国，宪法第123条和第129条将人民法院和人民检察院定位为"国家"审判机关和法律监督机关，其中"国家"二字即意味着人民法院和人民检察院属于"国家机关"之范畴。"国家机关"当然地具有"国家性"，宪法配置给它并规定依法独立行使的司法权也当然地具有"国家性"。据此，尽管我国宪法设置了"最高级"司法机关和"地方各级"司法机关，但其所行使的司法权都是"国家司法权"，不存在"中央与地方"之划分。申言之，司法权的"国家性"排除了"中央司法权"和"地方司法权"两说。这就意味着：（1）司法权的

〔1〕秦倩、李晓新：《国家结构形式中的司法权配置问题研究》，载《政治与法律》，2012年第10期。

〔2〕［奥］凯尔森：《法与国家的一般理论》，沈宗灵译，中国大百科全书出版社1996年版，第348页。

“国家性”不等于司法权的“中央性”，司法改革当警惕国家司法权向“最高法院集中”所可能带来的新的“高度行政化”倾向；（2）组织法和程序法以“管辖权”的方式，对各级司法机关裁决案件的范围作了明确划分，非经法定程序，不得擅自变更各级法院的管辖范围，司法改革应当警惕将地方各级司法机关依法行使司法管辖权夸饰成“司法权的地方化”或者“地方绑架司法”所可能带来的地方各级司法机关“主体性”被掏空之困厄。

其二，阐释司法独立原则的宪法意涵。我国宪法第126条和第131条明确规定，人民法院和人民检察院依法独立行使审判权和检察权，不受行政机关、社会团体和个人的干涉。这是我国宪法对司法独立原则的直接规定。但是，这一规定过于原则化，为进一步明确司法独立原则，应对宪法第126条和第131条进行修改。以审判独立原则为例，可考虑将第126条内容分解成三款：第一款规定“国家审判权由人民法院行使”；第二款规定“人民法院行使审判权的方式和程序由法律规定”；第三款规定“人民法院独立进行审判，只服从法律”。鉴于“审判独立”原则的内在逻辑，在宪法第126条之后，应当增设专条“法官保障”之规定，可考虑将1912年《中华民国临时约法》第52条“法官在任中不得减俸或转职。非依法律受刑罚宣告或应免职之惩戒处分，不得解职。惩戒条规以法律定之”所作规定略作修改，即可增补为宪法第127条。

其三，明确司法机关与人民代表大会制度之间的关系。目前实行的司法改革试点涉及司法权配置、司法人员选任、司法权运行机制等问题，这些问题都涉及司法与人民代表大会制度的关系。根据宪法第128条和第133条之规定，最高人民法院和最高人民检察院对全国人民代表大会和全国人民代表大会常务委员会负责，地方各级人民法院对产生它的国家权力机关负责，地方各级人民检察院对产生它的国家权力机关和上级人民检察院负责。这些条款基本框定了司法机关由人大产生、对人大负责、受人大监督等基本关系。结合宪法第3条、第62条、第63条、第67条、第101条以及第104条之规定来考察，司法机关与人民代表大会制度之关系至少有三：（1）各级人民代表大会选举产生同级人民法院院长、人民检察院检察长。（2）各级人民代表大会有权罢免由其选举产生的本级人民法院院长、检察院检察长。（3）人民代表大会常务委员会有权监督本级人民法院和人民检察院的工作，并根据本级法院院长的提请，任免法院副院长、审判员、审判委员会委员和军事法院院长；根据本级检察长的提请，任免检察院副检察长、检察员、检察委员会委员和军事检察院检察长。为确保司法改革在宪法的轨道上运行，有必要对宪法第128条和第133条以及相关条款作出解释，着重明确两个基本问题：一是司法机关以何种方式对人民代表大会负责，不负责的后果是什么？二是人民代表大会以何种方式监督司法机关的工作，不接受监督的后果如何？

其四，规范公、检、法三机关的相互关系。现行宪法第135条规定："人民法院、人民检察院和公安机关办理刑事案件，应当分工负责，互相配合，互相制约，以保证准确有效地执行法律。"据此，《刑事诉讼法》第7条规定："人民法院、人民检察院和公安机关进行刑事诉讼，应当分工负责，互相配合，互相制约，以保证准确有效地执行法律。"由于规定本身过于模糊，实践中出现分工不明、配合不足、制约不够等问题。为此，有必要通过专门立法的方式对宪法第135条进行细则化和规范化。结合宪法第123条、第129条之规定，涉及宪法第135条的专门立法至少应当阐释三层意思：（1）分工负责是前提。所谓分工负责，是指公、检、法三机关根据法律规定各司其职、各负其责，既不越权代办和任意干涉，也不互相推诿和不履行职责。具体在刑事案件中表现为，公安机关（检察机关自侦部门）负责查明事实，提供证据；检察机关负责批准逮捕、审查起诉；而法院则在审查证据进而认定事实的基础上作出罪与非罪的判断——此即无罪推定原则的

“默示”表达，它意味着任何人在未被法院最终依据事实和法律确定有罪之前，均得视为无罪。（2）互相配合是补充。所谓互相配合，即三机关在各自履职的基础上，依法做到通力合作、互相支持，不存在地位高低、谁服从谁的问题。因为从程序上而言，公安机关的侦查行为、检察机关的公诉活动，以及人民法院的审判活动是相互衔接的，其最终目的都是为了诉讼程序的顺利进行。因此可以说，公安机关和检察机关的活动是为审判服务的〔1〕，由此，可以通过宪法第 135 条的解释，补强“审判中心主义”的宪法依据。（3）互相制约是核心。在整个宪法文本中，只有宪法第 135 条明确写有“制约”二字，其意在于强化对“犯罪与刑罚”事项之规控。结合《立法法》第 8 条、第 9 条将“犯罪与刑罚”列入法律绝对保留事项的规定考察，可以说，我国宪法对于刑事案件的侦查、公诉和审判三权的规控是持严格主义原则的。因此，对于宪法第 135 条之立法，应当进一步明确公、检、法三机关相互制约的方式、程序以及责任等内容。

（二）为改革立据：制定《司法改革法》

十八届四中全会《决定》明确指出，应“实现立法和改革决策相衔接，做到重大改革于法有据、立法主动适应改革和经济社会发展需要”。为确保司法改革于法有据，有必要将四中全会《决定》为司法

〔1〕在三机关的排列顺序上，中共八大政治报告将其表述为“公安机关、检察院和法院”。这一表述着重突出了公安机关的地位，在当时具有现实的合理性。因为，新中国成立之初，阶级斗争仍较大范围存在，社会治安形势比较严峻。为了镇压一切反革命分子的反抗，建立革命秩序，公安机关理所当然地成为巩固新政权的重要力量，而检察机关位于第二，则是基于从速起诉、从速审判的要求。然而，作为国家的根本法，宪法体现的不仅仅是治国安邦之需要，更体现了一国的法治意识，故此 1982 年宪法在第 135 条规定：“人民法院、人民检察院和公安机关办理刑事案件，应当分工负责，互相配合，互相制约，以保证准确有效地执行法律。”三机关的顺序在宪法上得以明确，突出了法院的优先地位。韩大元、于文豪：《法院、检察院和公安机关的宪法关系》，载《法学研究》，2011 年第 3 期。

改革所做的顶层设计和最高人民法院、最高检察院以及司法部等根据《决定》所罗列的改革清单用法律形式表达出来。基于时间紧迫，可以考虑由全国人大常委会通过制定统一的《司法改革法》，总揽司法改革全局。

其一，《司法改革法》的定位。作为统领司法改革、涵括司法改革顶层设计和改革清单的专门立法，《司法改革法》当定位于“基本法”之范畴，其制定权属于全国人民代表大会。但由于时间紧迫，可以考虑由全国人民代表大会以专门决定的方式，授权全国人大常委会制定。

其二，《司法改革法》的必要性。成功的司法改革大多首先以立法的形式推进，这已为世界各国司改经验所证明。[1]就我国而言，当前司法改革之政治色彩明显浓于其法治色彩，司法改革因缺乏明确的法律依据而面临合法性质疑。在这个意义上说，出台统一《司法改革法》的必要性至少可以阐释为如下四点：（1）司法权性质使然。司法又称“法的适用”，即指司法主体严格依法行使司法权的活动。就此而言，司法本身就是“法”表现于外的一种方式。可以说，没有任何一种活动比司法更应当忠诚于法律，这是司法权作为判断权和裁量权之基石。正是基于此，司法权的任何作用方式都应当严格依法进行——无法律即无司法。司法改革是一项关涉司法权配置、司法体制以及司法权运行方式的活动。这项活动的开展，本身就是司法权行使的表现，理应以相关立法为依据。（2）司法法治之

〔1〕以日本为例，1999 年至 2004 年末，日本共制定或修改了 24 部司法改革的相关法律，1999 年 6 月，日本国会通过了《司法改革审议会设置法》，拉开了司法改革的序幕。司法制度改革审议会于 1999 年 7 月成立后，多次对改革内容进行调查审议。最终向内阁提交了《审议意见书》，主张 21 世纪应有透明而公正的法律，在依法正确审判的同时，要对权利、自由受侵害的群体给予迅速的法律救济。2001 年 11 月，日本制定了《司法制度改革推进法》，基于该法，2001 年 12 月成立了以小泉首相为部长的“司法制度改革推进本部”，进行为期三年的司法改革。范纯：《当代日本司法制度改革评析》，载《日本学刊》，2007 年第 3 期。

要求。司法法治之要义在于建构宪法和法律之下的司法，确保司法权的运行受到法的全程的、全方面的规制。然而，从我国历次司法改革实践来看，司法改革都以法院和检察院根据党的会议精神发布的“五年纲要”为指导，这一“纲要”在性质上更多倾向于一种改革路线图或实施方案，而不能称之为“法律依据”。十八届四中全会《决定》中的“四个善于”之首即强调：党的主张唯有通过法定程序方可成为国家意志，方可具有法律效力，方可成为改革依据。故此，有必要将党的会议精神和改革主张上升为法律，解决司法改革无法可依的状态。〔1〕（3）统筹改革之需要。在现代国家，任何一项改革都不可能脱离整个政治体制而独立存在和推进。从国家司法体制整体来看，司法体制的核心即是司法权的配置与司法资源的整合，这不仅关涉司法机关内部之间的权限调整，亦与其他国家机构之间的权力秩序息息相关。所以司法改革中面临的许多问题，仅凭司法机关自身难以解决，必须从国家制度层面进行整体考量和设计。另外，从我国历次司法改革经验来看，发端于20世纪80年代的司法改革，始终是“自我改革”与“各自为政”。比如，在历次司法改革中，最高人民法院和最高人民检察院都是各自发布改革方案。〔2〕其改革方案仅限于自身的调研和探讨，而缺少系统性和整体性，故而收效有限。为此，出台《司法改革法》，统筹兼顾，协同改革，实属必要。（4）司法改革之长期性需要。以“保证公正司法，提高司法公信力”为基本内核的司法改革是一项历史性的系统工程，并非朝夕即可成就。必须立足全局，统筹规划，循序渐进，积小成，谋大业。唯有借助于法律，方可确保改革的规范性、持续性和可欲性。

〔1〕江国华、周海源：《〈司法基本法〉与中国司法改革》，载《哈尔滨工业大学学报（社会科学版）》，2014年第1期。
〔2〕傅达林：《关注司法改革的“顶层设计”》，载《中国改革》，2006年第2期。

其三，《司法改革法》的内容。《司法改革法》的直接目的，在于为司法改革提供法律依据，使改革有法可依。据此，《司法改革法》在内容上起码应包含两个方面：（1）将十八届四中全会关于司法改革的顶层设计法律化。四中全会从“完善依法独立公正行使审判权和检察权的制度”“优化司法职权配置”“推进严格司法”“保障人民群众参与司法”“加强人权司法保障”“加强对司法活动的监督”六个方面对司法改革作出部署和安排。这六个方面成为《司法改革法》之躯干或者总体框架。（2）将四部门出台的司法改革清单法律化。如前所述，根据四中全会精神，人民法院、人民检察院、公安机关、司法行政部门等都相继出台了改革意见。这些意见分别规定了改革的总体思路、基本原则、改革任务以及工作要求。其中，《最高人民法院关于全面深化人民法院改革的意见》从七大方面规定了 65 项改革清单；最高人民检察院发布的《关于深化检察改革的意见》则从六大方面规定了 42 项改革点。这些改革清单将构成《司法改革法》之枝叶或者说核心内容。当然，《司法改革法》不是对这些内容的简单叠加或罗列，而是在遵循司法规律的前提下，对司法改革的顶层设计和改革清单制定改革计划、明确相关主体和程序。借鉴 2001 年日本制定的《司法制度改革推进法》之结构，结合我国司法体制，我国《司法改革法》可分为五章，分别是总则（包括立法目的、基本原则、基本方针、法律位阶和效力等）、司法改革推进领导小组（包括组成人员、组成方式、工作要求、职能分工、职责范围等）、司法改革推进计划（实施主体、实施方式、实施程序）、责任条款及附则。其中第三章关于“司法改革推进计划”仅是一种原则性规定（例如，日本《司法制度改革推进法》中，有关“司法制度改革推进计划”仅规定了一条，即第 7 条，“政府应该制定与司法制度改革有关的政府必须采取措施的计划，内阁总理大臣应制定司法制度改革推进计划的草案，并力求获得内阁的通过”）[1]，其实施有赖于各部门出台具体的实施方案和计划，划定具体的日程表，即类似于改革意见。由此可见，改革意见的出台应当是基于《司法改革法》之授权，而非基于政策精神。

（三）以修法促改革：修改滞后的法律和规范

法治时代的任何改革，都与“变法”有关。司法改革尤其如此。在语义上，“变法”或有多重解读，但“修法”始终是“变法”不变的主题。目前，我国三大诉讼法已完成了修改，在一定程度上迎合了司法体制机制创新。但在司法法领域，有关司法机关组织、结构、管理等内容的实体法仍存在诸多不合时宜之情形。尤其是十八届四中全会《决定》涉及的实行司法人员分类管理，建立司法人员员额制度，设立跨行政区划人民法院、人民检察院，设立知识产权法院和最高人民法院巡回法庭，完善行政案件、海事案件、环境资源案件、公益诉讼等案件管辖制度，完善审级制度，改革司法人员选任制度，推动省以下地方法院检察院人财物统一管理，健全法官检察官履行法定职责保护机制等改革方向，均需《人民法院组织法》《法官法》《人民检察院组织法》《检察官法》《公务员法》等相关法律在合适的时机修改相关条款，以配合司法改革的内容，实现改革于法有据、立法适应经济社会发展的目标。具体而言，现今急需修改的法律规范主要有四类。

其一，有关司法机关组织、职权等方面的法律，主要包括《人民法院组织法》与《检察院组织法》。《人民法院组织法》和《人民检察院组织法》诞生于改革开放初期，当时为了根除“革命委员会”对两院的控制、保持司法独立，两部组织法改为实施双重领导体制，扩大了地方权力。但随着地方权力的放大，地方干预司法的行为愈发严重，

[1] 金永明：《日本司法制度改革计划》，载《政治与法律》，2003 年第 6 期。

司法“地方化”“行政化”突出，大大降低了司法权威。另外，面对十八届四中全会所提出的探索设立巡回法庭、跨行政区划法院和检察院、知识产权法院等改革试点情况，当前组织法明显力不从心。

其二，有关司法人员任免、管理等方面的法律，主要包括《法官法》《检察官法》《公务员法》。《法官法》与《检察官法》均出台于1995年，随着司法改革的深入，无论是在司法人员分类管理、单独工资职务序列，还是在司法人员任免、考核等方面，都逐渐与当前社会不相适应。

其三，涉及司法行政层面的法律，主要包括《监狱法》《律师法》。《监狱法》制定于1994年，虽于2012年进行过修订，但有关罪犯人权保障、减刑、假释、暂予监外执行等方面的规定，仍存在诸多不足。面对当前监狱改革方向，狱务公开等方面的内容更是有待完善。《律师法》制定于1996年，经过2001年、2007年、2012年三次修订，在保障律师权利、规范律师行为等方面取得了重要进步。但从实践来看，律师的权利仍受到诸多限制，律师在刑事辩护中的作用未能得到有效发挥。在当前推行的律师制度改革中，律师类型化问题、律师执业权利保障问题以及律师执业伦理建设等问题，都有待进一步完善和强化，以确保律师独立行使辩护权。

其四，最高人民法院、最高人民检察院、国务院以及人大等专门出台的一系列涉及法官检察官奖励或惩戒性的规范性文件，主要有《人民法院法庭建设标准》（2010）、《最高人民法院关于人民陪审员参加审判活动若干问题的规定》（2010）、《最高人民法院关于人民陪审员管理办法（试行）》（2005）、《全国人民代表大会常务委员会关于完善人民陪审员制度的决定》（2004）、《最高人民法院关于人民陪审员选任、培训、考核工作的实施意见》（2004）、《中华人民共和国法官职业道德基本准则》（2001年发布，2010年修订后重发）、《法官行为规范》（2010）、《人民法院工作人员处分条例》（2009）、《关于加强人民法院审判管理工作的若干意见》（2011）、《关于进一步加强合议庭职责的若干规定》（2010）、《人民法院审判人员违法审判责任追究办法（试行）》（1998）、《人民法院执行工作纪律处分办法（试行）》（2002）、《关于司法公开的六项规定》（2010）、《关于人民法院接受新闻媒体舆论监督的若干规定》（2010）、《关于办理职务犯罪案件严格适用缓刑、免予刑事处罚若干问题的意见》（2012）、《关于庭审活动录音录像的若干规定》（2010）、《关于大力推广巡回审判　方便人民群众诉讼的意见》（2010）、《关于规范上下级人民法院审判业务关系的若干意见》（2010）等。这些文件涉及人民法庭、人民陪审员、司法人员考核与处分、司法公开、司法监督、司法便民等各个方面。随着十八届四中全会的召开，新一轮司法体制改革随之展开，最高人民法院、最高人民检察院、全国人大常委会、司法部、国务院等都对此出台了新的规范意见。例如，2014 年 12 月，最高人民法院发布《关于进一步做好司法便民利民工作的意见》以及《关于全面推进人民法院诉讼服务中心建设的指导意见》，对诉讼服务平台的建设、司法救助、巡回审判等便于人民起诉、应诉的制度都进行了相关调整，改变了原有单一、固定的诉讼模式；2014 年年底最高人民法院发布《关于进一步加强新形势下人民法庭工作的若干意见》，更是直接将人民法庭作为全面推进司法体制改革最基层的一环，从职能定位、区域布局、立案机制、民生审判、执行工作、人员管理、职业保障、司法公开等多方面对人民法庭进行整改；2015 年 4 月中央全面深化改革小组审议通过《人民陪审员制度改革试点方案》，明确提出“坚持权利义务相统一原则，保障公民陪审权利，明确公民陪审义务，完善人民陪审员的退出和惩戒机制”，从人民陪审员的选任条件、选任程序、退出惩戒机制、履职保障制度等方面提出了改革任务要求；而 2015 年 4 月的《关于人民法院推行立案登记制改革的意见》，则直接针对人民群众“立案难”问题作出改革部署，等等。所有这些改革动向，都或多或少涉及原有相应规范内容，修改在所难免。

（四）以立法促改革：完善司法法体系

目前，我国现行司法法体系仍存在诸多空白，尤其是司法基本法、司法救济法更是严重缺位。为此，在修改原有立法的同时，应制定《司法基本法》《司法强制执行法》《证据法》《司法监督法》《社区矫正法》《法律援助法》《刑事侦查法》等新法，以完善司法法体系。

其一，制定《司法基本法》。建构并完善司法法体系的目的，在于协调法院、检察院、公安机关三者之职权分工与配合，提高司法工作效率，实现司法公正。而我国现有法律体系中，未有专门法律对公、检、法三机关之职权作规定，仅《宪法》第135条规定涉及人民法院、人民检察院和公安机关之间的权限界定问题，其规定的公、检、法关系原则，构成了我国刑事诉讼法的核心原则。但在我国现阶段宪法监督机制不健全之际，对于宪法的适用更依赖于立法来实现。目前，对《宪法》第135条的立法实施主要体现在《刑事诉讼法》和相关司法解释中，过于分散的具体规定不利于公、检、法三机关在刑事案件中的配合和制约，以至于在实践中出现分工不明、配合不足、制约不够之局面。为此，应尽快制定《司法基本法》，明确国家司法权的构成、权限分配、履职程序和责任，规范公、检、法三机关在办理刑事案件中的分工合作、相互配合和相互制约等关系，形成司法法体系的基础，完善《宪法》第135条的适用。

其二，制定《司法强制执行法》。执行难已然成为阻碍我国司法运行的重要因素。对此，十八届四中全会明确提出要“切实解决执行难，制定强制执行法，规范查封、扣押、冻结、处理涉案财物的司法程序”。可以说，强制执行法的制定已取得基本共识，但仍有几个问题需要进一步明确。（1）执行权是什么性质的权力？基于三权分立的视角，在对权力进行分类时，我们习惯于将其向“三权”靠拢，而分析“三权”的性质，执行权无疑更贴近行政权。（2）执行权应当由谁行使？既然执行权更贴近行政权，那么这一权力就应当由行政部门行使更为恰当。在我国现有体制下，由司法行政部门行使无疑更为合适。为此，法院将审判权与执行权合二为一的做法，应予以改革。（3）执行人员在执行过程中是否具有裁量权？有学者基于人道因素考量，认为执行人员具有裁量权，可以根据被执行人境况进行适当改变，以保障被执行人的生存权。这些观点是值得商榷的。因为执行仅是根据生效裁判文书进行的活动，其存在的价值就是判决执行依据，如果在执行中过多考虑被执行人因素，那么对被侵权者而言无疑是不公平的，甚至是违法的。况且，判决的作出，本身就是法官根据事实、证据和法律综合考量的结果，而赔偿仅是安抚性的，所以对判决的执行更应当全面执行，而不应当酌情考虑。

其三，制定《证据法》。证据是司法运行的主线，自案件进入司法程序时起，一直到其终结，司法都是围绕收集证据、审查证据、适用证据等内容而展开。正因为证据无比重要，所以才需要立法对其进行规范。而我国当前尚未出台独立的证据法，有关证据的法律规范分别规定在《刑事诉讼法》《民事诉讼法》《行政诉讼法》《最高人民法院关于民事诉讼证据的若干规定》《最高人民法院关于行政诉讼若干问题的规定》《最高人民法院关于适用〈中华人民共和国民事诉讼法〉若干问题的意见》中。这些不统一的证据规则，导致司法实践中矛盾重重，加大了法院适用的难度。考察历史，无论是英美法系国家还是大陆法系国家，证据法的功能无外乎包括确定事实真相、确保司法公正、降低诉讼成本以及提高司法效率等。[1] 正如江伟教授所言：“证据法旨在为法院的裁判提供实施基础，同时也具有保障当事人诉讼主体地位和

---

〔1〕何家弘：《证据法功能之探讨——兼与陈瑞华教授商榷》，载《法商研究》，2008 年第 2 期。

诉讼权利及限制法官恣意等功能。”[1] 因此，在证据法的编排上，法院适用证据的规则是基础，当事人诉讼权利的保障规则是核心，诉讼参与人违法适用证据的法律责任是保障。具体而言，应包括一般证据原则，例如直接言辞原则、证据裁判原则、诚实信用原则，举证责任分配及效力，证据能力与非法证据排除规则，证据类型及证明能力，证据审查和适用规则，法律责任及其他附则，等等。

其四，制定《司法监督法》。监督与责任是司法依法运作的最有力保障。对此，十八届四中全会亦多次强调，加强对司法活动的监督，完善检察机关行使监督权的法律制度，加强对刑事诉讼、民事诉讼、行政诉讼的法律监督，完善人民监督员制度，重点监督检察机关查办职务犯罪的立案、羁押、扣押冻结财物、起诉等环节的执法活动。而我国的司法监督立法主要有《各级人民代表大会常务委员会监督法》《人民检察院组织法》以及诉讼法中的相关监督条款。相对于十八届四中全会提出的要求而言，现有监督立法不仅分散而且存在诸多空白，人民监督员制度、媒体监督等缺乏法律规范。面对这一现实，有学者提出制定《检察监督法》，以规范检察机关监督程序。[2] 最高人民检察院发布的《人民监督员监督范围和监督程序改革试点工作方案》，决定自 2014 年 10 月至 2015 年 6 月，在试点检察机关开展人民监督员监督范围和监督程序改革试点工作。然而，这两个层面的分别立法或改革试点，仍无法填补当前多元监督体系下的司法监督空白。例如，针对媒体监督，是不是要制定《媒体监督法》呢？针对民众监督，是否要制定《民众监督法》呢？就目前而言，单独监督立法是不现实的，也无必要。为此，笔者主张制定统一的《司法监督法》，在对司法监督目的、范围、原则等一般规定的基础上，分编规定人大代表和政协委员、

〔1〕江伟：《证据法学》，法律出版社 1999 年版，第 3—4 页。
〔2〕黄旭东：《关于〈检察监督法〉之立法构想》，载《求索》，2011 年第 2 期。

人民监督员、媒体、公众监督等监督方式，最后以法律责任附后。如此一来，不但可以将多元监督纳入法治轨道，减少乃至杜绝其对司法裁判的影响，同时还可以实现多元监督制度内的衔接与协调。

其五，制定《社区矫正法》。社区矫正是刑罚轻刑化、缓刑化、社会化这一国际趋势的必然体现。我国的社区矫正制度经历过多次试点，2014 年进入全面推进阶段，至今相关法律制度已经初成体系。截至 2014 年，社区服刑人员 73 万余人，累计接收近 224 万人。可见，社区矫正制度在刑罚的执行方面发挥着重大作用。然而，对于这一重要制度，我国至今未有相关立法，只有最高人民法院、最高人民检察院、公安部、司法部于 2012 年联合发布的《社区矫正实施办法》，以及《刑法修正案（八）》的有关条款。《社区矫正实施办法》存在着原则性、笼统性、不明确性等问题，导致实践操作中经费不够、人员缺乏、监督不明等弊端丛生，总体呈现“放养”之态势，难以实现刑罚的社会效果和恢复性功能。为此，十八届四中全会明确要求“制定社区矫正法”，建立健全监狱刑罚执行和社区矫正相互衔接、统一协同的刑罚执行体系。

其六，制定《法律援助法》。我国自 1996 年确立法律援助制度以来，法律援助在维护困难群众合法权益中发挥着重要作用。以 2014 年为例，全国共办理了法律援助案件 124 万多件，其中刑事法律援助案件 24 万多件。而法律援助至今未有专门立法，只有 2003 年国务院颁布的《法律援助条例》。无论从法律位阶，还是从援助范围而言，该条例都无法满足困难群众对法律援助的需求。为此，十八届四中全会明确提出“完善法律援助制度，扩大援助范围，保证人民群众在遇到法律问题或者权利受到侵害时获得及时有效的法律帮助”。在此情形下，有必要废止《法律援助条例》，制定《法律援助法》，有关扩大法律援助范围、吸收法律援助志愿者、建立法律援助信息平台、提高办案补贴、建立法律援助激励机制、建立法律援助案件质量评估机制等内容，都应当纳入其中。

其七，制定《看守所法》。看守所是羁押依法被逮捕、刑事拘留的犯罪嫌疑人的机关。相对于监狱而言，看守所更应当保障犯罪嫌疑人的权利，因为“未经人民法院审判，任何人不得确定有罪”——在进入司法审判程序之前，看守所关押人员都应当被推定为“无罪”。我国台湾地区专门制定了“羁押法”，明确了看守所内的羁押规则与程序性规定；大陆地区现行的《看守所条例》出台于1990年，这部“古董级”的法律25年来从未修改过，已经与社会发展、刑事诉讼体系不相协调。加之最近几年，看守所屡次出现“躲猫猫”等非正常死亡以及刑讯逼供现象，暴露出了管理机制上的许多问题。在此背景下，可以说制定《看守所法》是确保刑事诉讼法顺利实施、推进新时期羁押监管工作的必然要求。新形势下，有必要从内容上明确看守所的性质、羁押对象、管理方式、生活条件、防疫卫生条件、预防刑讯逼供的措施等，细化看守所羁押执行程序和相关制度，以顺应全球人权发展的趋势，让看守所实现“侦押分离”，进而推进我国在押人员的人权保障事业。

其八，制定《刑事侦查法》。根据《刑事诉讼法》第106条第1项之规定，侦查是指公安机关、人民检察院在办理案件过程中，依照法律进行的专门调查工作和有关的强制性措施。在刑事诉讼中，侦查的目的在于收集、调取犯罪嫌疑人有罪或者无罪、罪轻或者罪重的证据材料，准确及时地查明犯罪事实，查获犯罪嫌疑人，并根据案件的具体情况采取必要的强制措施，防止犯罪分子逃避侦查或者毁灭、伪造证据，串供等，以便将犯罪嫌疑人顺利交付起诉和审判，保证诉讼活动的顺利进行。由此观之，侦查行为的实施大都涉及公民重大权益，关系着公民是否有罪、罪轻或罪重。从防止刑讯逼供的角度而言，对侦查行为进行制约尤为重要。我国当前并未对侦查行为进行单独立法，相关规定主要见诸《刑事诉讼法》《国家安全法》《警察法》等法律中，但它们对刑事侦查的规定在不同层面都存在着许多问题。鉴于此，制定统一的《刑事侦查法》，解决刑事侦查在立法和司法实践中存在的诸多矛盾和困难，是程序正义与人权保障之必然要求。

总而言之，在立宪主义视野中，司法独立属于元宪法之范畴，具有排除制宪权作用之能力；人民代表大会制度属于宪法核之事项，具有排除修宪权作用之能力；司法权配置属于宪法保留之事项，具有排除立法权作用之能力；以司法组织、司法人员奖惩以及司法程序等为核心的司法制度属于法律保留之事项，具有排除立法权以外其他权力作用之能力。因此，司法改革首先必须解决其自身的正当性问题，即必须理清这些问题：司法为什么要改革？哪些问题是非改不可的？哪些非改不可的问题是必须通过法律才可以改的？哪些问题即便是通过法律也是不能改的？司法改革到底要改到哪里去？司法改革的清单和路线图是什么？等等。有鉴于此，司法改革的理想路径有三：一则通过释宪或者修宪，进一步明确司法机关的宪法定位及其与国家权力机关的内在关联性，以确保司法接受宪法拘束；二则通过出台《司法改革法》，将司法改革的顶层设计和改革清单等法律化、规范化，以确保司法改革有法可依，统筹兼顾；三则通过修改旧法和制定新法，完善中国特色司法法体系，为司法权运行设定完整、全面、系统、有效的法律框架，将司法纳入法治轨道，并确保其始终在法治轨道上运行。

第一章　法院的定位与职责*

［**观点提示**］作为审判者的法院，应当是一个意思明确、职能单纯的机关，它不应当也无能力承载太多太复杂的职能；故此，让人民法院回缚于宪法第123条之定位，回归到"审判机关"之本位，当成为中国法院改革之常识性议题。作为治理者的法院，应"恰如其分"地参与社会治理，应承担与其职责相适应的社会治理之责任，故此，司法改革有必要理性地回应社会善治之需要——司法的专业性决定了其所承载的社会治理职能只能是"通过审判的社会治理"，它必须遵循适格性、适度性与适时性等基本法则。

法院的性质或者定性问题，关涉法院的职责或任务及其行为方式等核心问题。传统上，法院一般定性为"审判机关"，其功能主要是处理诉讼[1]；近年来，最高法院频频提出法院应积极参与社会治理，承担社会治理之责任。于是，各界对于法院究竟应当定性为审判机关抑或是治理机关出现较大分歧。窃以为，审判机关与治理机关并非彼此不可兼容，相反，二者存有必然的内在关联性。如果说，法律是现代

---

* 本章核心观点曾以《通过审判的社会治理——法院性质再审视》为题，刊发于《中州学刊》2012年第1期，并由《新华文摘》转载。

〔1〕罗杰·科特威尔指出："法院的主要功能就是处理诉讼，几乎是普遍的观点。"［英］罗杰·科特威尔：《法律社会学导论》，潘大松等译，华夏出版社1989年版，第238页。

社会善治的基本依据与保障[1]，那么司法就是法律实现的核心环节和机制；故此，司法治理已然构成现代社会治理系统的主要分支[2]。但人民法院是一种特殊的治理机关，它是通过审判的社会治理者。[3]

一 法院的审判者定位及其宪法依据

我国现行宪法第 123 条规定："中华人民共和国人民法院是国家的审判机关。"宪法第 126 条规定："人民法院依照法律规定独立行使审判权，不受行政机关、社会团体和个人的干涉。"据此，我国各级人民法院性质即"国家的审判机关"，其基本权力即"审判权"——在规范意义上说，"审判机关"显然不能等同于"司法机关"[4]，正如同"审判权"不等同于"司法权"一样[5]。相对于职能单纯、意思明

〔1〕庞德以为：真正的法律"是依照一批在司法和行政过程中使用的权威性法令来实施的高度专门化的社会控制"。[英] 庞德：《通过法律的社会控制 法律的任务》，沈宗灵、董世忠译，商务印书馆 1984 版，第 22 页。

〔2〕纵观世界各国司法，大多数民事刑事案件为法院所最先管辖，而这些案件本身就具有较浓的治理色彩，即对社会的规训和惩罚。到了现代，行政和宪法诉讼才陆续受理，法院才具有了宪政功能。

〔3〕新中国成立之初，负责政法工作的领导人多次明确表示了司法的政治功能，如在 1950 年 7 月召开的第一届全国司法会议上指出司法机关是阶级统治的工具（强世功：《法制与治理——国家转型中的法律》，中国政法大学出版社 2003 年版，第 144 页）；从新中国成立之初到 20 世纪 90 年代，党和国家领导人常常将法院等政法机关比作"刀把子"，将之视为和平时期阶级统治的工具（刘风景：《"刀把子"的隐喻学阐释——分析人民法院性质与职能的新进路》，载《清华法学》，2008 年第 1 期）。

〔4〕学界对于审判机关和司法机关之界定有以下三种观点：（1）最广义说，认为凡是能适用和执行法律的国家机关都可统称为司法机关（《法学词典》编辑委员会编：《法学词典》，上海辞书出版社 1984 年版，第 241—242 页）；（2）广义说，认为司法机关指人民法院和人民检察院（党的十五大报告指出"推进司法改革，从制度上保证司法机关依法独立地行使审判权和检察权"）；（3）狭义说，认为司法机关仅指法院（吴卫军：《司法改革原理研究》，中国人民公安大学出版社 2003 年版，第 12—16 页）。

〔5〕关于司法权和审判权，学界存在以下两种观点：第一种观点认为司法权包括审判权和检察权，审判权由人民法院行使，检察权由人民检察院行使（张文显主编：《法理学（第三版）》，法律出版社 2007 年版，第 365 页）；第二种观点认为司法权就仅指审判权，为法院所享有（孙万胜：《司法权的法理之维》，法律出版社 2002 年版，第 4 页）。

确的“审判机关”这一范畴而言，“司法机关”便是一个职能相当复杂、意思相当模糊的概念。迄今为止的研究表明，法院恰恰就应当是一个意思明确、职能单纯的概念，它不能有任何歧义，不应当也无能力承载太多太复杂的职能。故此，让人民法院回缚于宪法第123条之定位，回归到“审判机关”之本位，当成为我国法院改革之常识性议题。

（一）宪法第123条与法院改革的宪政意味

人民法院属于“国家机关”的范畴，即从事国家管理和行使国家权力的机关。作为“机关”，人民法院有其自身的构造和运行法则；作为“国家”机关，人民法院具有“国家性”，它是构成国家有机体不可或缺的部分，并以国家的名义行使职权，以国家强制力保障其职权的实现。这就意味着：（1）法院体制改革不是简单的“自我完善”，它是一项势必牵动整个国家宪政体制的重大变革，因此必须审慎而严肃。[1]（2）正因为法院改革关涉国家宪政体制，所以，它不是一件由法院“自己说了算数”的事情；最高法院一个红头文件或者“纲要”之类的，甚至最高法院院长一席讲话，即可作为推行法院改革之依据的做法应当休矣！（3）正因为法院是国家宪政体制的有机组成单位，法院改革就不是仅仅对法院体制进行修修补补就可以完成的，它是一项需要综合考量，并依赖于诸如行政改革、社会改革等配套性改革，才有可能取得成功的系统工程[2]，是故，法院改革应当走出过去“单

---

〔1〕江国华：《中国宪法中的权力秩序》，载《东方法学》，2010年第4期。

〔2〕无论司法改革自身，还是相对于社会改革，它都具有整体性，是社会体制改革工程之一；只有立足于司法改革的整体性，司法改革才能够卓有成效。卓泽渊：《论司法改革的整体性》，载信春鹰、李林主编《依法治国与司法改革》，社会科学文献出版社2008年版，第25页。

兵作战”的片面思维[1]。(4)既然法院改革关涉整个国家宪政体制，那么在现行宪法框架内，只有全国人大才是适格的司法改革决策者，故此，新一轮的司法改革应当在充分调研的基础上统筹规划，由全国人大制定司法改革法的形式，渐次推进。

(二)宪法第123条与法院的职能调整

人民法院是国家的专门审判机关，即以审理案件和裁决纠纷为基本职能的机关。“审判”内在地包含审理与裁决两项职能，前者指搜集证据、审查证据、讯问当事人、询问证人等，查清案件的事实，确定案件的性质；后者则指根据案件的事实和性质，适用法律作出裁定与处理的决定。审理是裁决的前提，裁决是审理的结果。这就意味着：(1)“审判”是人民法院的本业，人民法院应当恪守审判职责，法院改革当以有助于人民法院恪守“审判”这个本业为基本职志。[2](2)“审判”更是人民法院的专业，人民法院应当专精于审判业务，法院改革当以有助于“审判”的专业化、职业化和规范化为目标。(3)在规范意义上，法院只是审判机关，宪法没有赋予它“审判”以外的其他职能，人民法院在司法实践过程中所获得的那些“审判”以外的职能，并非法院所固有的，因而是可以“剥离”的。(4)目前中国法院之乱象大多与法院不够“专业”存在着或近或远的关联性——法院承载了太多“审判”以外的职能，干了太多“审判”以外的事情，结果是“种了别人的地，荒了自个儿的田”；故此，如何将非审判职能渐次从人民法院中剥离出来，恐怕是中国法

---

〔1〕吕瑞萍：《当代中国司法运行的现状及推进思路》，载《中州学刊》，2007年第5期。

〔2〕Gustav Radbruch, *Aphorismen zur Rechtsweisheit,* Goettingen, 1963, S.16．转引自舒国滢：《从司法的广场化到司法的剧场化：一个符号学的视角》，载《政法论坛》，1999年第3期。

院改革不大可能绕过的路径。

（三）宪法第126条与审判独立之正解

人民法院独立行使审判权——这个源自宪法第126条的命题有三个关键词，即“独立”“行使”“审判权”。其基本意味有四：（1）作为审判机关的人民法院是一个具有独立人格的主体[1]，具有独立的宪法地位，故此，司法改革应当以保障法院独立的宪法地位，强化其独立的主体人格为基本志趣[2]。（2）国家审判权专属于人民法院，其他机关不得分享，为此，法院改革应当坚持审判权不可分割、不可委托、不可转让等原则，确保审判权统一并专属于人民法院。（3）人民法院“行使”审判权的整个过程不受干涉，故此，为审判权的行使设置必要的护栏当纳入法院改革的总体规划——与审判权相关联的主体至少有三个，即配置者、行使者与监督者或规制者，法院仅仅是审判权的“行使者”，而不是审判权的“配置者”与“规制者”；从这个意义上说，司法改革仅仅专注于审判权的行使是远远不够的，还应当致力于审判权的配置与规制。（4）在现实意义上，人民法院所行使的权力除了“审判权”之外，还有其他权力，从宪法第126条的规定来看，人民法院只有在行使“审判权”的时候才是独立并不受干涉的；易言之，宪法第126条并不能作为人民法院“独立”行使“审判权”以外的其他权力且不受“行政机关、其他组织和个人干涉”之宪法依据。

---

〔1〕审判独立内在地包含审判主体独立和审判权力独立两层基本意涵。谢佑平、周颖：《冲突与协调：检察监督与审判独立》，载《法学家》，2006年第4期。

〔2〕杨艺红：《论法官独立审判的制约性因素及其消解——对修改我国〈人民法院组织法〉第四条的思考》，载《中州学刊》，2007年第3期。

（四）宪法第126条与审判权行使依据之诘难

人民法院“依照法律”行使审判权。若将宪法第126条置于整个宪法文本之中来考察，那么这里的“法律”只能作狭义解读，即仅指全国人大与全国人大常委会制定的法律，不包括其他法律渊源形式。[1]如此，则有四项诘难：

其一，在规范意义上，宪法第126条首先是授权条款，即人民法院所行使的“审判权”之正当性渊源，故其可以合乎逻辑地解释为“人民法院所行使的审判权是依法享有的”；在这个意义上，第126条之“法律”应当是指“宪法”——审判权是由宪法直接授予人民法院的，组织法和诉讼法只是对宪法的授权作了进一步细化而已。为确当计，有必要在第126条中增加一款，即“国家审判权由人民法院行使”（属宪法保留之范围）。

其二，在中国语境中，宪法第126条也是规约性条款，它可以解释为“人民法院依照法律规定的方式与程序行使审判权”。其基本意味有二：（1）人民法院“只能依照法律”规定的方式和程序行使审判权；（2）只有法律（狭义）才可以规定审判权的行使方式与程序。[2]为确当计，宪法第126条的第二款应规定“人民法院行使审判权的方式与

〔1〕对我国宪法文本上下行文内容和逻辑结构，以及一系列典型国家宪法文本类似条款进行分析，可以肯定，我国宪法第126条的“法律”不包含“宪法”。另外，根据《立法法》的相关分析，基本可以确定我国宪法第126条“法律”可能的外延范围应包括法律（狭义）、行政法规、地方性法规、自治条例、单行条例、地方政府规章、军事法规与规章等八类规范性文件。进一步确定人民法院依据何种“法律”进行审判时，务必考察不同诉讼法的性质及其文本内容。刑事诉讼所依据法律应为狭义之法律，民事诉讼所依据法律当为广义之法律，而行政诉讼所依据法律仅指法律、行政法规、地方性法规、自治条例与单行条例和规章等。总之，不同性质的审判活动具有不同的法律依据范围，而这个范围取决于全国人大及其常委会通过立法的形式来实现。姚岳绒：《我国〈宪法〉第126条“法律”外延的界定》，载《政治与法律》，2010年第7期。

〔2〕童之伟：《法院“依照法律”规定行使审判权释论——以我国法院与宪法之关系为重点的考察》，载《中国法学》，2009年第6期。

程序由法律规定之”（属法律保留之范围）。

其三，在司法实务中，“依照法律”条款通常是在“法律适用”层面上解释的，即学者们所解释的“人民法院只能适用法律（狭义）裁决案件”[1]；如此，不仅宪法被排除在“司法适用”之外，而且行政法规、地方性法规以及规章都属“不得司法适用”之列，更遑论先例与习惯等不成文规范了。这显然不符合司法实际。在这个层面上的恰当解释应回归原文关键词，即“审判权”，也就是说依照法律行使的仅仅是审判权。这就意味着，人民法院通过审判方式裁决案件的，只能适用法律。延伸论之，若采用“审判权”以外的方式裁决案件，则不受“依照法律”款项之绝对羁束，譬如人民法院用调解方式解决争讼时，就不应当仅仅适用法律，还可以适用诸如法规、规章甚至习俗等其他法律渊源形式。

其四，在法治语境中，宪法第 126 条也是一项司法原则，它强调审判的独立性与法治性，其中法院的独立地位与审判权配置属宪法保留之范围，审判之原则、方式与程序规则属法律保留之范围。就这层意思而言，1954 年宪法第 78 条之规定——“人民法院独立进行审判，只服从法律”更为规范，也有学者主张将“人民法院独立行使审判权”置换为“人民法官独立行使审判权”。[2]

---

〔1〕韩大元、王贵松：《中国宪法文本中“法律”的涵义》，载《法学》，2005 年第 2 期。对于宪法第 126 条“法律”一词的内涵和外延，学界认识有较大认知差异，这在一定程度上影响了司法实践和宪法的实施。有关“法律”含义总结可参见童之伟：《法院“依照法律”规定行使审判权释论——以我国法院与宪法之关系为重点的考察》，载《中国法学》，2009 年第 6 期。

〔2〕或许有人以为“法官独立审判，只服从法律”是西方三权分立制下的说法，但实际不是这样的。的确，在这方面，欧美各国宪法的提法一般是“法官独立，只服从法律”“法官独立，只服从宪法和法律”“法官独立，只服从法律和良心”。但曾有的和现有的几乎所有社会主义国家的宪法，对于法官和审判权基本上也都是作类似的规定。对此不难理解，国家不论姓“社”姓“资”，法官、法院的作用都是居中裁判。所以，除 1936 年苏联宪法第 112 条规定“审判员独立，只服从法律”外，1977 年苏联宪法第 55 条也规定“审判员和人民陪审员独立，只服从法律”。童之伟：《宪法独立审判条款的完善及其配套改革》，载《江海学刊》，2005 年第 6 期。

二　法院的治理者角色及其法理

法院作为社会管理机构，具有社会治理方面的功能。[1]按照全球治理委员会的定义，治理（governance）指各种公共的或私人的个人和机构管理其共同事务的诸多方式的总和。[2]据此，社会治理可解释为一种制度安排，以协调政府与社会、社会与公民、公民与公民之间的相互关系，平衡国家利益与个人利益、阶层之间以及社团之间的各种利益，并在尊重社会多元与共识的基础上整合国家意识形态与社会意志、社会公共道德与个人价值观念等。[3]因此，社会治理是一个系统工程，政府、社会组织以及公民个人都基于分工的不同分别在其中担负不同角色，并构成社会治理的主体。[4]政府承担着出台规则、协调管理以及裁决纠纷等职能——立法机关乃是规则的创制者，行政机关即利益的协调管理者，司法机关[5]则是纠纷的裁决者。作为社会纠纷

---

〔1〕江必新：《能动司法：依据、空间和限度——关于能动司法的若干思考和体会》，载《人民司法》，2010 年第 1 期。

〔2〕Commission on Global Governance, *Our Global Neighborhood: The Report of the Commission on Global Governance*, Oxford University Press, 1995, p.2.

〔3〕根据英国学者格里 · 斯托克的解释，"治理指出自政府但又不限于政府的一套社会公共机构和行为者"，并"提请人们注意私营和志愿机构之愈来愈多地提供服务以及参与战略性决策这一事实"。[英] 格里 · 斯托克：《作为理论的治理：五个论点》，华夏风译，载《国际社会科学杂志（中文版）》，1999 年第 2 期。

〔4〕在组织起来的社会控制力量中，司法结构是组织化程度最高的，这一点既可以从世界各国司法组织的现状中得到证实，也可以从司法程序的形式主义发展中获得验证。司法组织历来就是国家中最成系统的、最稳定的体系，法官、检察官、警察均是世界各国官方角色中最引人注目的和最规范的角色。而司法程序更是发展到了极为严格的程度：假发、法官袍、三角帽和佩剑、审判大厅等所有展示威严的设施；司法官员的庄重举止、正规的语言、洪亮的声音、严峻的礼仪、严厉而理性的风度。在今天所有文明的国度里，严格得几乎是森严的形式主义仍然伴随着司法过程。所有这些均表明，在司法组织系统和司法角色的行为方式中存在着严格的协调一致的规则、习惯等行为倾向，由此所形成的合法性渊源以及制度的、机构的力量，是其他社会控制的力量所无法比拟的。程竹汝：《社会控制：关于司法与社会最一般关系的理论分析》，载《文史哲》，2003 年第 5 期。

〔5〕这里"司法机关"取最狭义的意义，仅指人民法院。

的裁决者，人民法院所从事的审判工作，既是社会治理的固有内容，也是国家善治的必要条件。也正是在这个意义上，国家的“善政”与“善治”，在相当程度上取决于人民法院定纷止争的能力和审判的实际效果。故此，明确法院与法官社会治理者的角色与责任，当成为新时期法院改革的应有之义。[1]

（一）无司法即无善治

一般来说，无司法即无善治的基本意味有三：（1）善治以善政为条件[2]，善政者即所谓“优良之统治”或“良好之政府”（good government）。迄今为止的经验表明，有良好之政府，必有良好之司法；无良好之司法，则无优良之统治。故此，应当从改良国家统治结构、优化国家治理效果的大视野中考量中国法院的改革与走向。（2）法院制度是现代社会治理结构之不可或缺的组成部分。它与立法制度、行政制度以及其他社会制度共同构成了社会治理的制度体系。尽管一套良好的法院制度未必带来社会的善治，但在一个法院制度残缺不全或者运行不畅的社会，绝对不可能有社会的善治。故此，司法改革应当回应社会善治之需要。（3）现代社会治理的主体是多元的[3]，在这些多元主体之中，某些主体是不可或缺的，比如法院；我们不能想象存在着一个没有法院的社会，正如同不能想象没有法官参与的善治。

---

〔1〕江国华：《常识与理性（二）：法官角色再审思》，载《政法论丛》，2011年第3期。

〔2〕“欲达到善治，首先必须实现善政”，“在全球化背景下，作为一个社会主义民主共和国的人民政府，善政应当具备以下八个要素：民主、责任、服务、质量、效益、专业、透明和廉洁。”俞可平：《善政：走向善治的关键》，载《当代中国政治研究报告》，2004年第3辑。

〔3〕倪静：《知识产权争议多元解决机制研究》，法律出版社2015年版。

（二）法院是社会治理的公权主体

相对于公民、法人或其他社会自治组织等私权主体而言，法院是社会治理的公权主体。公权主体具有法定性、职责性与强制性等禀性。法定性意味着法院的治理主体身份或地位、权限及其治理方式均须有法的明文规定，故此，法院改革应从厘定法院职权开始。职责性意味着参与社会治理乃法院的职责——社会的善治法院有责，但法院的治理责任是有限的，而不是无限的，我们不能指望法院承担太多[1]，尤其是全部的治理责任，所以法院改革应让法院从“无限责任状态”转向“有限责任状态”。强制性则意味着法院参与社会治理是以国家强制力为保障实现的——法院是以个案裁决的方式参与社会治理的。如果说个案裁决的公正性是社会公平的一个指标性参数，那么个案裁决的实现程度则是国家法律即国家意志实现的标尺；故此，法院改革应打破执行难的“魔咒”，最大限度地保障其生效判决的实现。

（三）司法之治的本质即法治

现代社会治理的核心在于法治，现代法治的主导在于司法，无司法即无法治。[2] 迄今为止的经验表明，一个国家的法治发展初期基本上都是由议会主导的：在成文法国家，这是一个不证自明的事实；在判例法国家，譬如英国，其法治发展之于成文法亦有相当依赖，此即其“议会

---

〔1〕范愉：《诉前调解与法院的社会责任——从司法社会化到司法能动主义》，载《法律适用》，2007年第11期。

〔2〕“由于法律全球化的趋势日益明显，两大法系的融合，判例、司法解释地位的进一步提升，宪法司法化、立法的司法审查日益被提上议事日程，并将成为司法的事实，这也为司法主导创造了必要的条件。”苏晓宏：《法制转型与司法主导——中国社会主义法治的路径选择》，载《华东政法学院学报》，2003年第1期。

主权”维续久远的内因之所在。美国1787年宪法颁布实施之后相当长的时期内，立法权在国家宪政体制中居于核心地位，亦其法治发展之主导性力量。究其法理，即在于相对完整的法律体系乃一国法治的前提性条件——此亦洛克主义的第一项诫命，在洛克看来，设立一个立法机关并由其制定成文的公布周知的法律乃政治社会第一要务。〔1〕

但法律体系逐渐成型之后，立法权便历史性地让出了国家宪政体制中的核心地位，渐次隐忍于法治建设的幕后；相应地，行政权趁势崛起，并将整个国家带入行政集权的时代。自20世纪以来，不管是典型的三权分立之美国，抑或是议会主权之英国，乃至德、法诸国，均相继迈入行政集权时代。但行政通常不是引领国家法治的适恰主体；相反，国家法治通常是以行政的有效规控为条件。而以司法审查为核心的现代司法制度不仅适时地满足了规制行政的需求，亦迎合了审查法律的夙愿——自法律之正当性与行政之合法性两项保障责任历史性地落在了司法肩膀之日起，主导国家法治进程的任务便别无选择地交给了司法机关。从这个意义上说，走向司法法治主义，乃现代法治发展之必然。〔2〕

现代社会的善治通常取决于法治的程度与水平，在司法主导法治的时代，社会治理对司法的依赖时代也随之到来。〔3〕故此，法院改革不仅应当着力提升法院在国家政治生活中的地位〔4〕，而且应强

---

〔1〕［英］洛克：《政府论》（下），瞿菊农等译，商务印书馆1982年版，第45页。

〔2〕江国华：《常识与理性（十）：司法技术与司法政治之法理及其兼容》，载《河北法学》，2011年第12期。

〔3〕我国法院处理社会矛盾的作用日益提高，其对社会矛盾有着清晰的了解，在危机时刻其治理作用不可忽视。如《2009年最高人民法院工作报告》指出："审慎处理因国际金融危机和国内外经济社会发展变化引发的各类案件，及时提出预防和解决相关问题的司法建议。"

〔4〕法院的宪政地位在宪法中有明确规定——在全国人大之下，"一府两院"居于平行地位。但在实际政治生活中，"院"的地位远逊于"府"。其标志性的架构是不仅国务院总理位列中共中央政治局常委，而且曾经在很长一段时间内，其下属的公安部部长由政法委书记兼任，亦属中共中央政治局常委之列。而政法委对"两院"有政治领导权，甚至直接给"两院"设定考核指标。

化其治理能力，特别是其之于行政的规约能力——完善相关的司法审查机制。

三 司法之治——通过审判的社会治理

公权主体与私权主体不同的法律身份与法定职责，决定了其参与社会治理的方式与进路的差异性。这种差异是必要的，正是这种必要的差异性，使得多渠道、多路径、多维度的社会治理成为可能。人民法院是专司审判职能的国家机关，它通过审判的方式行使国家权力，并因此与行政机关和立法机关行使国家权力的方式区别开来。[1] 法院的专业性决定了其所承载的社会治理的职能只能是“通过审判的社会治理”[2]，它必须遵循适格性、适度性与适时性等基本法则。

（一）适格性法则

“通过审判的社会治理”是一种专业性的社会治理方式，其治理权限、治理模式、治理程序等都必须符合法律的明确规定。

其一，权力配置的适恰性。立宪主义的基本职旨在于权力资源的最佳配置，它不仅意味着不同的公共权力被配置给了最适恰的机关，也意味着被配置到特定机关的公权力在该机关系统内部得到合理分配。

---

〔1〕韩大元：《中国司法制度的宪法构造》，载《中国人民大学学报》，2009 年第 6 期。

〔2〕《法院组织法》第 3 条规定：“人民法院的任务是审判刑事案件和民事案件，并且通过审判活动，惩办一切犯罪分子，解决民事纠纷，以保卫无产阶级专政制度，维护社会主义法制和社会秩序，保护社会主义的全民所有的财产、劳动群众集体所有的财产，保护公民私人所有的合法财产，保护公民的人身权利、民主权利和其他权利，保障国家的社会主义革命和社会主义建设事业的顺利进行”；“人民法院用它的全部活动教育公民忠于社会主义祖国，自觉地遵守宪法和法律”。据此，人民法院可称为“通过审判的社会治理者”。

其中，前者涉及不同权力形态的配置问题，即指涉谁有资格行使审判权，其本质及审判权的专属性与独立性问题。所谓专属性，即强调审判权的不可分享性，它意味着审判权只能由一个专门的、专业的机构来行使，而不能与其他机关共享，此即审判权主体"唯一适恰性"原则；所谓独立性，即强调审判权的不受干预性，它意味着审判权的运行空间属于法院自主之领域，其他主体不得擅入。故此，法院改革不仅应当强化法院之于审判权的垄断地位，而且应当为其独立行使这种法定的专属性权力提供制度性资源。后者涉及同一权力形态在其内部的分配问题，即审判权在法院系统内部纵横两个层面的分配问题。纵向层面关涉级别管辖以及上下级法院之间关系等问题。在法治国家，受级别管辖原则的制约，法院系统不同层级法院及法官之地位不存在位阶差异，只存在业务范围与职能上的差别。在我国宪法与法律层面，上下级法院之间的关系也明确规定为"监督关系"，但在实践中却完全演变成为"领导关系"[1]：最高法院居于最高领导地位，省高级法院对全省各级法院居于实际上的领导地位。许多地方已经形成惯例，即中级法院院长由省高院派出，基层法院的院长由中院派出，这种现象已经严重违宪，并对各级法院的审判独立构成严重威胁。[2]为此，法院改革应当让法院回缚于宪法轨道，恢复上下级法院之间的"监督关

---

〔1〕"我国法院的审级关系有一个变化的过程。1951 年的《人民法院组织通则》规定，法院的上下级之间是领导和监督的关系。但是 1954 年、1979 年的《人民法院组织法》都规定，上下级人民法院之间是审判监督关系，不是行政领导关系。"肖扬：《当代司法制度》，载中央党校教务部编：《五个当代讲稿选编》，中共中央党校出版社 2000 年版，第 180—193 页。

〔2〕该现象可以在我国现行法制体系中找到其产生的原罪。我国宪法第 126 条和《中华人民共和国人民法院组织法》第 4 条规定："人民法院依照法律规定独立行使审判权，不受行政机关、社会团体和个人的干涉。"上述规定直接表明独立行使审判权的主体为人民法院，而非法官个人，下级法院独立于行政机关、社会团体和个人，但要受到上级法院内部权力的制约。参见郭道晖：《实现司法独立与遏制司法腐败》，载信春鹰、李林主编《依法治国与司法改革》，社会科学文献出版社 2008 年版，第 60 页。

系”，确保各级法院均能够独立行使审判权。[1]横向层面关涉地域管辖以及不同区域法院之间关系的性质等。在法治国家，受地域管辖原则之羁束，不同区域之法院彼此独立、互不干涉。在我国宪法与法律层面，不同区域之法院亦受地域管辖之拘束，彼此互不干涉，其独立性亦有良好贯彻。但司法实践中不同程度存在着的地方保护主义[2]，大多与之存在着或直接或间接的关联性——催生司法地方保护主义的因素比较复杂，但这些复杂的因素大多是借助于地域管辖制度来发挥其地方保护之作用的。故此，法院改革不仅应当贯彻地域管辖之原则，以确保不同区域之法院彼此独立，而且有必要构设司法的区域协作机制，以作为打破司法地方保护主义之利器。[3]

其二，法院的胜任性。它包括能力与品行两个方面。法院必须是胜任的，否则宪法的授权就无异于在“玩火”——将审判权这项如此关键的权力授予一个不能胜任其职的机构，其后果要么是审判权被法院滥用，要么是法院为审判权而癫狂。如是，不仅会败坏国家正义之根基，亦必动摇宪政秩序之基础。故此，法院改革须在能力与品行两方面着力提升法院的胜任性。

其三，权量的适恰性。凡事过犹不及。法院的权力过大，容易导

---

〔1〕诚如有学者指出的那样：“上下级法院之间是监督指导的关系，这是我国《宪法》和《人民法院组织法》所明确规定的，毋庸置疑，不能动摇，在实践中必须不折不扣地加以贯彻。上下级法院之间之所以不能形成领导与被领导的关系，法院之所以受同级党委领导，而不是直接受上级法院党组领导，不仅是由司法自身的规律所决定的，也是由我国的司法国情所决定的。”李传松：《法院审判活动行政化之克服》，载《法学》，2010 年第 8 期。

〔2〕段晓博：《论司法中的地方保护主义》，载《法制与社会》，2007 年第 7 期。

〔3〕反对司法的地方保护主义，并不等于否定地方法院的“地域性”。有学者就指出：“作为地方法院，不可能超然于地方社会治理的区域布局，地方法院服务的‘大局’首先也只能落足于本地方经济社会发展的大局。应当看到，只要地方党委确定的地方发展任务符合中央总体政策和法律，符合本地区的科学发展，地方发展任务的实现也就实现了地方的‘善治’，各个地方实现‘善治’的同时也就为全国的‘善治’和科学发展做出了贡献。”徐子良：《地方法院在司法改革中的能动性思考——兼论区域司法环境软实力之提升》，载《法学》，2010 年第 4 期。

致司法专横；法院的权力过小，则容易出现司法正义供应不足等问题。故此，法院改革应当重新审视法院之权量问题。

其四，对象适格。社会矛盾与冲突无时不在、无处不在，但其中绝大多数纠纷是通过社会自身免疫系统来消解，或者通过行政等非诉机制来解决的，只有为数不多的案件适合由法院来裁决。

（二）适度性法则

“通过审判的社会治理”是一种干预性的社会治理方式，其干预深度、广度与力度等都必须控制在“适当的区间”之内。[1]

其一，法院的干预只能是一种有限的干预。社会有其自身的免疫机能，正是人类社会本身的这种免疫机能，化解了绝大多数社会矛盾与冲突。司法的干预永远是最后的干预，它的价值不在于干预更多，而在于“恰如其分”，即在其他解纷机制失灵或者失败的条件下，法院能够提供恰如其分的救济——司法治理当把握社会脉搏，在不同的时期采取不同策略，以“恰如其分”的判断来促使社会的善治。以美国为例，其“经济的司法裁决治理在原则上从‘公共目的’走向‘优先类权利’，在领域上从宪法进入了行政法领域”。[2]不过，经得起考验的判决大多是符合社会主流诉求的，对社会干预的尺度有一个恰当的把握。所以，最好的法院，不一定是干得最多的法院；同理，最好的社会，不一定就是司法干预最多的社会。故此，法院改革应当摒弃“法院万能主义”的幻想，让法院扮演恰如

---

〔1〕有关适度性的专题论述，可参见周宜俊：《刑法增设新罪的适度性分析——以危险驾驶、恶意欠薪入罪为例》，载《东方法学》，2010年第5期。

〔2〕韩铁：《美国宪政民主下的司法与资本主义经济发展》，上海三联书店2009年版，第153—154页。

其分的角色，而不是万能战士！[1]

其二，法院的社会治理只能是一种修复性治理。法院不是新秩序的建构者，它仅仅是固有秩序的维护者与修复者。建构新秩序，通常是立法者的任务；只有在这种由立法者所构建的新秩序遭遇破坏的条件下，司法的作为才成其为必要。但这种作为仅仅是“修复”，即恢复被破坏了的法律秩序，而不是“建构”一种新秩序。法院也不是旧秩序的颠覆者，我们不能指望法院去冲锋陷阵、攻城拔寨、摧枯拉朽，它更多是“旧秩序”最忠诚的保守者，这是由它的性质与使命所决定的。在建构新秩序的立法尚未出台之前，一个成熟而称职的司法所能够做的唯一正确的事业，就是恪守已有的法律，维护固有的秩序。法院更不是暴力机器，它不应当有暴力；它只是一个裁判机关，也仅仅拥有裁判权。如果法院采取暴力，那么裁判就无所谓公正；如果法院被当成暴力机器，那么社会就没有正义可言。故此，法院改革应当摒弃“司法暴力论”，废除让法院与法官沦为暴力机器的理念与制度，让司法不仅成为正义使者，也成为和平使者。

其三，法院的社会治理只能治标，很难治本。世间万物皆有其本，人生百态均有其因；一切社会矛盾都有其社会原因，司法所能够解决的仅仅是其中涉及法律方面的争执，对于其中深层的社会根源，显然是无能为力的。法律来自于社会，司法受制于法律。如果说最好的司法正是那些尊重法律的司法，那么最好的法律就是那些尊重社会内在规律的法律。[2] 所以，相对于社会而言，司法应当具备某种意义上的超脱性，至少应与社会保持某种程度的“距离”，唯其如此，司法

---

〔1〕在现实司法实践中，人们对司法的功能产生了许多不切实际的期望。突出表现在两个方面：一是过分地强调司法的教化功能和实现实质公平的任务；二是让司法越出自己的权限，去承担本应由其他社会机制所应当承担的管理社会的任务。汪建成、孙远：《论司法的权威与权威的司法》，载《法学评论》，2001 年第 4 期。

〔2〕Kent Greenawalt, *Law and Objectivity: How People Are Treated*, Oxford University Press, 1991, p.93.

的中立性才成其为可能。倘若司法介入过深，法院将不可避免地陷入社会矛盾的旋涡之中难以自拔，甚至沦为政治的“风暴眼”而成众矢之的！如此，司法的客观性或中立性殊难保证！[1]

（三）适时性法则[2]

“通过审判的社会治理”是一种救济性的社会治理方式，其介入条件、介入时机以及介入期间等都必须满足“恰当”要求。

司法介入时机之恰当以“及时性”为第一要件，法院介入迟缓，必延误审判治理的最佳时机，影响治理效果；介入期间之恰当则以“时效性”为第一要件，介入期间过短，必失之草率，介入期间过长，则失之冗沓。

司法介入当恪守成熟性原则。它包括两层意思：（1）矛盾已经具备法律争议之属性，并适宜于司法裁判；（2）当事人已诉诸法院，若延搁审判必给当事人造成困难。[3]

“司法权是国家最后的权力，是法治的最后一道防波堤”[4]，司法介入当恪守“最后阶段”原则。首先，司法解决是现代社会最重要的救济机制，但司法救济未必就是最好的救济，相反，囿于其国家性及其程序的烦琐性，司法救济通常既不便利也不经济。[5]是故，一个相

〔1〕江国华：《审判的社会效果寓于其法律效果之中》，载《湖南社会科学》，2011年第4期。

〔2〕此处的“适时性”法则包含了美国司法审查制度中司法介入适时性原则的基本意思，即初审权原则、穷尽行政救济原则和成熟原则所涵盖的意味，但又不完全等同。有关美国司法审查制度中适时性原则，可参见王名扬：《美国行政法》（下），中国法制出版社1995年版，第642—663页。

〔3〕即在一定情况下，从保护当事人权利的角度出发，司法审查是否有存在的必要，不进行审查是否会对当事人造成困难，并且这种困难必须是直接的、即时的和影响当事人日常生活的。王名扬：《美国行政法》（下），中国法制出版社1995年版，第645页。

〔4〕徐显明：《司法权性质研究》，山东人民出版社1998年版，第4页。

〔5〕汪栋、王本利：《行政案件司法审查适时性问题研究》，载《烟台大学学报（哲学社会科学版）》，2005年第2期。

对成熟的社会，不特应以司法系统之发达为标志，更应以多元化的纠纷解决机制并存共荣为标志——在多元的纠纷解决机制中，法院居于“最后阶段”[1]。相对于司法而言，其他解纷机制充当了马前卒与过滤器的角色。作为马前卒，它们消化了大量的社会矛盾，使得绝大多数的纠纷消灭在法院门外；作为过滤器，非诉机制将纠纷的“非法律性”因素过滤掉了，从而使得那些进入法院的案件“适合法院裁决”。故此，法院应当摒弃唯我独尊之傲慢，以足够尊重的态度，对待社会自身的矛盾化解机能，尊重行政等非诉解纷机制等。

法院裁决具有终局性，它内在地包含两层意思：一是程序上的排他性和不可逆转性——尽管现代社会的解纷机制具有多元性，但司法程序始终是其中最后一道程序。案件一旦进入司法程序，不仅意味着当事人丧失了通过其他途径解决纠纷的机会，也关闭了其他力量，包括党委、人大、政府等公权力在内，介入纠纷的通道。那么，其他解决方式已经穷尽，法院判决一经生效，救济程序即告终结，并且不可逆转，任何人、任何组织都无权更改这种判决[2]；即使是上级法院，也无权对生效裁判进行改变或撤销。[3] 二是实体上的确定性。人民法院依法对当事人之间的纠纷所作出的裁判一经生效，其合法性与权威性就应当得到尊重。任何人都无权推翻司法机关作出的生效裁判，也无权再对当事人之间的纠纷作出其他类型的判断。[4] 当然，任何一种

---

〔1〕徐鹏：《司法判决“终局性”问题研究——以内地司法判决在香港承认与执行为中心》，载《时代法学》，2006 年第 1 期。

〔2〕易延友：《我国刑事审级制度的建构与反思》，载《法学研究》，2009 年 3 期。

〔3〕王福华、融天明：《民事诉讼发回重审制度之检讨》，载《法学研究》，2007 年第 1 期。

〔4〕美国哥伦比亚特区联邦巡回上诉法院首席法官海利 · 爱德华兹曾经指出：“当事人到法院是为了解决争议，如果作出判决后当事人可以置之不理，就同样的争议一诉再诉，那么判决就毫无解决争议的价值。进一步讲，如果同一请求经过反复诉讼获得各不相同的结果，那么通常也没有理由相信第二次、第三次判决就一定比第一次判决更准确。”［美］海利 · 爱德华兹、爱伦 · 芬：《美国联邦法院的权力和法院命令的执行》，转引自宋冰编：《程序、正义与现代化》，中国政法大学出版社 1998 年版，第 249 页。

程序和制度都不可能是十全十美的，在司法程序终结后，个别当事人的正当权益因各种各样的原因，仍然可能没有得到维护和保障。[1]此种现象只能被视为司法终局之必要代价。

〔1〕司法终局性内在地要求"法院判决应解决当事人之间的所有争点并且完全确定了双方之间的权利和义务"。P. R. Barnett, *Res Judicata, Estoppel, and Foreign Judgments: The Preclusive Effects of Foreign Judgments in Private International Law*, Oxford University Press, 2001, p.51.

第二章　法官的角色与本位*

[**观点提示**] 法官的裁判员角色已然作为常识，根植于我们的知识体系之中。但理性告诉我们，法官不是普通的裁判员，法官还充当了社会秩序的维修者、社会公正的建设者和社会良心的守护者等角色。正是这些角色，让法官承载了社会工程师的使命。不过，法官的职业特性决定了法官只能是“适用规则的社会工程师”，必须恪守执行性、修复性与具体性等基本法则。

法官的角色问题与法院的定位有关，但又具有独立意义——它还关涉法官的职责与地位，是当前中国法院改革所面对的又一重大议题。传统上，法官的角色一般被定格为“裁判员”，社会对法官的“裁判员”角色亦早“习以为常”；但这一常识性角色定位在当今中国却面临新的挑战——新近官方与学界有“工程师”角色之说，将法官的角色定位为和谐社会的建设者，即“社会工程师”。一般而言，对“常识”的挑战，通常是会引发激烈抵抗的；可以预见，法官之“社会工程师”的角色论，势必引发剧烈争论。那么法官究竟是裁判员抑或是工程师呢？窃以为，法官的裁判员角色与工程师角色并非相互排斥，相反，二者是有交集的；人民法官既是纠纷的裁判者，也是社会

* 本部分核心观点以《常识与理性（二）：法官角色再审思》为题，刊发于《政法论丛》2011 年第 3 期。

的工程师——它是一种特殊的工程师，即通过个案裁判构筑社会正义的工程师。

一 重返常识：作为裁判员的法官

裁判员，意指在竞赛运动过程中，依据众所周知的竞赛规程和竞赛规则，对运动员比赛行为的合法性与有效性作出判定，并最终裁决其成绩、胜负和名次的专业执法人员。如果说，运动员恪守竞赛规则是保证比赛得以顺利展开的前提条件，那么裁判员公正严格执行竞赛规则便构成了确保比赛公平公正的决定性因素。为最大限度地保证裁判公正和执法严格，有必要在规则安排上在裁判员与运动员之间设置某种形式的阻隔，避免“既当运动员又当裁判员”的悖论。

法官是法定的通过适用法律的方式裁断当事人之间纠纷的职业人士。日本的法官称为判事，我国晚清至民国时期称审判人员为推事，后来改为法官。法官是依法行使国家审判权的审判人员。由于其司法文化的差异性，在不同法系中法官的角色定位不尽相同，但都要求法官不偏不倚、不受他人影响或掣肘、公正独立地依法裁决当事人纠纷，就像竞技运动的裁判员一样。故此，法官独立被认为是现代司法的首要原则，“任何人不得充任自己案件的法官”则被当作现代司法的第一诫命。据此，中国法官应回归常识，从“裁判员”角色作如此反思。

（一）法官的具体范围是特定的

并非所有在法院工作的人都叫法官。《法官法》第2条规定：“法官是依法行使国家审判权的审判人员，包括最高人民法院、地方各级人民法院和军事法院等专门人民法院的院长、副院长、审判委员会委员、庭长、副庭长、审判员和助理审判员。”这是我国法律关于法官角色的基本规定，从语义学的角度而言，其基本含义有四：

其一，在逻辑上，“审判人员”与“法官”系种属关系，即所有的“法官”都属于“审判人员”之范围，但并非所有的“审判人员”都是“法官”，审判人员中还包括“法官”以外的人——根据《人民法院组织法》第37条之规定，人民陪审员属于审判人员的范畴。[1]

其二，在所有的“审判人员”中，只有法官“依法”[2]行使审判权；或者说，只有“依法”行使审判权的“审判人员”才是“法官”——但是根据《人民法院组织法》第38条第2款之规定，“人民陪审员在人民法院执行职务期间，是他所参加的审判庭的组成人员，同审判员有同等权利”。[3]第十届全国人大常委会2004年8月28日通过的《关于完善人民陪审员制度的决定》第1条强调：“人民陪审员依照本决定产生，依法参加人民法院的审判活动，除不得担任审判长外，同法官有同等权利。”这就意味着，陪审员在法律上也是“行使审判权”的审判人员，这显然与《法官法》第2条相冲突。[4]因此，法院

---

〔1〕就法理而言，审判权实质上是一种裁判权，即在对争讼事实进行判断的基础上作出适法的裁决的过程。由于人民陪审员在审判中具有与法官同等的权利，因而属于“审判人员”；与此相对，书记员只是诉讼活动中起辅助作用的记录者，无论在理论上还是实践中，都不被认为是“审判人员”。

〔2〕这里的“依法”二字，既意在行使审判权之资质或资格，也意在行使审判权的“方式”。

〔3〕尽管“权利”与“权力”之间的区别已成为法律常识，但从我国《法官法》以及《人民法院组织法》的规定来看，二者未作刻意区分。其中法官“权力”均在职权或者权利中表述。

〔4〕陪审员分享审判权的做法，严格说来也有违宪之嫌。事实上，我国1954年的宪法曾经规定过陪审制度，后来在1982年宪法中取消了。原因不得而知，但至少一个基本的事实是，《关于完善人民陪审员制度的决定》将审判权赋予陪审员，在宪法上并无直接依据。我们基本可以赞成这样一个命题，即法治社会的要求是，私权利的行使以法无明文规定为合法，公权力的行使则以法无明文规定为违法。规避宪法规定的法院享有独立审判权的原则，完全不具备正当性。而且，我国的陪审员分享审判权的程度比其国外同行更大，因为人民陪审员不但拥有事实认定权，而且拥有法律适用权。

改革应当首先在立法上消解这种冲突，其方法无外乎两条，要么修改《法官法》第2条之于法官的定义，要么修改《人民法院组织法》之于陪审员的权限规定。笔者倾向于后者。

其三，“法官”仅限于明文列举的七类人，但本条所列举各项之间在逻辑上存在内容与标准的双重交叉。就标准而言，院长、庭长之类属于行政职务，而审判员、助理审判员则属于专业技术职位；院长、庭长通常应当由具有审判员资格的人担任，院长、庭长也可能担任某些个案的审判员，二者并列逻辑不通。就内容而言，“审判委员会委员”通常是由院长、庭长、审判员来担任，二者并列亦逻辑不通。故此，有必要重新审视《法官法》第2条，对法官之范围作出合乎逻辑的列举。

其四，根据《人民法院组织法》第三章“人民法院的审判人员和其他人员”的原意来看，法官、人民陪审员当属于“审判人员”之范畴，书记员、执行员、法医与司法警察则属于“其他人员”之列。但在事实上，我国各级法院还存在着既非审判人员亦非《人民法院组织法》第三章所规定的“其他人员”之工作人员，主要包括政工人员、财务人员、技术鉴定人员、后勤保障人员等。正是这种性质的“法院工作人员”，让原本以审判为主的人民法院演变成为一个“小社会”，但这些“法院工作人员”却没有任何法律依据。本着让法院回缚于宪法之原则，法院改革应当着力将由这些“非法的工作人员”所承担的职能逐渐从法院剥离出去，其中司法行政方面的职能应“还给”司法行政机关[1]，司法技术方面的职能以及有关社会性事务都可考虑社会化——法院可以向社会“购买”这种服务。

---

〔1〕根据现行宪法之规定，涉及法院的司法行政工作原本就属于司法行政机关的法定职权。但1983年司法部与最高人民法院以一纸协议的方式，将其让渡给了人民法院。这显然违背了法治的基本精神——任何人都没有权力私自处分或者转让由宪法所明确授予的权力。

（二）法官的基本职责是审判案件

法官的基本职责即审判案件，其要义有三：

其一，根据《法官法》第5条之规定，普通法官的首要职责是“依法参加合议庭审判或者独任审判案件”，它意味着法官履行审判职责的基本方式就是参加合议庭，作为合议庭成员审理案件，或者独任审理案件。这种合议庭或独任审判的方式，正如一幕戏剧化的场景，法官审判行为具有戏剧行为的基本要素。第一个要素是冲突。法庭审判以强烈的戏剧冲突，把人物、时间、场景高度集中在“舞台”有限的空间内，利益冲突、当事人双方冲突运作其中。第二个要素是演员。审判活动中不同主体角色不同，出庭的次序不同，而法官则居中裁判，高高在上。第三个要素是舞台、戏服与道具。法官审判活动是一个极其讲究的场景，法官角色扮演依赖于一定的物质条件，如审判席之设置、法官服装之选择、法庭辅助之配备，这些都必须体现出司法审判的权威、公正，透露出浓厚的文化内涵。

其二，根据《法官法》第7条之规定，人民法官“审判案件必须以事实为根据，以法律为准绳”，它意味着法官在审理案件过程中必须做到以下三点。（1）必须以事实为根据，即必须在查明案件事实的情况下才能定案，这里的“事实”必须是客观存在、经过调查属实、有证据证明的，而不是主观臆想、推测，甚至疑点重重的。没有确实充分的证据来证明案件事实，就不能对案件作出判决。（2）必须以法律为准绳，即要求法官在查明案件事实的基础上裁判，必须严格按照法律规定，以法律的尺度来衡量案件的具体事实和情节，既要严格按照实体法办案，也要严格遵守程序法的规定。（3）将以事实为根据、以法律为准绳两者相互联系。事实是正确适用法律的前提，也是案件的客观标准，而法律是裁决的方向和尺度，是案件事实得以定性的依据，两者必须同时考量。法律事实是否清楚，归根到底取决于法律对该事实是否有预先的格式化、最低限度。[1] 司法人员应当将法律事实与法律规范结合起来，获得科学的认知。

其三，根据《法官法》第 7 条之规定，人民法官必须“秉公办案，不得徇私枉法”。此条之“办案”二字不仅仅意指“审判案件”，还包含“审理案件”，故该条之效力适用于“法官审理案件”之全过程。它意味着：（1）人民法官必须是基于公心审理案件，而不是为了谋取个人私利、本单位利益或地方利益等。（2）人民法官必须在两者间保持中立，不偏不倚，不得在办理案件过程中徇私情，不得在案件审理前形成预断。（3）司法的最高追求是公正，无私即为公，无偏即为正，正所谓“任何人不得充任自己案件的法官”。法官作为裁判员必须与审理的案件没有利益关系，否则必须回避，因为可能影响实质公正；如果法官与一方当事人接触过于频繁，即使没有影响最终的裁决，当事人也会感觉实质公正受损，即程序公正没有实现。

（三）法官的职责不限于庭审案件

法官的职责不仅仅是庭审案件。根据《法官法》第 5 条之规定，法官还应当履行庭审案件以外的“法律规定的其他职责”，主要是指《人民法院组织法》《刑事诉讼法》《民事诉讼法》《行政诉讼法》等法律规定的除审判职责以外的其他职责。这些职责可以分为两类：（1）法律规定的与审判案件密切相关但又不具有审判属性的司法工作职责，主要有依法审查起诉以决定是否立案，依法裁定是否予以减刑、假释，依法裁定是否采取诉前保全或者先予执行措施，依法对妨害诉讼者决定给予强制措施，依法解决下级法院之间管辖权争议，依法指导下级法院工作，依法向有关单位提出司法建议，等等。（2）法律规定的与

[1] 毛玮：《论行政合法性》，法律出版社 2009 年版，第 146 页。

人民法院的审判活动没有直接联系的工作职责，如《人民法院组织法》第22条规定，“基层人民法院除审判案件外，并且办理下列事项：（一）处理不需要开庭审理的民事纠纷和轻微的刑事案件；（二）指导人民调解委员会的工作”。法官依法办理这些事项就属于履行上述职责。再如根据《仲裁法》第20条、第58条、第64条等的规定，人民法院应当依法裁定仲裁协议是否有效、受理并裁定仲裁委员会提交的仲裁申请人的证据保全申请、裁定撤销仲裁委员会的裁决、受理仲裁申请人申请执行等。[1]

法官的“其他职责”属法律保留的范围，其他规范不得染指。既然法律规定了法官的“其他职责”，那么法官在履行这些职责时所行使的权力是否均属于审判权的范畴？如果是，那么在立法语言上就存在问题——按照汉语的一般理解，“其他”一词有补充、兜底之意味，对其前款所列举未尽之内容有囊括、网入之功效。故此，若《法官法》第5条（一）项与（二）项所规定的“职责”同属于“审判权”范畴，那么“其他职责”一词就明显违背语言逻辑的一般常识；如果不是，那么该条款又与《法官法》第2条有关法官的界定存在明显的冲突。从一般的语言规则来看，《法官法》第5条（一）项与（二）项所规定的是“法官的职责”而不是“法官履行职责的方式”，而且二者具有并列关系，其中（一）项职责与（二）项职责在性质上是有区别的。如果（一）项可解释为“审判”的职责，那么（二）项就只能是“审判”以外的职责。据此，法官所承担的职责就不仅仅是“审判”，故其行使的权力也不仅仅是“审判权”。这与《法官法》第2条关于法官是行使“审判权”的审判人员规定存在明显的冲突。

基于上述因素，可以考虑将《法官法》第二章的“职责”改为

---

〔1〕胡康生：《中华人民共和国〈法官法〉释义》，法律出版社2001年版，第5页。

“权力与职责”，该章条文增加到三条，即在原第五条之前加一条“人民法官依法行使审判权”，将原第五条“法官的职责”改为：“第六条　法官行使审判权的方式：（一）依法参加合议庭审判或者独任审判案件；（二）法律规定的其他方式。”

二　回缚理性：作为工程师的法官

工程师是工程学中的一个特定概念，意指具有从事工程系统设计、操作、管理、评估等专业能力的人士，喻指对特定客体具有塑造、构建功能的主体。将法官视为社会工程师，强调了法官在社会秩序等方面的塑造性或建设性功能与作用。众所周知，现代社会的经营与治理是一项永不结题的系统工程，在现实中，这项工程的顺利推进，是以最低限度的法治为前提条件的，因为“现代社会对规则的确认并不是或仅是一种规范性要求，而是一个实践性问题，是一个过程”[1]。在这个过程中，立法者往往扮演着社会工程师的角色，那么法官就是这项社会工程最为重要的工程师之一；倘若法官缺席，那么任何形式的社会治理或经营都是不可想象的。

（一）社会秩序的维修工

法官是社会秩序的工程师，这个命题之要义有三：

其一，社会秩序的建构与维护乃社会经营或治理的基础性工程，其他一切形式的社会建设均以某种形式的社会秩序为基础。这种作为社会基础的“秩序”是一个“表示社会有序状态或动态平衡”的社会学范畴，它包含三层意思。（1）一定的社会结构相对稳定，则所有社

〔1〕苏力：《送法下乡——中国基层司法制度研究》，中国政法大学出版社 2000 年版，第 196 页。

会成员都被纳入一定的社会关系体系，每一个人都被置于一种确定的社会地位，各成员及各种社会地位之间的关系都被社会明确规定。这种整体性的社会关系中，人与人像分子一样被安排在特定的位置，在人与人之间的关系中找到各自的规定性，即个人的权利义务安排。因为生存资源之有限性与人类欲望的无限性之间的矛盾是纠纷与冲突的重要起因，而法律则通过确定权利义务的界限，将有限的资源按规范的标准在社会成员之间进行分配，以定纷止争〔1〕，故而社会成员之间各种关系得以明确。（2）各种社会规范需要得到正常的遵守和维护。法律规范的遵守意味着对人们感性行为的约束，而感性的冲动却时常突破规范的限度。保证社会成员对社会规范的正常遵守和维护依赖于民众心理之认同、规范的强制性、规范的稳定性和确定性几个要素。（3）把无序和冲突控制在一定的范围之内。秩序总是与无序相对的，秩序的建构依赖一定规范进行维系，虽然秩序的生成有如哈耶克所言是“自生自发的”〔2〕，规范越多，越有可能导致秩序的失范，出现“法律更多但秩序更少”〔3〕的局面。然而社会并不是真正不需要“法律的秩序”，它所排斥的是法律规范的泛滥和对基本规范的漠视；换言之，社会秩序的维系依赖于规范的保证，尤其是一定的法律规范，唯其如此，方可将无序和冲突控制在一定的范围之内，否则失序的无政府状态无

〔1〕张文显主编：《法理学（第三版）》，法律出版社 2007 年版，第 311 页。

〔2〕哈耶克把所有结社、制度和其他社会型构的社会秩序分为不是生成的就是建构的，前者是指“自生自发的秩序”，后者则是指“组织”或“人造的秩序”。自生自发的秩序乃是在那些追求自己的目的的个人之间自发生成的，这意味着任何人都不知道他的行动与其他人的行动相结合会产生什么样的结果。自生自发秩序所特有的行为规则是“否定性”的，它们只是界定个人行动的合法领域，并允许社会活动参与者在这个限度内自由地根据他们自己的计划选择和决定他们的活动。参见［英］弗里德利希·冯·哈耶克：《自由秩序原理》，邓正来译，生活·读书·新知三联书店 1997 年版，第 17—18 页。

〔3〕美国学者埃里克森在《无需法律的秩序》一书中说道：“法律制定者如果对那些促进非正式合作的社会条件缺乏眼力，他们就可能造就一个法律更多但秩序更少的世界。”［美］罗伯特·C·埃里克森：《无需法律的秩序——邻人如何解决纠纷》，苏力译，中国政法大学出版社 2003 年版，第 54 页。

疑是人类的灾难。

其二，现代社会的秩序通常是以法秩序为核心的，迄今为止的经验表明，法秩序的生成通常是以司法的良性与有效运作为条件的，主要表现在三个方面。（1）法秩序之生成，依赖于司法去运作实践。“徒法不足以自行”，法律本身并不能自行解决其所构建之法秩序的“危机困境”，也不能实现法律本身所设定的社会秩序价值目标，所以正如庞德所说，“法律的生命在于它的实行”[1]，法秩序的生成也依赖于司法的有效运作。（2）法秩序之“危机困境”，有赖于司法去定纷止争。人与人之间利益的差异难免会引起纠纷，纠纷发展到一定程度会引发法秩序之“危机困境”，唯有司法，凭借其独立性、公正性和权威性，可纠察政府行为，调处社会纠纷，促成法秩序之完满。（3）法秩序之健康运行，有赖于司法运筹帷幄。由于社会发展瞬息万变，各种潜在的、显现的不和谐因素难以剔除，所以法秩序的“危机困境”无时不在。司法以其裁判活动可以事后定纷止争，事前预防震慑，甚至阐发新的规则用以适应社会变化，故而司法的作用便须臾不可或缺。

其三，法秩序对于整个社会秩序虽不是全部，但绝对是一种必要。法秩序尽管不是社会秩序之全部，但在法秩序败坏甚至无以为继的社会，整个社会秩序必将因此而瓦解。相反，在一个法秩序优良的社会，整个社会秩序之品质与境界必因此而大为改观。故此，倘若承认司法与法官乃法秩序最为重要的维护者与塑造者，那么亦必承认司法与法官乃整个社会秩序最为核心的维护者与塑造者。正是在这个意义上说，无司法即无秩序——良好的司法乃优良社会秩序的核心塑造者和维护者，社会秩序则反过来成为判断司法良莠的基本指标。

〔1〕李龙：《法理学》，武汉大学出版社 1996 年版，第 341 页。

（二）社会公正的建设者

法官是社会公正的工程师，该命题之要义有三：

其一，和谐社会的建设本质上就是社会公正的建设——社会公正从来就不是自然生成的，相反，它的实现是一项历史性工程，需要我们精心去建构与维护。就其现代意义而言，社会公正包含两层意思：（1）社会各种资源、利益和负担全面分配的公平正义，此即所谓分配的公平正义；（2）社会利益冲突解决上的公平正义，即通过法律手段解决利益冲突，此即所谓司法的公平正义。[1] 前者是社会公正的基础，主要由立法者与行政官来建设；后者是社会公正的保障，主要由法官来实现。

其二，司法正义是一种矫正正义，就是“各得其所应得，各失其所应失”。亚里士多德认为，矫正正义是由法官来实现的，法官通过剥夺不法者的利得和补偿受害者的利失恢复均衡。[2] 波斯纳对亚里士多德的矫正正义理论予以关注，认为矫正正义包含三个方面的要素：为不公行为所伤害的人应当有启动由法官管理的矫正机器的权利；法官不考虑受害人和伤害者的特点和社会地位；对不公伤害的救济。[3] 这三个方面的意思分别是指：（1）为不公行为所伤害的人应当有诉权，

〔1〕邵景均：《社会公正的三重涵义》，载《人民日报》，2010 年 5 月 7 日第 7 版。

〔2〕亚里士多德把正义划分为普通正义与个别正义，而个别正义又可区分为分配正义和矫正正义。分配正义要求按人的优劣进行分配，而矫正正义则是对损害进行的一种补救与惩罚。亚里士多德认为，矫正正义是由法官来实现的，通过剥夺不法者的利得和补偿受害者的利失恢复均衡。因此，所谓的矫正正义就是“各得其所应得，各失其所应失”。故此，亚里士多德认为矫正正义应该把人的优劣因素排除在分配之外，因为当事人的身份在这里无关紧要，“不论好人加害于坏人，还是坏人加害于好人，并无区别……法律则一视同仁，所注意的只是造成损害的大小。到底谁做了不公正的事，谁受到不公正的待遇，谁害了人，谁受了害，由于这类不公正是不均等的，所以裁判者就尽量让它均等”。［古希腊］亚里士多德：《尼各马科伦理学》，苗力田译，中国社会科学出版社 1990 年版，第 95 页。

〔3〕傅鹤鸣：《亚里士多德矫正正义观的现代诠释》，载《兰州学刊》，2003 年第 6 期。

这一点契合司法审判制度中对当事人的诉权的保障。（2）法官居中裁判，不偏不倚。这一点强调司法作为一种矫正正义形式，不考虑当事人的地位、身份等不相关因素，以损害大小等法律事实为考量内容。（3）司法审判活动匡扶不公行为所带来的正义失衡、权利受损。这要求司法活动明确行为之性质、主观之态度、损害之大小和相关之因果联系，通过公开程序调处不法者与受害者之间的利益。

其三，在现代社会，法官构筑并守护着社会公正的最后一道防线。这道防线是社会公正的保障线，也是社会伦理的保障线——没有司法公正的社会，既不公正，也不道德，因此，“尽职的法官应当尽最大可能地提示自己注意自己的偏见”[1]。

（三）社会灵魂的守护者

法官是社会灵魂的工程师，该命题之要义有三：

其一，人类社会是有灵魂的，这种灵魂往往通过是非观、社会人格以及社会风气表现出来。一般而言，健康的社会灵魂有三层意思：（1）健康的是非观。所谓是非观，就是人们对是与非、对与错、合法与非法的看法或认识，是世界观的一种反映。健康的是非观乃社会灵魂的核心要素，一个是非不分的社会通常就是一个精神错乱的社会。（2）衡平的社会人格。人类社会是由人组合而成的共同体，组成这个共同体的不同分子之间的相互关系以及在这种相互关系中展示出来的气质、信念、品性等构成了这个共同体之人格。健全的人格通常是衡平的，对个体而言，意指人格构成诸要素之间的平衡发展；对社会而言，意指构成社会各阶层之间的协和发展以及由此展示出来的社会心理平衡。一个人格失衡的社会，通常就是一个人格割裂或者分裂的社

〔1〕怀效锋主编：《法官行为与职业伦理》，法律出版社 2006 年版，第 120 页。

会。（3）健康的社会风气。社会风气通常是对一个社会的精神面貌、思维惯式以及生活方式的总称。健康的社会风气就是讲正气、讲公平、讲廉洁、讲法治的风气，它是一种可再生社会资本，也是一种重要的生产力。

其二，如果说正义乃社会灵魂的真髓，那么法治则是正义的表征。该命题从以下三个方面体现出法治与保障社会灵魂是相契合的：（1）正义是法治促进的核心价值。法治之所以区别于法制，在于法治所追求的各项制度、治国方略贯彻着正义的原则。一个没有法治的社会，就很难说是一个正义的社会[1]，正如同一个缺乏正义的社会，就很难说是一个有灵魂的社会一样。（2）法治在内容上贯穿着自然法思想，而自然法则是正义的最低标准。[2] 这些最低标准包括利益与责任分配按照人们可以理解的方式进行，与平等存在起码的联系，持裁判者中立立场。（3）法治在形式上体现着形式法治，保障社会公正。如立法上，法律分配权利以确立正义；执法上，法律严格执行以实现正义；司法上，法律惩罚犯罪以伸张正义、恢复正义。[3] 综上，法治社会之中正义得以确保，社会灵魂更可以寄托；而且现代社会，法官不仅是正义的象征，亦是法治的真正主导者。

其三，一个有灵魂的社会，必是一个讲良心的社会。良心，即亚当 · 斯密在《道德情操论》里之所谓“存在我们心中那位公正的旁观者”，是被现实社会普遍认可并被自己所认同的行为规范和价值标准。良心是脆弱的，并且很容易“放逸”，所以它需要忠诚的守护

---

〔1〕法治之所以以正义为其核心价值，可以从法治的这条内容上看出其正义的身影。法治必须是民主政治，它推崇的至上法律必须是民主制定的法律，体现着立法正义或分配正义。法治就是“限制权力”和“保障自由”，它强调不仅以法律统治人民，更以法律约束统治者，是对权力的限制，也是对公民自由的保障，这种权力配置的安排体现着形式的正义。了解法治之基本要素，参见程燎原：《从法制到法治》，法律出版社 1999 年版，第 82—91 页。

〔2〕李龙主编：《法理学》，人民法院出版社、中国社会科学出版社 2003 年版，第 194 页。

〔3〕同上书，第 196 页。

者。在法治社会，正是法官担当了社会良心守护者的角色。作为一个法律人，正如有学者提出的那样，法官的责任不仅仅是机械而精细、刻板而冷峻地操作法律，而是要把伟大的博爱精神、人文的关怀、美学的原则和正义的情感以专业化的理性而又艺术的方式表现出来。[1] 故而，除非法官恪尽职守，否则整个社会的良心断无栖身之所。

三　规复本位：作为规则适用者的法官

现代社会是法律主治的社会，而"法律不只是一整套规则，它是在进行立法、判决、执法和立约的活生生的人。它是分配权利和义务，并据以解决纷争，创造合作关系的活生生的程序"[2]，它是现代社会秩序基本内核之法秩序的缔造者。但法秩序通常具有应然性、理想性——如果说法秩序的应然性内在地包含着实然化的趋向，那么法秩序的理想性则注定了其经常性地遭遇现实挑战的宿命；而司法不仅是应然性法秩序实然化的基本途径，也是理想性法秩序应对现实挑战的强力捍卫者。司法与法官必须具备"根据具体情境进行均衡和裁量"之特权或空间，此即所谓"独立性的自律的法的空间"，"这个空间既相对独立于国家与社会，同时又将两者结合起来，发挥一种媒体的作用"[3]。正是在这个意义上，公丕祥说："法官应把自己看作社会工程师，而不是单纯适用规则者。"[4] 但作为适用规则的社会工程师，法官必须恪守执行性、修复性与具体性等基本法则。

---

〔1〕舒国滢：《在法律的边缘》，中国法制出版社 2000 年版，第 58 页。

〔2〕[美] 伯尔曼：《法律与宗教》，梁治平译，生活 · 读书 · 新知三联书店 1991 年版，第 38 页。

〔3〕[日] 谷口安平：《程序的正义与诉讼》，王亚新、刘荣军译，中国政法大学出版社 1996 年版，第 10 页。

〔4〕公丕祥：《应对金融危机的司法能动（上篇）》，载《光明日报》，2009 年 8 月 6 日第 10 版。

（一）执行性法则

“适用规则的社会工程师”是一种执行者角色，其要义有三：

其一，法官只能是规则的执行者（适用者），而不是规则的创制者。这一命题可以从两个方面解读：（1）理论分析方面，法官应当是执行者或宣示者，而非创造者。法官应当在法律制度之下进行角色定位，法官唯一的上司应该是法律，法官只应传达立法者的意图，而不能加进自己的主观臆断，其适用的法律是现实的法律。法官通过“解释”方式宣示法律，即通过对法律意图、立法目的等立法背景资料的考察，通过对法律原则、法律意义等法律内在素材的挖掘〔1〕，正确宣示法律。（2）现实实践方面，我国法官应是一种执行者的角色。〔2〕在我国，畅行无阻的“抽象司法解释”让最高法院成为事实上的规则创制者，这作为中国司法运行过程中所出现的一种现象，也有其现实原因，主要包括因立法技术等原因所导致的法的可适用性诘难，以及地方各级法院对法律理解方面的准确性与规范性疑虑等等。但在法律的可适用性以及各级法院对法律的理解水平两方面都得到明显改善的情况下，最高法院的抽象司法解释就应当尽量克制。〔3〕

其二，司法的社会治理功能及其本身的价值诉求，只能借助于规则的执行方可能得到实现。该命题包含三方面内容：（1）司法从广义上说是一种执行权。在孟德斯鸠的学说中，“La Puissance de Juger”就是一种裁判权，它是执行市民法事项规定的惩罚犯罪或裁决个人争议

〔1〕胡玉鸿：《在政治、法律与社会之间——经典作家论法官的角色定位》，载《西南政法大学学报》，2004年第6期。

〔2〕在判例法国家，法官被解读为“穿着法袍”的立法者。即便如此，这种法官造法也是受到议会立法的严格限制的，而且它的适用空间也有明显限度。

〔3〕如果确实出现必须作出抽象解释的情境，最高法院应当尽可能向全国人大常委会提出立法解释建议案，以全国人大常委会的立法解释取代最高法院的抽象司法解释，当成为化解这种悖论的制度性出路。

的权力，“La Puissance de Juger”从语义上说也是一种执行权。[1]回归其原意，司法职能通过规则的执行方能实现其基本功能。（2）司法的社会治理功能通过规则执行来实现。正如庞德所言，“在近代世界，法律成了社会控制的主要手段”[2]，法律并不是自然地可以治理社会，它有赖于国家机关的行动。对司法社会治理而言，法官需要以法律规则适用于具体案例，通过个案实现治理。故而司法社会治理功能发挥，依赖于法官对法律规则的执行。[3]（3）司法的本身价值诉求有赖于规则的执行。司法的价值取向包括了公正、秩序、自由等，而这些价值被西方传统一直视为基本的法律价值。[4]法律也是一种规则，规则执行有助于实现司法的价值，公正需要平等适用规则，秩序依赖于法律规则去建立，自由期待规则去保障。

其三，司法裁量只能是执行性裁量，它不能僭越规则本身所给定的空间与程序。该命题有三方面的意思：（1）司法之执行性存在无法回避的裁量。虽然司法活动应当严格依法而行，于法有据，但是这并不意味着法律可以将司法活动每个步骤和细节一一细化、严密规范，也并不意味着司法机关只能机械地按照法律预先设计的线路被动展开。再严密的法律都无法事无巨细地规定，总是有司法裁量脱逸于法律规定。（2）司法的裁量是自由与羁束并存。“自由是因为做一个判断就是做一个选择，受羁束是因为判断是个慎思的问题，

---

〔1〕程春明：《司法权及其配置——理论语境、中英法式样及国际趋势》，中国法制出版社2009年版，第18页。

〔2〕［美］罗斯科·庞德：《通过法律的社会控制　法律的任务》，沈宗灵、董世忠译，商务印书馆1984年版，第10页。

〔3〕如庞德所言，“我们主要依靠的是政治组织社会的强力，我们试图通过有秩序地和系统地适用强力，来调整关系和安排行为，此刻人们最坚持的就是法律的这一方面，即法律对强力的依赖”。法律依赖政治组织强力之执行，如此便可发挥法律的控制社会功能。

〔4〕［英］彼得·斯坦、约翰·香德：《西方社会的法律价值》，王献平译，中国人民公安大学出版社1990年版，第7页。

要掂量各种替代”[1]，在这一过程中法官基于对社会或案情的具体情况进行判断，在形式公正和实质公正间找到平衡点，失之偏颇则可能破坏法治。（3）司法裁量只能是执行性裁量。法律之规定对相关社会生活的行为规制范围、条件、标准、程序等都作了一定的规范，无论是具体规定还是原则性规定，司法裁量都应当在现有规定内实践法律规范所提供的范围、条件、标准、程序等，按照法律的立法目的和价值，遵循一般的公平、合理等法律原则执行法律规范。

（二）修复性法则

“适用规则的社会工程师”是一种维修者角色，其要义有三：

其一，维修者角色定位依赖于司法特定的场景定位。这里特定的司法场景定位有三层含义：（1）司法场景的存在依赖于一定的法秩序，而法秩序之正当性假设，乃现代司法运行的逻辑前提，也就意味着法秩序是司法场景存在的前提。（2）法秩序维护的司法核心决定了司法场景的定位，进而影响着法官角色的形成。由于司法活动之核心使命是维护法秩序及其所保护的法益免于破坏或者侵害，故而，可以说法官作为适用规则的工程师是一种维修者（维护者）角色。（3）法官在修复性的司法场景下，对于法秩序有“提醒或者建议”之义务，通过适用规则，解决纠纷，防止秩序继续破坏。

其二，法官这种维修者角色的实现依赖于一定条件，涉及介入之条件、介入之手段、介入之效果。（1）介入之条件。法治国家，司法的介入通常是以法秩序遭遇破坏或者威胁为必要条件的，其目的则在于修复遭遇破坏的法律关系或法秩序，或者排除法律关系或法秩序所遭遇的即刻而现实的威胁，以维护法秩序的安定性。（2）介入之手

〔1〕［美］理查德·波斯纳：《法官如何思考》，苏力译，北京大学出版社2009年版，第79页。

段。法官维修者之角色，在于适用规则，而规则适用的意义恰在于给冲突各方提供一个权威的、中立的标尺，并据此厘定法与非法之界限。（3）介入之效果。修复之效果可定“纷”于法，止“争”于律，平息纠纷或冲突，恢复法秩序，修复法权威。

其三，法秩序乃现代社会秩序之基础，尽管法秩序优化未必意味着社会整体秩序的优化，但法秩序的败坏则势必导致社会整体秩序的崩盘；是故，司法之于法秩序的修复功能之发育与发挥程度，在相当程度上决定了一个社会整体的秩序水平与品质。

（三）具体性法则

“适用规则的社会工程师”是一种行动者角色，它所承担的工作都是具体的，个案裁判即这种具体性的直接体现，其要义有三：

其一，法官作为“适用规则的工程师”，司法活动是将规则中所蕴含的精神、价值与原则付诸具体个案的活动。这个规则具体化的过程有三个层面的意思：（1）社会规则中凝结着社会基本的道德、精神或者说普遍的正义原则，有待于法官通过适用规则，实现其在现实生活中的意义。（2）现实生活中的诸多问题，有待法官以社会工程师之视角去发现其个案困境。这种个案困境寓于整个社会正义原则之下，需要法官以社会宏观视角，本着推动社会正义、推进个案正义的态度去解决。（3）法官适用规则的过程，是通过司法解决具体纠纷，实现个案正义，并通过累计个案正义，促成社会普遍正义的有效增量。个案正义固然不是正义社会之全部，但正是无数个案正义奠定了社会正义的基础。

其二，正义是社会性的、抽象的，也是具体的、现实的。（1）正义首先是社会性的、抽象的，它关涉社会制度、政治体制和政府组织的正当性，并始终与社会批评和社会理想联系在一起。正义是人类精神世界中最受尊重的理念，不管有无宗教信仰，所有的人都援引正义，没有人敢公然摒弃正义。[1] 在这个意义上说，正义是人类社会的一种普适性原则和理想境界。（2）正义还应该是具体的、现实的。它永远不应当仅仅停留在抽象的原则或虚幻的理想之中，它是可以通过个案和具体事件展示出来的。事实上，正义社会也不是一种抽象的画卷或图景，它是由具体的个案正义累加而成的事业。没有个案的正义，就无所谓普遍的正义。

其三，个案正义对于社会普遍正义实现以及规则的优化具有促进作用。（1）个案是具体的，但个案正义的普遍性价值却是客观存在的，这种普遍性不仅在于其对社会普遍正义的有效增量，更在于其所产生的原则及其可能导向。（2）个案正义产生的原则正是社会的普遍正义原则，个案正义的可能导向亦正是社会的普遍正义境界。故此，个案正义既是普遍正义原则得以实现的方式或载体，也是将整个社会引向普遍正义境界的通道与牵诱力。（3）个案正义之实现不仅仅意味着规则中社会普遍正义之实现，更在于检验规则对社会的适用性。法官通过适用社会规则的活动，审慎地思考普遍规则在个案中的问题，借以观察规则的兼容性和有效性，并进一步反射到规则的完善之上，实现了具体至抽象的升华。

---

〔1〕Chaim Perelman, *Justice*, New York: Random House, 1967, p.3.

第三章　司法权的谦抑与能动*

[**观点提示**] 司法谦抑论与能动论是对审判权不同层面属性的描述，在本体论上，审判权必须是谦抑的，而在方法论上，审判权应当被能动地行使。司法的本质及其一般规律决定了审判权的被动性与谦抑性，但法官之主体性和司法情景的社会性，又决定了审判权能动行使的必然性。在其现实意义上，恪守审判权谦抑之原则，乃中国司法改革不容突破的底线；而完善审判权能动行使之原则与方法，则成为改善司法实效风险最小的路径。

审判权是一项消极性或者谦抑性的权力，这已然成为一种法律常识。但是，自从最高人民法院提出“能动司法”之后，这个常识性问题却引发了实务界与学术界的激烈争论。谦抑论者主张司法权本质上是一种消极的、被动的权力，能动司法论有挑战法律常识之虞；能动论者主张法院应当积极主动地行使审判权，能动地参与和谐社会建设，认为谦抑论者有机械教条主义之嫌。那么，审判权究竟是谦抑的还是能动的呢？这是理论界与实务界必须取得共识的问题，否则，法院改革将无从谈起。窃以为，司法谦抑论与能动论并非不可兼容，二者只

---

* 本章核心观点曾以《走向能动的司法——审判权本质再审视》为题，刊发于《当代法学》2012年第3期，并由《新华文摘》全文转载。

是对审判权不同层面之属性的描述而已。[1] 其中，谦抑论强调审判权本体论意义上的属性，即在本体论上，审判权必须是谦抑的；而能动论则侧重于其方法论意义上的属性，即在方法论上，审判权应当被能动地行使。

一　本体论：谦抑的审判权

在本体论上，审判权是一项消极的、被动的权力，因而具有谦抑性——这种谦抑性是由司法的本质与一般规律所决定的，它要求审判权的启动必须恪守不告不理（no trial without complaint）等基本原则，并对立法机关和行政机关保持必要的谦让和克制。其中，前者是功能性谦抑，后者是结构性谦抑。[2] 究其法理，审判权在本体论上之谦抑性本质，实属法治、分权以及必要性等宪政原则作用之产物。

（一）基于法治原则之审判谦抑

在司法领域，法治原则内在地有下列三项要求：

其一，职权法定，即审判权源自宪法的明文规定（审判权的配置

---

〔1〕有学者认为，正因为学界是基于一种二元对立的偏见从两个极端界分文本主义与实证主义的，才造成了人们对实证主义的错误解读。事实上司法中的法律实证主义是一种兼合的实证主义（Balanced Realism），是司法的两个层面上的不同形态，既包含了法官受政治与社会环境影响以怀疑主义的态度（Skeptical Aspect）进行能动司法，也包括法官们严格依法断案（Rule-Bound Aspect）。由此，我们不得不质疑传统学理中对司法能动主义与谦抑主义的二元划分造成了人们对司法能动的错误解读，认为司法能动与司法谦抑必须是非此即彼，不可兼容的。Brian Z. Tamanaha, *Beyond the Formalist-Realist Divide: The Role of Politics in Judging*, Princeton University Press, 1998, pp.6-7.

〔2〕本标准是在借鉴了部门法学者的谦抑论标准之基础上总结而来，如郭云忠博士在《刑事诉讼谦抑论》中对刑诉谦抑的标准：空间上的萎缩性、时间上的最后性、开始时的克制性、过程中的妥协性、结果上的宽容性（郭云忠：《刑事诉讼谦抑论》，北京大学出版社 2008 年版，第 6—13 页）。此外，刑法学者和宪法学者对刑法和宪法的谦抑也多有论述，在此不赘言。

属于宪法保留的范围），其作用范围及其运行程序必须接受宪法与法律的严格限制。行使这种审判权的法官，应当恪尽对宪法与法律之尊重义务。它包括：（1）恪守审判权之界限。宪法与法律对国家权力之配置有明确之界限和范围，审判权作为司法权之核心部分，应当恪守司法权之界限，不得随意僭越，干涉其他国家权力。（2）遵守审判权作用之范围。法官基于对审判权的法律认知，根据法律规定，对于法院受理案件的范围应当予以遵守，不随意介入市民社会之纠纷，越俎代庖。（3）严守审判权行使之程序。审判权之行使在于解决纠纷，并有一套严格的程序。在当下推进“便民诉讼”和“应对金融危机”的主题下，在涉及企业、公民的诉讼活动中，建立绿色通道、缩短办案时间、简化办案程序，可能带来对审判程序的减损和漠视。美国最高法院首席大法官约翰·罗伯茨 2005 年在参议院司法委员会的演讲中就指出：“相当程度的谦抑应当是法官角色的特征，法官是法律的仆人，而不是相反。法官就像裁判，裁判适用规则但不制定规则。裁判和法官的作用是至关重要的，他们保证每个人按照规则比赛。但他们的作用又是有限的：没有人会为了看裁判而去球场。”〔1〕

其二，程序法定，即审判权的运行必须恪守法律规定的正当程序原则。这些原则包括：（1）审判权的启动不取决于法官，而取决于原告或者控告方；没有告诉，就没有审判——法院不能干预未经起诉的事情。（2）告诉不仅是审判权启动的必要条件，也是审判权干预范围的依据——审判权干预范围受制于原告所提出的诉讼请求，法院不能审理诉讼请求范围以外的问题。没有诉请，则禁止干预。〔2〕

---

〔1〕United States Senate Committee on the Judiciary,*Confirmation Hearing on the Nomination of John G. Roberts, Jr. to be Chief Justice of the United States*, 109th Congress 55 (September 12, 2005) .

〔2〕美国学者格雷指出：“法官是由某一有组织的机关任命并且应那些主张权利的人申请而确定义务与权力的人。正是由于必须有一项向他提出的申请他才采取行动的事实，将法官与行政官员区分开来。” Donald L. Horonitz, *The Courts and Social Policy,* The Brookings Institution, 1997, pp. 22-23.

（3）“不告而理”即越权。不告而理原本是近代以前的纠问式审判模式的一个特质，自近代以来已绝迹于法治国家，亦为我国司法所抛弃；但在司法实践中，不告而理的现象仍以不同形式存在着。[1]（4）审判权仅仅是一种裁决性的权力，而不是命令性权力。审判权的运行过程，即审判的过程，是一个说服沟通的过程，而非命令强制的过程。法官无权命令任何一方接受其旨意，也无权武断强制任何一方，相反，法官的任何裁判都必须有法律依据并对双方当事人阐明理由，而且，法官所作出的任何裁判都应当建立在当事人充分辩论的基础之上。没有辩论，就没有裁判。（5）正因为审判的过程在本质上就是一个说服的过程，所以，司法判决与其说是法官独立判断的产物，毋宁说是法官与当事人双方博弈的结果，它带有明显的“合意”成分。法院的判决是以法官与当事人之间就事实问题与法律问题达成最低限度的共识为条件的。没有共识，就没有判决。（6）审判的最高境界应当是双方当事人的“心悦诚服”，其中的“悦”即为矛盾或冲突化解后的解脱与释然，其中的“服”既指对法律的服从，亦含对法官的尊重。

其三，法律优先，即审判过程应当遵循法律的位阶体系安排。这主要有三层意思：（1）法律解释上，我国司法解释在一定程度上可以说是立法性的司法解释，这种旨在填补法律漏洞的做法应当恪守法律优先原则和法律保留原则。对产生歧义的法律条文作出有别于立法原意的解释是否允许，则需要具体分析。法院在遇到需要上述解释时，应当保持谨慎的态度，因为这两种解释本质上都属于立法性解释，理应由立法机关承担。尤其是当这两种解释的对象是《立法法》规定的专属于法律事项的内容时，法院应当请求全国人大常委会行使立法解释权。对专属于法律事项的内容，全国人大常委会不能及时作出立法解

〔1〕高峰、尚爱国：《不告不理与有告必理原则新解读》，http://www.hicourt.gov.cn/theory/artilce_list.asp?id=1523，最后访问时间为2003年11月25日。

释的或者不属于法律事项的内容，最高人民法院宜向人大常委会申请授权由其作出司法解释。[1]（2）法律适用上，法官适用法律的过程，并非法官完全自由的过程。受法治原则的拘束，法官裁决案件应当优先适用成文的、公布周知的由全国人大或者全国人大常委会制定的法律，只有在“法律”缺位的情况下，才可以选择行政法规或者地方性法规。（3）法律冲突解决上，法官应当严格遵守宪法与法律对法院职权之规定，对于法律位阶冲突的法律，应当在保持克制、仅仅适用选择的基础之上，将冲突的法律、法规、规章和规范性文件通过法定的途径向有权裁决的机关提出司法建议。

（二）基于分权原则之审判谦抑

任何形式的宪政构架都涉及国家权力的配置问题，其中立法、行政与司法的权限范围及彼此关系构成了现代宪法的基本内容——宪法不仅规定了各种公权力的性质、界限或者作用范围与运行方式，而且也厘定了它们相互之间的关系。故此，审判权不仅应当对自身的宪法地位与权能范围有高度的自觉，而且也应当对诸如立法权、行政权等其他权力之宪法地位及职权范围恪尽尊重之义务。法院的职能除了处理纠纷外，主要的目的仅仅是制衡行政机关和立法机关[2]，而不是取而代之。具体职能有三：

其一，对自身地位与权限的自觉。它要求法官：（1）应当清醒地认识审判权在国家宪政体系中的地位，对其基本职责有高度的自觉。（2）应当了解审判权与其他权力的区别及其相互之间的界限在哪儿，

[1] 李仕春：《案例指导制度的另一条思路——司法能动主义在中国的有限适用》，载《法学》，2009年第6期。

[2] [美] 理查德·A·波斯纳：《联邦法院：挑战与改革》，苏力译，中国政法大学出版社2002年版，第343页。

并有抵抗他者干预的自觉。（3）不仅应当对审判权可以干什么有高度的自觉，而且更应当对审判权不可以干什么有高度的自觉。

其二，对立法权的尊重。[1] 它包括：（1）服从法律乃法官的天职。人们之所以服从法官裁判，恰是因为法官服从法律的缘故；如果法官不服从法律，那么人们凭什么要服从法官呢？（2）法官无权宣布任何法律无效。在中国，法官是法律的适用者，他可以选择他认为最适恰的法律来解决具体的案件，但他无权更改法律，更无权宣告法律无效。[2] 在个案审理过程中，法官应坚持“法律的合宪性”推定；若的确存在违宪或违法之虞，法官也无权径行审查[3]，但有向全国人大或者全国人大常委会提出司法建议的权力与责任。（3）司法解释应坚持文本主义。法律适用的过程本质上就是司法解释的过程，但司法解释（个案中的解释）应恪守文本主义，即须以法律文本为依据，不得脱离法律文本的规定进行任意解释。[4]

其三，克制干预行政的冲动。基于法治政府的内在需要，由司法机关通过司法审查的方式监督行政执法，乃现代法治国家的通例。我

---

〔1〕美国联邦法院马歇尔大法官也反复强调，法院的职责是依据立法的本意适用法律，而不是要越俎代庖去判断某项制度到底是明智的还是愚笨的——因为这项天职仅属于立法者，只有立法者才有权考虑立法的政策（policy of law），并将其立法旨意以法律文字的形式表现出来。U. S. vs. Gordon and Shepherd（U. S. Cir. Ct., Va., 1811）; Ship Adventure（U.S. Cir. Ct., Va., 1812）, in Hobson et al., eds., *Papers of John Marshall*, Vol.7, pp. 301, 351.

〔2〕即便是在美国，受“三权分立”原则的拘束，联邦最高法院对其违宪审查权的行使亦相当慎重，且原则上仅有权拒绝适用违宪的法律，但无权直接宣告其无效——在判例法国家，联邦最高法院拒绝适用的法律，基本上就是“死法”，会造成实际无效的结果。

〔3〕如河南种子案中河南洛阳中院法官李慧娟在判决书中宣告《河南省农作物种子管理条例》无效，这种做法显然属于越权行为，因为中国的法官并没有宣布法律条款无效的权力。假使法律并没有恰当地表述清楚立法者的立法意图，或者立法者本无意向对某项行为授权，那么这属于立法者的分内职责……法院必须克制住诱惑，不得干预立法领域。Charles F. Hobson, *The Great Chief Justice: John Marshall and the Rule of Law*, University Press of Kansas, p.163.

〔4〕有学者认为，司法系统就是一个生产的三段论的巨大机器（Giant Syllogism Machine），而法官则是一个高度受训的操作员，他们依据案件事实，从逻辑上、程序上准确适用不同的法律。Chris Guthrie, Jeffrey J. Rachlinski, and Andrew J. Wistrich, “Blinking on the Bench: How Judges Decide Cases”, *Cornell Law Review*, 2007, Vol. 93.

国自1989年《行政诉讼法》颁布（2014年11月1日修订）以来，也构建了相对有效的司法审查机制，而“谦抑”恰是渗透于其中的基本精神。谦抑具体表现在三方面。（1）干预方式有限：仅限于被动审查，即不告不理，不可主动介入；仅限于审理判决，原则上不适用调解。[1]（2）干预广度有限[2]：《行政诉讼法》修订之前仅限于具体行政行为，不涉及抽象行政行为；仅限于审查有关侵犯人身与财产的行政行为，不涉及其他侵权行为。2014年修订后，该法扩大了受案范围，但广度仍有限，抽象行政行为仍不可诉，只能附带审查，等等。（3）干预强度有限：仅限于合法性审查，原则上不涉及合理性审查；仅限于个案审查，原则上不允许抽象性审查；仅限于对羁束性行政行为之审查，原则上不介入自由裁量行为的审查；仅限于在个案中不适用某项规章或者认定某项行政行为违法，并在案后以司法建议的形式向行政机关提出建议，原则上不允许直接改变行政机关行为和代为作出某项决定。

（三）基于必要性原则之审判谦抑[3]

冲突乃社会存在的必然现象。在现实社会中，冲突无处不在，纠纷无时不在，但并非所有的冲突都需要通过司法途径来解决。事实上，由司法解决的社会纠纷占整个社会纠纷的比例是相当有限的，绝大多数纠纷是由社会自身来消化的，唯有在社会自身纠纷解决机能失灵的

---

〔1〕2014年新修订的《行政诉讼法》第60条第1款规定：“人民法院审理行政案件，不适用调解。但是，行政赔偿、补偿以及行政机关行使法律、法规规定的自由裁量权的案件可以调解。”可见，行政案件不适用调解原则。但“但是”规定冲淡了该原则的刚性，在一定程度上是有违司法谦抑性的。

〔2〕不涉及国防、外交等国家行为和内部工作人员的奖惩任免决定，政治问题不审查。

〔3〕审判权谦抑性至少有四个方面的含义：（1）审判者当怀谦逊克制之品德、意识和心态，这是政府获得统治正当性的代价。（2）政府谦抑性强调政府与社会合治的治理思维，这是政府自身管理困境和人的主体性的要求。（3）政府谦抑性强调政府在资源配置时的适度作为，这是客观经济规律使然。（4）政府谦抑性强调政府应具有自律的克制能力，即强调对政府权力的监督和制约。

情况下，司法的介入才成其为必要。故此，必要性原则实际上包含三重意思：

其一，对社会自身纠纷解决机能的必要尊重。其要义有三：（1）人类社会是一个在矛盾中运行与发展的有机体，社会冲突不仅是其自身存在的表征，也是其运行与发展的内在动力。（2）人类社会的一切冲突或矛盾都与社会本身的运行与发展密切相关，社会矛盾或冲突只有在社会自身的运行和发展中才有可能得到根本化解——矛盾的制造者，往往正是最佳的矛盾化解者。（3）司法的介入并非总是有助于社会矛盾的化解，相反，盲目的司法介入不仅会成为矛盾激化或者升级的外在诱因，甚至会成为社会自发秩序的破坏性因素。[1]

其二，对社会纠纷其他解决方式的必要尊重。其要义有三：（1）多元社会的矛盾必然是多元的，多元的矛盾内在地需要多元的纠纷解决机制。因为社会冲突起源于社会本身，社会成员之间和各种不同类型社会之间基于自身利益和自身规则产生了许多带有社会性质的自我调节机制，这些调节机制在解决社会冲突的过程中往往是非常有效的。[2] 所以，一般来说，社会冲突存在着多元性解决选择。（2）每一种纠纷解决机制都为社会所必需，都有其独立的元价值。任何社会因个人争端而引起的冲突都存在着不同的解决途径，解决争端方法的多样性，以及任何文化中存在的对这些方法的社会性选择，宣示出有关社会中人们的理想、对自身的认识以及人际关系特质；为解决争端而建立的各项制度之性

〔1〕如美国联邦最高法院的斯科特诉桑坦福案（Scott v. Sandford）就被认为是引发美国内战的导火索，最高法院冒险涉入了“政治棘丛”，企图发挥司法能动作用解决美国奴隶制度的政治顽疾，法院并没有以一纸判决一劳永逸地平息政治纷争，最终反是以一场战争的高昂代价来为一次冒失的判决买单，因此该案也被美国学界称作最高法院历史上最糟糕的判决之一。

〔2〕程春明：《司法权及其配置——理论语境、中英法式样及国际趋势》，中国法制出版社 2009 年版，第 273 页。

质、结构和运作都是对该社会的文化、哲学、世界观以及社会模式和经济政治组织的一种反映。[1] 因此，每一种纠纷解决机制，都宣示着人们的理想、对自我的认知，反映着社会的文化、哲学、世界观等，可以说每一种纠纷解决机制都具有无可替代的元价值。（3）司法仅仅是构成多元的纠纷解决机制体系中的一分子，而非全部；司法的功效往往取决于其他解纷机制的有效作为。国家司法的公共权力属性从本质上是无法满足社会领域内纠纷的解决需求的。当国家将纠纷和冲突解决的路径完全国家化之后，面对层出不穷的新纠纷、新冲突，国家必然疲于应付。[2] 故而，司法之功效的发挥依赖于其他纠纷解决机制的活跃状况。

其三，对当事人意思的必要尊重。[3] 其要义有三：（1）不告不理，无告诉即无审判，无诉请即无裁决。应当保证纠纷当事人对纠纷解决方式的自主选择权，只有当事人选择诉讼方式，向法院进行提告，法院才得以受理，进行裁判，进而解决纠纷。（2）居中裁判并平等保护，即控辩双方意见应得到平等尊重，当事人双方权益应当得到平等保护。裁判解决纠纷过程中，当事人应当对解决方案有充分自主地表达意见的机会，从而使得最后的解决方案中包含当事人的意愿，如此也可以保证最后执行体现当事人的意志，使得执行得以圆满。（3）审判的本

〔1〕陈弘毅：《法理学的世界》，中国政法大学出版社 2003 年版，第 178 页。

〔2〕程春明：《司法权及其配置——理论语境、中英法式样及国际趋势》，中国法制出版社 2009 年版，第 253 页。

〔3〕正如有学者所言，在一个理想的社会机制中，“自己的事情自己决定”这一命题应该得到最大限度的贯彻。这一命题的论据有二，其一是伦理立场的，即对个体意志的独立性的承认和尊重是一项基本的伦理准则。若不允许社会生活中的个体成员对自己的事情做出决定，则是对个体意志的独立性的藐视和冒犯。如此，每个人都只得听命于强权，社会生活就只是一个由丛林法则统治的世界（李琦：《冲突解决的理想性状和目标——对司法正义的一种理解》，载《法律科学》，2005 年第 1 期）。司法审判活动毕竟不是一场丛林游戏，是文明社会人们理性的决断过程，这一过程既然出自于人的理性，那么更应当尊重理性。故而，司法审判应当保持谦抑，对当事人意志之干涉保持必要限度。

质是“说服”，而非“命令”，故判决当探寻“合意”，调解须谋求“双赢”。冲突解决的自治性表明，冲突解决的方式和方案是最大限度地建立在冲突当事人的同意这一基础上的。[1] 审判恪守必要之原则，则需尊重当事人之意志，通过说服达成合意，唯其如此，才能有效解决冲突，实现冲突当事人双方的共赢。

二　方法论：能动的审判官

在方法论上，审判权应当被积极主动地行使，因而被赋予了能动性意涵。审判权是由法官来行使的，行使审判权的法官不是机械而是人，而人之为人的基本属性就是主体性与能动性。[2] 因此，审判权的能动行使或者能动地行使审判权不仅是可能的，而且具有内在必然性。

（一）“正义不能总迟到”

审判权行使的积极性，即指法官应当积极地行使审判权，它要求法官应当不怠惰地受理并审判案件，而不是回避或延宕案件。其要义有三：

其一，有告必理，即对于告诉到审判机关的涉及法律上权利义务关系的纠纷必须予以受理并作出相应司法裁决。它意味着：（1）将自身所涉及的法律上的权利义务关系纠纷告诉到审判机关并获得审判机

〔1〕李琦：《冲突解决的理想性状和目标——对司法正义的一种理解》，载《法律科学》，2005年第1期。

〔2〕这要求法官们将法律视为他们工作的用具，一种缺一不可的用具，并且要确保对法律的适用不要陷入工具主义的囹圄之中。因此一方面法官不是机械，另一方面法律也不应该被机械地适用。Walter Wheeler Cook, “Unpublished Chapter of the Logical and Legal Bases of the Conflict of Laws”, *Illinois Law Review*, 1943, Vol.37, p.418, p.421.

关公平公正的审理，是现代公民的一项基本人权，保障这项人权是法院的基本职责所在。（2）尽管并非所有的告诉都必须通过审判的方式获得解决，但为每一项法律上的纠纷提供平等的进入审理程序的机会，乃司法救济的基本品格。（3）对于诉诸法院的纠纷，但凡在形式上符合法定要件的，就应当受理并作出相应的司法裁决；若形式未合乎法定要件的，当为告诉人说明拒绝受理之依据或理由。

其二，有权利必有救济，这是一项古老的普通法原则。它意味着：（1）保障公民权益免遭侵扰，是一项基本的国家义务，政府是这项义务的承担主体。在现代社会，政府除非积极地履行了这项义务，否则，合法性难免受到质疑。〔1〕正是在这个意义上，马歇尔大法官在马伯里诉麦迪逊案中说："公民自由的本质确切无疑地存在于每个人在遭到侵害时能够获得法律保护的权利。政府的首要义务之一就是承担这种保护。"（2）"告而不理"即渎职。〔2〕为公民提供救济是法院的职责所在，也是其职业所在。作为一项职责，审判权的行使不可消极，也不可回避；作为一项职业，审判权的行使当直奔主题，深中肯綮，容不得法官打太极拳，迂回绕道。（3）司法救济是以国家名义提供的并以国家强制力保障实现的，它所代表的是国家正义；故此，一套优良的行之有效的司法救济机制不仅是人权保障的最后防线〔3〕，也

---

〔1〕社会主体权益的正常秩序是国家机器赖以存续的重要基础，如果侵权行为泛滥，法律秩序混乱，国家统治就会动摇。谢佑平、万毅：《论司法改革与司法公正》，载《中国法学》，2002年第5期。

〔2〕渎职则意味着犯罪，譬如法国民法典就对法官不履行裁判职责规定了拒绝裁判罪。

〔3〕李林教授以为，在中国应当慎用"司法最后防线说"。他认为："在中国的现实生活中，由于受到体制、机制、文化、经济社会条件、法官素质、职业伦理等多种内外部条件和因素的影响制约，司法的实然功能是比较有限的，在某些案件中甚至是相当有限的。于是，人们对司法应然功能的高期待与其实然功能的低现实之间，产生了较大的反差，司法功能定位得越高，其反差就越大。因此，我们应当从中国特色社会主义民主政治和初级阶段的基本国情出发，谨慎使用'司法是实现公平正义最后一道防线'的提法，同时指出充分实现司法功能所需要的各种条件，实事求是地对司法做出功能定位，赋予它实际能够承担和实现的功能。"李林：《慎用"司法是实现公平正义最后一道防线"这一提法》，载《北京日报》，2008年5月5日第17版。

是国家正义的根基所在。

其三，迟到的正义不是正义，这是法治国家家喻户晓的谚语。它意味着：（1）司法救济必须遵循法律的正当程序原则，即必须在法律规定的程序过程和期限内，完成判决，给当事人一个“公正的说法”，否则，就意味着“正义迟到了”。（2）“准确、及时审理案件”是现代司法的一项基本原则，也是我国三大诉讼法所明文规定的；故此，法官的怠惰或者审判的延宕不仅构成违法，而且也是对正义的不恭与亵渎。（3）司法是在穷尽了其他救济途径之后所可能提供的最后救济机会，也是正义的最后栖身之所。只有在人们相信“国家尚有法院在，正义终属正义者”的条件下，司法救济的意义才得以彰显——电影《黑金》里有一句让人印象深刻的台词：“正义也许迟到，但迟早会到！”正是这种信念，成为人们追求正义的恒久不易的动力之源；也正是人们对于正义的坚定信念和不懈追求，成就了司法救济的意义世界。所以，司法救济“可能偶尔会迟到，但不能总是迟到”，当人们为了一纸公正判决从黑发熬成白发的时候，所熬掉的绝不仅仅是当事人“黑色的头发”，更是人们对于社会正义的信念与信心。

（二）“正义不容克减”

审判权行使的充分性，即指法官应当充分地行使审判权，它要求法官受理案件后应当不克减地履行审判职责，而不是敷衍或者玩忽职守。其要义有三：

其一，有权力必有责任。[1] 它意味着：（1）权力与责任不可分离，

---

〔1〕权力即责任不是一个抽象的命题，而是一个必须在制度安排中体现出来的法治原则。这个原则的基本内核即“权力与责任的平衡”。如果权力与责任的平衡没有建立，如果没有节制权力的合理机制，滥用权力、贪污腐败、玩忽职守的行为便会四处泛滥，杀一儆百的策略也不可能收长久之效。梁治平：《权力与责任》，载《书屋》，2008 年第 4 期。

有权力必有责任，放弃权力就意味着不履行责任。（2）尽管权力的充分行使未必等同于责任的全面履行，但责任的全面履行必须依赖于权力的充分行使。（3）审判的权力本质上就是审判的职责，审判职责的全面履行是以审判权力的充分行使为必要条件的，没有审判权的充分行使，就没有审判职责的全面实现。

其二，司法的救济必须是充分的。司法救济本质上是一种公权救济，公权救济是以纳税人所缴纳的税收为支撑的救济机制，司法过程的所有费用都是由国家财政支付的，故此，除非司法所提供的救济具备充分性，否则，作为纳税人的当事人以纳税的形式所购买的公共服务便被“打折”了。“打折”即意味着“以少充多”，造成事实上的“不平等”。具体要求有三：（1）司法过程必须是完整的，不能走走歇歇，甚至走在半路就不走了，半途而废。（2）司法救济必须是全面的，即对于当事人的诉请应当作出全面裁决，而不能判一部分，留一部分。（3）司法救济必须是彻底的，即“案结”必须“事了”，不能成为“半篮子工程”，甚至“烂尾楼”。

其三，正义不能克减，其要义在于：（1）法律正义充分性的假设是一切司法的元点，司法的过程是法律正义实现的基本途径，忠实于法律的法官应当最大限度地保证法律正义的充分实现。（2）正义不仅要得到实现，而且要以人们看得见的方式得到实现，这种看得见的方式就是司法程序，因此，司法的正义天然地带有浓厚的程序性色彩，确保程序的完整性，是法律正义充分实现的基本条件。故而，除非有法律的明文规定，否则，司法过程的任何程序都不可减损。（3）司法裁决关涉公民法律上的权利义务“再分配”，法官的职责正在于依照法律的规定“让张三的归张三，李四的归李四”，无权扣减任何一方依法所应当享有的权利，也无权扣减任何一方于法无据的义务。

（三）“恰如其分”与“效果最优”

审判权行使的灵活性，即指法官应当灵活地行使审判权，它要求法官在审理案件并作出裁决时，不仅要考虑法律的严肃性和司法的严谨性，同时也应考虑社会接受度、体制宽容度以及可执行度等因素，以获得司法的最优效果。其要义有三：

其一，司法是一门艺术。古罗马法谚曰“法律是公正而善良的艺术”（ius est ars boni et aequi），而司法正是整个法律艺术的精髓。司法本身是一门艺术，而如何在众多选择之中实现最优，也是一门艺术。它意味着：（1）完成一个慑服人心的、恰如其分的判决和创作一件艺术品一样，所需要的不仅仅是潜心投入，还有智慧、经验和技术。司法的艺术性内在地要求法官必然会把法律规则转化为心灵律条而有机地运用。（2）司法的艺术性质决定于司法者的内在修养和历练。伟大的法官和艺术家都不可能是速成的，个人才华和人格魅力的形成是一个复杂而难以效仿的过程。[1] 或许正是在这个意义上，罗纳德·德沃金指出：“可能在某些国家中，人们会认为，不管什么样的人做法官都无关紧要，法律是一套机械系统，就像计算机一样，任何一个受过适当专业训练的人都可以操作它得出同样结果。但在美国没有人会这么想。”[2]（3）司法是一种从容的秩序操作，它的目的不仅仅是解决现实的纠纷，更重要的是扩充人们生存的意义世界。[3] 人是寻求意义的生物，人对意义的追求和创造，使人与其他生物不同。人不仅生存于物质世界中，也生

---

〔1〕社会上只能有少数人具有足够的法律知识，可以成为合格的法官。而考虑到人性的一般堕落状况，具有正直品质与必要知识的人其为数自当更少。[美] 汉密尔顿、杰伊、麦迪逊：《联邦党人文集》，程逢如等译，商务印书馆 1995 年版，第 396 页。

〔2〕[美] 罗纳德·德沃金：《自由的法——对美国宪法的道德解读》，刘丽君译，上海人民出版社 2001 年版，第 373 页。

〔3〕丁国强：《司法是一门艺术》，载《书屋》，2006 年第 5 期。

活于意义世界之中。[1] 司法在解决现实秩序纠纷之时，与其说是在恢复合法秩序的完满，倒不如说是在修复人的生存的意义世界。

其二，法官不是机器，面对纷繁复杂的生活世界，需要灵活地权衡以达到和谐的最佳状态。它意味着：（1）法庭并不是一台机械运转的机器，正义的实现并不能和精密的程序与严格的行动画等号，“法律人应当同时是工匠和艺人（Kuenstler），是法律艺术的创造者”[2]。（2）法官应用尽法律赋予的职权，在法律给予的自由裁量空间内，找到解决问题的“黄金分割点”，达至司法的“效果最优”，以促使纠纷的解决和秩序的修复，保护当事人的权利。充分地行使审判权意味着法官应当积极主动地追求案结事了，以修复社会秩序，保障公民权益。（3）法官要充分发挥法律解释技术，可以“不那么顺从于其他政治决策者，更多依赖自己的判断”；可以作出范围宽泛的判决意见，并创造性地提供更广泛的司法救济。[3]

其三，世界上没有完全相同的两个个案，正如同世界上没有完全相同的两片叶子一样。它意味着：（1）法官所遇到的每一个个案都有其特殊的发生背景、冲突过程和诉讼心理等，这要求法官每一次所作出的裁判都是“独一无二”的。（2）相似的个案也可能会有不同解，法官的任务不仅仅是给出一个“解”，而是要给出一个“最优解”，即“恰如其分”的判决。（3）“一花一世界，一叶一菩提”，每一个个案都是现实世界的一扇窗户，每一扇窗户都展示着这个世界的不同侧面或方面，因此，每一个针对个案的判决都会牵动现实世界的敏感神经。一个“恰如其分”的判决固然未必有整饬社会使之有机联合的功效，或者说，一个社会的有机团结并非仅仅依赖于某个特定个案的最优解

---

〔1〕秦光涛：《意义世界初探》，载《吉林大学社会科学学报》，1989 年第 4 期。

〔2〕舒国滢：《在法律的边缘》，中国法制出版社 2000 年版，第 58 页。

〔3〕[美] 克里斯托弗 · 沃尔夫：《司法能动主义——自由的保障还是安全的威胁？》，黄金荣译，中国政法大学出版社 2010 年版，第 3—7 页。

决，但一个枉法的裁判却很可能成为社会团结的致命伤害，此即“千里之堤，毁于蚁穴”。

三　原则与方法：走向能动的司法

审判权的被动性或者谦抑性决定于司法的本质及其一般规律，因而，也是中国司法改革不容突破的底线。但司法是要讲究实效的，没有实效的司法不仅无益于社会的善治，相反，很可能成为社会冲突的新的制造者，当今中国司法的症结正在于此。因此，如何改善司法实效已然成为中国司法改革的核心议题，也必将成为检验司法改革成败的最终标准。但是，在司法体制改革已逐现成效、现代司法体制亦基本成型的情势下，企望通过司法体制的“再改革”以达成改善司法实效，显然不是明智之举。在这种情势下，从审判权的具体运行方面做文章，便成为风险最小路径。中国最高法院提出的能动司法之意义或许正在于此。

（一）能动司法之合法性

在司法哲学上，“合法性”既是方法论，也是原则或诫命。[1]它要求审判权的能动行使必须严格遵守法律规定，尊重立法宗旨和法治精神，遵循法律解释和法律推理的基本要求，确保能动司法在法治轨道上运行。虽然试图给司法能动主义一个完满的定义存在诸多困难，但是其基本内涵或多或少都与法官造法、司法审查相联系，也就是说

〔1〕学者王建源通过对1949年以来中国司法发展历程的考察，就中国司法的合法性问题提出了真知灼见。参见王建源：《司法能力建设的困境与突破——从司法合法性的角度切入》，载《司法改革论评》，2008年第1期。

司法能动主义总是有意识地突破现行法律之规定，由法官创造性地发挥。中国语境下的能动司法却与之没有太多关系，理论界说主要是指法官在司法裁判中针对具体案件情况，在法律规则的前提下，如何根据具体情况作出公正的裁判。其意思主要限定在法官在法律允许的限度内，如何运用司法自由裁量权作出裁判。[1]那么这种“合法性”的要义有三：

其一，法律的安定性和稳定性乃法治的基础所在，维护法律的安定性与稳定性乃司法的基本职责。故此，司法应当做到以下几点：（1）法律解释应当维护现存法律体系之安定性与稳定性。在我国宪政制度下，人民代表大会处于国家权力中心，司法权在人大之下开展活动。司法过程中对法律之解释应当首先从文本出发，尊重人大立法之范围和权威。因此，可以说，司法过程中对法律的解释只是发现文本中已经存在的意义，而非超越文本；解释结果最后应被忠实地化为法律规则的意义。[2]在遵守法律体系的前提下，法官应该秉承正义的法律理念，遵循法律原则，结合其司法经验与具体的实践能动地解释法律。（2）审判活动中，法官能动性的发挥应当遵循现有法律之规定，不应轻易突破法律之规定。具体裁判过程中，事实问题之认定由庭审之中两造（原告与被告）提供；法律问题之决定并非机械地适用法律，而应在法律规范语义模糊或者法律规范冲突之时能动地进行抉择——它需要法官发挥主观能动性，综合考虑法律规范、案件事实和社会价值，作出权衡，但这种权衡之结果应当不损害法律的稳定性和安定性。（3）法律推理过程是法官主观能动性发挥的过程，而这个过程需要法律推理主体的自我抑制。正如有学者指出：“法律方法主体的主观能动

---

〔1〕王建林：《司法能动的中国特色——兼与美国司法能动的比较》，载《政治与法律》，2010年第9期。

〔2〕陈金钊：《法官司法的克制主义姿态及其范围》，载《法律方法》，2008年第4期。

性的发挥不断推动着法律思维方式、法律技巧、法律推理、法律解释、法律论证、法律漏洞补充等法律方法在司法实践中的运用。司法能动性作为法律方法主体的主观意识，由于其固有存在的缺点，有时会不当地适用法律方法，走向法治的反面。”〔1〕为了防止法官在法律推理过程中走向法治的反面，法官的自我抑制是一个必然的选择。

其二，能动司法是在适用法律过程中的能动，是为了优化其社会效果，对法律作出的变通适用，是受法律羁束的“能动”，而不是“突破法律”的司法放任。这意味着：（1）能动司法要求法官发挥一定的主观能动性。法官并不是一台机器，能按照预先存入的法律规范，输入具体的法律事实，从而得出法律结果。要追求社会效果与法律效果之统一，依赖于法官的主观能动性，使法官以积极主动的态度和方法处理审判过程中出现的新情况和新问题。（2）能动司法游走在“变通”与“突破”之间。我国的宪政制度安排，决定了能动司法必须尊重宪法下的权力秩序，任何一种突破的冲动，无疑都会引发法律秩序的裂缝，进而给司法改革蒙上一层阴霾。在中国语境下的能动司法，唯有走“变通”之路，才是成本最小、效果最佳的。这样的变革须秉持基本的法律价值和理念，遵循法律原则，结合司法经验，正确地适用法律，理性地对待案件的事实问题和法律问题，以解决纠纷为目标维护社会公平正义和秩序，促成最佳的社会效果。

其三，司法能动之本意要求法官必须“在法律之内实现和优化司法的社会效果”，而不能突破法律，在法律之外去寻找“社会效果”。在一个法治社会，司法的社会效果存诸法律之中，而非法律之外。〔2〕此点主要有三层意思：（1）法律效果与社会效果存在偏差。

〔1〕陈朝阳：《法律方法之基础：司法能动性》，载《华东政法学院学报》，2004 年第 5 期。
〔2〕江必新：《能动司法：依据、空间和限度》，载《人民司法》，2010 年第 1 期。

司法活动中，审判的法律效果，是人民法院在审判过程中通过法律适用等审判活动，裁判具体案件，使法律、法规包括程序法和实体法得到严格遵守和证明，使其约束人们的行为功能得以实现，从而发挥依法审判的作用和效果。审判的社会效果是通过审判活动来实现法律的秩序、公正、效益等基本价值的效果，是以维护社会稳定、维护国家利益、维护社会正义和公德、保护市场主体的合法权益、保障审判结果的可实现性和高公认度为主要内容的。[1]这两种效果反映出司法效果的应然与实然的区别。（2）能动司法乃连接司法的法律效果与社会效果的桥梁。理想与现实之间总是存在一定的差距，而弥合这种差距，拉近彼此间距离所需要的是法官的能动：一方面，法官具有专业素养，在审判过程中，基于对法律的理解，运用法律推理方式明晰争议的法律事实，解决当事人之间的纠纷，实现司法的法律效果；另一方面，法官需要对法的价值和社会的意义有清醒的判断，使当事人之间的争议解决符合基本的社会期待，实现社会秩序的稳定，达成司法的社会效果。（3）寻求弥合之途径不应突破法律之规定。法律之内的能动司法，既是对现有法律制度的尊重，也是为自己提供了合法化的平台。所以说，在法律之内实现和扩大社会效果，才是能动司法的立足之本。如果超越法律，经常突破法律，则是对法律秩序的破坏，也颠覆了人们长期形成的法律信念和信仰，不利于人民的根本利益。

（二）能动司法之合规律性

与“合法性”一样，“合规律性”既是方法论，也是原则或诫命。它要求审判权的能动行使必须在内要以尊重司法的基本规律为前提，

---

〔1〕王建国：《司法能动的正当性分析》，载《河北法学》，2009年第5期。

在外要以遵循社会纠纷解决的基本规律为归宿。其要义有二：

其一，能动司法应当符合司法的基本规律。（1）审判权的能动行使需要法官的自由裁量权。司法程序固然具有相对的客观性，并受到法律的严格拘束，但司法过程并非机械地套用法律公式，它是一个法官对法律作出判断和解释的能动过程，因此无论是英美法系抑或大陆法系，其法官在适用法律的时候都存在一定的自由裁量权。法官这种自由裁量权的适用，既是法律的重要补充，也是法律实现的基本条件。（2）法官的自由裁量权贯穿于司法活动全过程。有学者认为司法能动性的核心在于法官自由裁量权，体现在宏观的司法解释和微观的案件审理上。但是司法能动性特点却经常大量地体现在个案的审理当中，而不是在司法解释的层面，所以从这个意义上说，司法能动性的核心在于法官断案的自由裁量权。〔1〕这样的法官自由裁量权运用体现在法官确认事实、适用法律规则以及作出裁判的具体环节上。（3）法官自由裁量权之行使恪守司法的基本规律。法官自由裁量权的存在，说明一切形式的司法判决都不过是经由法官大脑过滤了的法律。故此，走向能动司法的真正动力不在于官方推动，而在于司法本质及其内在规律的驱使。能动司法不等于盲动司法，它必须尊重司法的本质及其内在规律。〔2〕这样的规律包括司法权的独立性、司法的启动被动性、裁判的中立性与公正性等，这些都是法官在行使自由裁量权时所必须遵从的基本规律。

---

〔1〕张榕、陈朝阳：《论作为司法能动性之核心的法官自由裁量权——以最高人民法院〈民事证据规定〉为中心》，载《河北法学》，2005 年第 4 期。

〔2〕有学者企图对司法规律及其在中国的表现作出界定。如张笑英等认为："司法规律是司法权运作和司法组织设置中起决定性作用的基本准则，它是对司法活动、司法权的内在联系的抽象总结。司法规律的内容主要包括：司法必须反映社会意旨的最高追求，司法必须伴随社会的发展而变迁，司法必须体现司法权的本质属性。强调司法为民、司法的监督性和司法的效果性是司法规律在中国特色社会主义背景下的突出体现。"张笑英、杨雄：《司法规律之诠释》，载《法学杂志》，2010 年第 2 期。

其二，能动司法应当遵循社会纠纷解决的基本规律。（1）社会纠纷产生的一般规律决定了纠纷解决方式的社会性。司法纠纷解决方式是在国家产生之后逐渐衍生出来的，在国家产生之前便早已存在着各种各样的纠纷解决机制，这源于个人之间利益冲突的多样性。事实上，社会中自生的纠纷解决机制更具有权威性，而司法纠纷解决机制可以说是来自于社会，根植于社会，需要司法去解决的纠纷往往只是庞大的社会纠纷之中的“沧海一粟”。因此，更多的社会纠纷之解决依赖于社会自生的解决机制的自我消化，这维系了社会长久以来的和谐秩序，或者说是“自生自发的秩序”。（2）法治中心主义的司法困境。能动司法如果过分扩展，将走向“法治中心主义”或者“国家中心主义”，即国家集中和垄断行使司法权。然而即便国家有足够的司法权威和高度组织化的司法审判，也不能够解决形形色色的社会纠纷。这种做法既剥夺了其他解决方式的存在空间，又引起了诉讼爆炸现象，国家却无法有效地以“正义”的方式对所有纠纷给出正确的答案。（3）司法解决纠纷的方式遵守纠纷解决基本规律，恪守其本分，遵守多元的纠纷解决机制。我们应清醒地认识到，法院并不是运送正义的唯一场所，社会中存在着解决纠纷的良药。我们应当还权于社会，承认社会本身就拥有解决纠纷的能力。因此，推行能动司法，应当了解在我们这个乡土气息浓重的国家，民间的权威长期存在，民间固有的纠纷调处机制本身就具有历史的正当性和现实的权威性；国家应制定政策鼓励和允许非国家性纠纷解决机制的存在，或者在司法制度中设置多元性纠纷解决方式。

（三）能动司法之合目的性

在司法哲学上，“合目的性”也兼具方法论与原则或诫命之双重意涵。它要求审判权的能动行使必须符合司法的根本目的和法治之宗旨。[1]

其一，审判权在本质上是一种裁判权，但“裁判”仅仅是审判权的运行方式，而不是目的——定纷止争才是审判权的目的之所在。首先，审判权作为一种裁判权，其目的在于定纷止争。审判权是一种司法判断，它是针对真与假、曲与直等问题，根据特定的证据（事实）与既定的规则（法律），通过一定的程序进行认知的。[2] 因此，审判权是通过确认是非曲直来定纷止争的，而不是“和稀泥”式的糊涂判案。其次，调解与裁判都是为了定纷止争，但是调解注重结案了事，并不严格参照案件事实，也不严格遵守既定法律规定，它灵活利用各种法理、人情、民意、道德等社会资源使纠纷双方达成共识，是当事人私权自治的体现。[3] 这种共识的达成是双方妥协的结果，必然是对一些是非曲直问题的让步，尤其是在推行“调解优先”的司法政策之下，法官主导下的调解活动更有可能为了提高结案率而影响案件本身的是非定性，这样往往不利于案件的真正解决。再次，司法实践中“结案”“了事”等做法有悖于司法目的之实现。因此，尽管审判权的运行结果通常以“结案”或者“裁决”方式表征出来，但是，“案结”仅仅是判断审判权运行绩效之形式要件，“事了”才是衡度审判权绩效之实质性依据。累案不结，意味着审判怠惰；案结事不了，则意味着审判“失败”，即没有达到审判权运行所预期的“定纷止争”之目的。故此，走向能动司法非特定情势所迫，实司法目的或审判目的所需；司法能动必须合乎司法的根本目的。

---

〔1〕司法目的作为一个基本的司法概念，我们可以把它理解为是指人民法院司法审判活动所要达到的一种结果。人民法院各项审判和执行活动，最终都是为了追求司法目的的实现。司法目的对司法活动的进行具有重要的指导性作用。可以说，司法理念的确立、司法体制的创设、司法程序的运作、司法活动的展开都是围绕实现司法目的进行的。郝明金：《司法的目的与方法》，载《山东审判》，2005 年第 5 期。

〔2〕孙笑侠：《司法权的本质是判断权——司法权与行政权的十大区别》，载《法学》，1998 年第 8 期。

〔3〕夏锦文：《当下能动司法亟待处理的六大关系及解决思路》，载《法律适用》，2010 年第 10 期。

其二，尽管司法通常被认为是一国宪政体制中的保守分子——它所扮演的角色通常是现存秩序的维护者[1]，而非改革者，但宪政国家的任何形式的改革都离不开司法的参与和支持。以美国为例，其联邦主义的强化、种族平等、性别平等之类，恰恰都是由保守的联邦法院通过一个一个的个案逐渐确定下来的。[2] 正如博登海默曾指出："尽管我们应当坚持认为，法律改革的重大任务应当留待那些享有立法权的人或机构去完成，但是我们如果不是同时也给予司法机关以权力去领导社会道德观，并给予其权力在司法审判中开创一种同人们所可领悟的、最高层次的知识和最真实的洞见相一致的新正义观念，那么我们的观点恐怕就是一种狭隘的观点，可能还是一种庸俗的观点。"[3]

其三，从功能主义的角度来看，法院的司法审查能够间接地促使立法和行政更加民主，因为民主具有目的和手段的双重属性，以民主手段选出的行政机关和立法机关有时会偏离民主的目的，司法对其司法审查[4] 可使其保持正确的轨道。这一点可以从两个方面得以印证：（1）司法权对立法权之审查。我国并没有建立违宪审查制

---

〔1〕有学者指出：维护秩序、实现正义是司法的基本目的：片面强调秩序，就会导致法治的虚无和弱化；片面强调正义，则会滑向脱离国情和唯心主义的泥潭。我国作为后发现代化国家，维护秩序是司法的第一目的。同时，由于全球化和中西方文明的交融，对秩序的维护必须同时体现与世界先进司法文明相通、俱进的品质，即同时体现正义。因此，现阶段我国司法的目的应定位于"实现以正义为内核的秩序"。郑家泰、司淑玉：《实现以正义为内核的秩序——论现阶段我国司法的目的》，载《山东审判》，2005 年第 1 期。

〔2〕如保守派色彩浓厚的伯格法院（1969—1986）就曾作出罗伊诉韦德案（Roe v. Wade）的惊人判决，首度承认了隐私权的合宪性，在弗曼诉佐治亚州案（Furman v. Georgia）中短暂中止了全美死刑的执行，在斯旺诉夏洛特 - 梅克伦伯格教育委员会案（Swann v. Charlotte-Mecklenburg Board of Education）中继续了沃伦法院（1953—1969）在废除种族歧视上的努力，大大扩展了公民救济权利，甚至于通过水门案（United States v. Nixon）的判决直接导致了尼克松总统的辞职。即使是被里根总统赋予坚定保守派使命的伦奎斯特法院（1986—2005），也作出过令保守派大跌眼镜的判决，如 1989 年在得州诉约翰逊案（Texas v. Johnson）中将焚烧国旗案视为言论自由。

〔3〕[美] 博登海默：《法理学——法律哲学与法律方法》，邓正来译，中国政法大学出版社 1999 年版，第 587 页。

〔4〕虽然我国宪政制度下，司法权处于立法权之下，而且并无违宪审查制度，但是我国现有法律资源对司法权之规定，为其在一定程度上制约立法权和行政权提供了平台。

度，司法尚不能对国家立法权进行监督，但是对于地方立法权却有审查或者监督的权力，《立法法》规定法院适用法律规则时，面对有冲突的地方性法规有权提出审查建议。[1] 如此使得地方立法权可以在民主与法治的轨道上健康发展。（2）司法权对行政权之审查。我国行政诉讼制度是司法对行政权之审查的典型，虽然主要集中于具体行政行为，也足以使行政主体意识到应审慎地行使行政权力，而且对抽象行政行为一定范围内的制约也足以引起行政机关的重视。2014 年新修的《行政诉讼法》第 53 条赋予了法院在审理行政案件中附带审查“国务院部门和地方人民政府及其部门制定的规范性文件”的权力，虽无直接宣告无效撤销之权力，却至少肯定了一定的司法审查权。

总之，在大转型大变革的时代，中国司法当理性承担其职业责任和历史使命，能动行使国家审判权，服务于社会发展与现代化建设之大局。[2] 故此，走向能动司法实非权宜之计，而是国家发展之大局所必需；国家发展之大局，亦法治之宗旨所在，司法能动必须合乎这一根本宗旨。

---

〔1〕《立法法》（2015 年 3 月 15 日修正）第 99 条第 1 款规定，国务院、中央军事委员会、最高人民法院、最高人民检察院和各省、自治区、直辖市的人民代表大会常务委员会认为行政法规、地方性法规、自治条例和单行条例同宪法或者法律相抵触的，可以向全国人民代表大会常务委员会书面提出进行审查的要求，由常务委员会工作机构分送有关的专门委员会进行审查、提出意见。第 2 款规定，前款规定以外的其他国家机关和社会团体、企业事业组织以及公民认为行政法规、地方性法规、自治条例和单行条例同宪法或者法律相抵触的，可以向全国人民代表大会常务委员会书面提出进行审查的建议，由常务委员会工作机构进行研究，必要时，送有关的专门委员会进行审查、提出意见。根据该条规定，最高法院可以直接提出审查之要求，下级法院在面对地方立法之违法或违宪问题时，可以层层上报最高法院；或者径直向全国人大提出审查建议。

〔2〕近几年来我国法院在“努力为落实宏观经济政策提供司法保障，努力为自主创新提供司法保障，努力维护国家安全和社会稳定，努力应对突发公共事件，积极参与奥运安保工作”等方面做出了较大贡献，详见《2009 年最高人民法院工作报告》。

第四章　司法的国家性与地方性*

[**观点提示**] 作为一项基本的法治原则，司法统一或者审判统一既是国家与法制统一之象征，亦是国家与法制统一之保障。中国的司法改革当恪守这一原则。但司法统一终究系一个相对概念，它不应当成为剪裁一切司法现实之“奥康姆剃刀”。在中国这样一个地区差异如此明显的国家，正视司法的某种程度的地方性，亦不失为一种实事求是的态度。故此，中国司法注定只能走向“相对的统合之道”。

审判权是一项重要的国家权力，理所当然具有国家性。但是，在我国人大体制下，审判权归属于国家似乎只是一个宪法原则，在实践层面，各级法院在法律上仅对产生它的人民代表大会及其常委会负责。根据宪法与组织法的规定，地方法院既不对全国人大及其常委会负责，也不对最高法院负责，唯其如此，基于法院层级划分及其产生方式的地方性，给人以我国司法权存在层级分割与地方分割之“假象”[1]——我们姑且称之为一种假象或者误读。但这种假象或者误读，亦揭示出

---

* 本章核心观点曾以《常识与理性（五）：相对的司法统合之道》为题，刊发于《云南大学学报》2011 年第 5 期。

[1] 近年来司法权被捆绑在地方行政的战车上，越来越明显地成为地方保护主义的一件新武器。有论者将这样的倾向称为“司法割据”。这是一种轻率的观点，也过分高抬了司法权在目前宪政格局中的态势。中国只有行政割据，从未有过司法割据。所有那些因为地方势力介入而导致司法腐败的情况，都是行政权膨胀而不是司法权膨胀所致。王怡：《司法与地方主义》，http://www.china-review.com/lafi.asp?id=19291，最后访问时间为 2011 年 4 月 16 日。

我国司法权某种程度的“地方性”特征。一般而言，国家性内在要求审判统一或者司法统一，地方性则属于“司法统一”的离散性因素，它可能带来审判的灵活性与可执行性等良性效应，但也可能助长地方保护主义之恶习。[1] 窃以为，司法统一是一项基本的法治原则——它既是国家统一与法制统一的象征，也是国家统一与法制统一的保障。中国司法改革应当恪守这一原则。但司法统一始终是一个相对的概念，它不应当成为剪裁一切判决的“奥康姆剃刀”[2]——在中国这样一个地区差异如此明显的国家，正视司法某种程度的地方性，亦不失为一种实事求是的态度。

一　审判权的国家性

就一般意义而言，审判权的国家性包含三层意思。第一层是指审判权的法律归属，即在实证法意义上，审判权归属于国家，而不属于任何个人、社会组织抑或地方。[3] 我国宪法第123条规定：“中华人民共和国人民法院是国家的审判机关。”宪法第128条规定：“地方各级

---

〔1〕2002年12月8日，时任最高人民法院院长肖扬在中国人民大学“大法官讲坛”作首场演讲陈述现行司法体制的弊端时，将其概括为“三化”，司法地方化为三个问题之首。他认为我国司法权在很大程度上已地方化，设在地方的国家司法机关在行使司法权的过程中受地方党政权力机关的不当影响、干预乃至控制，不能独立、公正地行使司法权，以致司法公正难以实现，国家的法制统一不能得到保证。在一些情况严重的地方，设在地方的国家法院、检察院实际上已沦为地方特殊利益的代表。陈文兴：《论司法权国家化——以治理司法权地方化为视角》，载《河北法学》，2007年第9期。

〔2〕“奥康姆剃刀”，源自奥康姆（William Ockham，约1285—1349年）在《箴言书注》2卷15题所说“切勿浪费较多东西去做用较少的东西同样可以做好的事情”。后人通常转述为“如无必要，勿增实体”。此处意指不宜用“司法统一”这样一个僵化的概念来衡度复杂多样化的司法现实，更不宜以“司法统一”为旗帜来消灭司法所固有的地方色彩。

〔3〕诚如学者所言：在权力属性上，司法权是一种国家性的权力，而不是一种社会性的权力。司法权的国家性主要体现在司法权的非社会性、非政府性和非地方性上。司法权的国家性决定了现今的司法改革必须从国家权力结构重新分配的高度来进行，而不能仅仅是司法机关的自我改革。秦强、邸雅婧：《论司法权的国家性》，载《济南大学学报》，2007年第4期。

人民法院对产生它的国家权力机关负责。”[1]第二层是指审判权的效力或实现，即审判权的效力直接源于国家意志，并以国家强制力保障实施。法院的审判权是国家宪法授予的，审判依据来源于宪法和法律；其地位“受宪法原则、宪法规范和宪法价值的约束。任何司法活动的宗旨都是为了实现宪法的精神，限制公权力，保障公民权利”[2]。第三层是指各级地方人民法院是国家设在地方的法院，而不是“地方的法院”。地方各级人民法院与最高人民法院一样，“都应当严格执行国家的宪法和法律，坚决维护社会主义法制的统一，使人民法院真正成为国家的法院，防止地方人民法院成为地方保护主义的工具”[3]。审判权的这种国家性，内在地要求审判的统一或者司法的统一。

（一）权力统一

审判统一首先要求实现审判权归属与行使的统一性。它意味着：（1）审判权的配置属于宪法保留事项，只能由宪法配置，其他法律只能根据宪法的授权，规定法院的组织与审判权的行使程序等内容。譬如《人民法院组织法》仅限于规定人民法院的组成及其各组成分子之间的关系等，《诉讼法》仅限于规定各类诉讼之程序，均不具有创设或配置审判权之资格。（2）审判权只能由专门的审判机关独立行使，其他机关不得分享。行政机关有调处纠纷的职能，但其据以调处纠纷的权力并非审判权；检察机关有参与并监督诉讼之职能，但其据以参与并监督审判的权力并非审判权。（3）各级审判机关只能以国家名义而

---

〔1〕王贵松：《法院：国家的还是地方的？——由洛阳种子违法审查案看法院的宪法地位》，见韩大元主编：《中国宪法事例研究（一）》，法律出版社2005年版，第285—303页。

〔2〕韩大元：《中国司法制度的宪法构造》，载《中国人民大学学报》，2009年第6期。

〔3〕祝铭山：《关于〈人民法院五年改革纲要〉的说明》，http://www.gmw.cn/01gmrb/1999-10/26/GB/GM%5E18221%5E3%5EGM3-2609.HTM，最后访问时间为2016年1月8日。

不是以其所在地方名义行使审判权。尽管地方各级审判机关由同级人民代表大会选举产生，并对同级人民代表大会及其常委会负责，但这并不能够作为不同层级、不同区域的地方审判机关代表其所在之地方行使审判权的法律依据。相反，这仅仅是一个假象，或者是对宪法的一个误读，因为，我国的地方人民代表大会不是“纯粹的”地方机器，而是地方“国家权力机关”，地方各级审判机关固然由其产生并对其负责，但地方各级审判机关的审判权并不由产生它的地方人大赋予。审判机关组成人员之产生与审判权力之配置分属不同性质的两套机制；对法院组成人员具有决定权的各级人大，都没有审判权的创制权与配置权。（4）审判权的行使方式属于法律保留的范围，各级审判机关只能根据法律所规定的方式与程序行使审判权，此即所谓司法程序的统一性，它规定各级审判机关必须根据统一的程序法行使职权，并接受监督。此处的法律显然只能作狭义解读，即仅指全国人大及其常委会依照立法程序制定的法律。

（二）依据统一

各级审判机关据以裁决定案的依据必须统一为“国家立法”。一般而言，现代国家的统一通常首先表现为法制的统一。为此，国家立法机关所制定的全国性法律，除法律有明确规定不能适用于特别地区之外，应当在全国范围内得到统一的贯彻执行；而保证法律能在全国通行无阻地得到贯彻执行的最重要、最关键的机构，就是分布在全国各地的司法机关。只有这些司法机关才能统一地适用法律。除某些案件要求适用地方性法规外，几乎所有的案件所适用的法律均是全国统一性的法律——这是司法统一与立法及行政的统一的明显差异之所在。在其现实性上，立法机构除中央立法机关外，地方立法机关的立法权行使就不具有全国统一性；行政权也一样，除中央政府之外，地方行政机关行使的权力一般也不具有全国统一性。各级地方行政机关所作出的行政决定往往只能在本辖区有效力，在其他区域不产生法定效力。但司法却不同，各级地方法院所作裁判不仅对本地区有约束力，而且应当成为全国所有同类型案件之参考。

（三）效果统一

审判统一也指一国之内司法权对相同性质的案件纠纷之处理是一致的，其法律评价也是一样的，即所谓“同案同判”。它在审理相同性质案件时所依据的程序是相同的，所适用的法律除地方性法规外也是相同的。故此，法院对全国各地同一性质的纠纷应当有相同或相似的裁判结果，从而达到法治统一。这不仅是法律稳定性和连续性之要求，也是宪法第 33 条第 2 款“中华人民共和国公民在法律面前一律平等”的宪法权利之要求。近年来，我们在这方面做过一些努力，比如，《人民法院第二个五年改革纲要》提出通过制定量刑指导意见、规范和案例指导制度，建立法律适用协调机制以及改革和完善司法解释来统一司法适用尺度，以追求效果统一；两高三部于 2010 年联合制定出台了《关于规范量刑程序若干问题的意见（试行）》；最高人民法院也先后出台了《人民法院量刑指导意见（试行）》《人民法院量刑指导意见》等旨在统一司法裁判尺度的规定。

二　审判事务的地方性

社会纠纷永远是具体的，具体的社会纠纷总有其发生与发展的特定场域。按照布迪厄的解释，场域即游戏的实践空间，“一个场域可以被定义为在各种位置之间存在的客观关系的一个网络（network），或一个构型（configuration）。这些位置的存在和它们对占据特定位置的行动者或制度所产生的决定性影响都是客观决定的；而决定这些位置的是它们在不同类型的权力（或资本）分配结构中实际的和潜在的处境，以及它们与其他位置之间的客观关系（支配关系、屈从关系、结构上的对应关系等等）”[1]。这种纠纷发生场域的特定性，在某种意义上，就可以解释为社会纠纷的地方性。正是在这个意义上说，一切纠纷都是“地方的”，所有的审判事务都不可避免地带有某种程度的“地方性”。

（一）案件的地方性

法律乃是一种地方性的知识，“这种地方性不仅指地方、时间、阶级与各种问题而言，并且指情调而言——事情发生经过自有地方特性并与当地人对事物之想象能力相联系”[2]。所有的案件都有其特定的发生与发展空间，这个空间的特殊性，在相当程度上构成了个案特殊性的有机元素。它意味着，我们在审查任何个案的时候，都必须将其所发生的特定空间背景纳入考量范围；将这个空间背景作适当延展，即可以说个案发生所处的地理区域乃个案审理所必须考量的客观因素。正是这种地理区域的差异性，决定了个案的地方性。而这种个案的地方性，又往往成为法律适用差异性之内在必然。

（二）法院的地方性

法院的地方性包含四重意思。（1）各级法院都建置于特定的行政区域，并以地域关系分割管辖范围——法院管辖划分以行政区划为基

〔1〕[法] 皮埃尔·布迪厄等：《实践与反思：反思社会学导引》，李猛等译，中央编译出版社 2004 年版，第 133—134 页。

〔2〕[美] 克利福德·吉尔兹：《地方性知识——阐释人类学论文集》，王海龙、张家瑄译，中央编译出版社 2004 年版，第 273 页。

础，各级法院呈块状分布，是我国法院布局的一个基本特色。（2）各级地方法院主要由同级地方人大产生，并对其负责。1982年宪法规定，各级地方法院的院长和审判员由地方人大选举或任命，“并对产生它的国家权力机关负责”——这是法院地方性质的宪法依据。这一宪法依据在历次修宪中都未被修订过。（3）地方代议制度的一个目的，是让地方的权力机构（包括司法机关）与当地民意、本土民众建立起合法性的渊源，建立起政治逻辑上的血肉联系；只有在真正意识到地方人民代表大会是我国地方各级法院正当性质渊源的前提下，才能够真正把握地方各级法院之地方性本质。〔1〕（4）地方各级法院具有参与地方治理的客观职责，所谓“屁股决定脑袋”，法官在审理案件、适用法律的时候，必然要受到其所处的特定地理环境的影响。法律是普遍的，它无法照顾地方差异。如何解决这种法律普遍性与地方差异性之间的矛盾，实属法官之责任；故此，身居地方之法官根据地方实际情况，能动地适用普遍的法律，也是法院地方性的应有之意。〔2〕

（三）后果的地方性

审判后果的地方性有两重意味。（1）法院判决、裁定效力辐射范围的地方性。从理论上说，法院审判（判决、裁定）应在全国有

〔1〕法官的身份源自当地代议机构（无论是选举还是由地方首脑任命），这是法官可以独立于任何法院、政府和其他任何法官的宪法上的根据。这种宪政依据在现实中不能得到一种宪政化的国家政法制度及其传统的支持，才是地方行政介入的深层次原因。将地方司法机关的地方性质看作“地方保护主义”的源头，结果只会加强来自国家中枢的垂直化努力和对司法权的地方性质的剥夺，帮助现体制在中央集权视角下对地方独立利益进行自上而下的否定。沿用行政系统中“垂直管理”的习惯思维来处理司法权在中央与地方的关系，不但不利于司法独立品质的养成，反而在一个政治利益地方化和多元化的现实中，暗中形成了对传统路径的强化，即促成司法权的中央集权化。

〔2〕法律的生命在于实施，法律的实施在于因地制宜。如果没有身居不同地方的法官“因地制宜”的适用普遍性法律，那么普遍的法律将形同虚设。

效；但在现实中，个案判决的后果直接承担者仍只能是败诉一方。败诉方是否接受并自觉履行生效判决，通常与当事人的实际承担能力和当事人所承受的社会压力两个基本因素相关。显然，这两个因素都具有“地方性”。前者即所谓败诉承载能力，通常是以经济能力为基本内核的，而经济能力又通常是由当事人工作与生活地域的整体经济发展水平决定的；后者即败诉方所承受之社会压力，既与判决执行地域之“地方精神”有关，也与判决本身是否“因地制宜”有关。一般来说，地方精神中的正义或正气成分所占比重愈高，社区邻里之间所释放出来的压力就愈大，败诉方自觉履行判决的可能性就愈大。而判决的“因地制宜”，通常是由法官来把握的，它意味着法官在作出判决之时就必须考虑到“这份判决在这个地方可能产生怎样的连锁效应以及是否具有可执行性”。（2）法院判决衍生效果的地方性。一般而言，法院判决可能产生正反两方面的衍生效果。就其正面效果而言，公正司法是构成地方软环境和软实力的基本要素，一份恰如其分的判决犹如一面镜子，能够照出判决所在地的正面形象；就其负面效果而言，一份不公正的判决所败坏的不仅仅是法院的形象，也是法院所在地的声誉。[1]

三　司法的相对统一论

某种意义上说，现代国家的真正统一是由司法来维系的，而司法的统一又通常是由法院来完成的——我国“司法活动中的地方保护主义产生、蔓延，严重危害我国社会主义法制的统一和权威”[2]。多年来，

---

〔1〕典型事例者如彭宇案。在彭宇案判决作出后，网上舆情汹涌，质疑法官、法院者之声不绝于耳；尤其值得注意的现象是，很多网民将该案与南京的法治水平“捆绑”在一起，非理性地进行谩骂。这些情况至今在网上仍然依稀可见。

〔2〕《人民法院第三个改革纲要（1999—2003）》。

为实现司法统一，我国立法机关不断出台更为细化、精确的尺度和标准；但立法再细化，也不可能包罗万象和穷尽不断变化之现实。故此，司法统一的大量工作仍只能由司法机关来完成。

司法统一是一项具有绝对性的法治原则。但审判事务的地方性又是一个客观的存在，“司法由于产生、发展、运作于特定的时空场景之中，亦难免深深烙上地方性痕迹”[1]。

（一）司法统一的绝对性

司法统一乃现代国家一项基本的法治原则，它必须贯穿于整个立法、司法的全过程[2]，其核心在于司法权、司法程序、司法效力与司法评价的统一。

其一，司法权力的统一是指司法权统一于国家，不容分割，不许转让，不可委托。它意味着：（1）司法权是一种国家权力或公权力，是国家主权的主要象征和组成部分[3]，它只能由依法产生的专门的“国家机关”统一行使；（2）司法权是一种专属性的权力[4]，它只能由法定

〔1〕高其才、左炬、黄宇宁：《政治司法——1949—1961年的华县人民法院》，法律出版社2009年版，第368页。

〔2〕姜小川：《司法统一问题研究》，载《时代法学》，2010年第5期。

〔3〕学者王利明提出：“从权力特征上来看，司法权是一种国家权力或称为公权力，是国家的一种职能的表现，国家通过建立专门的司法机构并赋予其司法权，从而实现其国家的职能。司法权从根本上说是由主权派生的。”因而“司法权是国家主权的主要象征和组成部分”。而司法权的本质也即是“由国家机关代表国家对各类纠纷所进行的居中的裁判，此种裁判对争议的双方具有拘束力”。王利明：《司法改革研究》，法律出版社2001年版，第8页。

〔4〕学者刘作翔认为：司法权属于国家，是国家的一种专属权和专有权；虽然立法权、行政权和司法权一样，都是国家权力的表现，但立法权可以部分转让，也可以授权，因而可以有“地方立法”“授权立法”；行政权也可以部分地转让，可以有条件地授权其他主体行使，因而可以有地方行政、授权行政；但司法权不能转让，也不能授权，因而不能有“地方司法”和“授权司法”，否则就违反了司法权的国家专有性和国家专属性。刘作翔：《中国司法地方保护主义之批判——兼论“司法权国家化”的司法改革思路》，载《法学研究》，2003年第1期。

的司法机关垄断行使，不可分割，不可委托；（3）中央不等于国家，司法权统一于国家并不等同于统一于中央。[1]

其二，司法程序统一于国家基本法律则意味着：（1）各级法院必须遵循统一的司法程序；（2）司法程序只能由法律加以规定，只有全国人大才是适格的制定主体；（3）在全国人大闭会期间，在恪守“不抵触原则”的前提下，司法程序解释权和部分修改权属于全国人大常委会，最高人民法院的司法解释不能涉及司法程序的变更。

其三，司法效力即司法判决效力的统一具体体现在三方面：（1）判决一经宣示成立，不仅作出该判决的法院即应受该判决拘束，非有特别规定不得将该判决撤销或变更，而且其他法院（包括上级法院）也必须受该判决拘束——此即司法判决的拘束力。鉴于我国的三大诉讼法对判决的拘束力都没有作出明确规定，新的司法改革应当考虑在立法基础上进一步明确有关判决拘束力的规定。（2）法院的终局判决一经作出，不仅当事人不得对判决确定事项再生争议，而且法院本身也不得作出与该判决相矛盾的判决——此即司法判决的既判力。（3）法院所作出的生效判决之内容是以国家强制力保证实现的。

其四，司法评价的统一即司法活动的评价主体、标准、程序与方式的统一，具体体现有三：（1）司法评价的主体只能是国家权力机关——只有权力机关对司法活动所作出的评价才具有法定效力。（2）司法评价的标准只能是宪法与法律——审查国家权力机关对司法机关的司法行为和司法工作是否符合宪法和有关法律规定，监督司法机关的工作人员在审理案件的过程中是否秉公执法、有否枉法裁判的行为，督促和监察司法机关的纠错行为。（3）司法评价的根

---

〔1〕学者王旭认为司法权统一于国家即统一于中央。他指出：“从中央与地方的关系上看，司法权应当是一种中央权力”，“为保障国家各级司法机关独立行使审判权，实现司法公正和国家法制统一，必须遏止司法权地方化的倾向，切断司法机关与地方利益的联系，加强司法权的中央性”。王旭：《论司法权的中央化》，载《战略与管理》，2001 年第 5 期。

本目的是为了促进司法机关依法履行职责、确保司法公正、树立司法权威，因此，它必须尊重司法机关依法独立行使审判权，不能代替司法机关直接行使司法权。

（二）司法不统一的相对性

在中国，司法不统一即通常所谓之“同案不同判”。它是特定历史条件下的产物，具有历史性与相对性。以其产生原因为标准，此现象大致可划分为五种类型：

其一，有限理性之产物。人的理性是有限的，法官对“同案”作出的分析判断，难免出现差异，加之“世上没有完全相同的两片树叶”，“同案”本身也是一个相对的概念，因此不同法官对疑似“同案”作出不同判决具有相对合理性。〔1〕

其二，自由裁量之产物。有司法必有裁量，无裁量即无司法，有裁量即有“不同”，故此，作为自由裁量权之产物的“司法不统一”具有某种程度的必然性。法律通过特定语言而得到承载和展示，“语言之外不存在法”〔2〕，语言的表达能力是有限的，世界上的事物比用来描绘它们的词语多得多。“不管我们的辞藻是多么详尽完善，多么具有识别力，现实中始终会存在着为严格和明确的语言分类所无能为力的细微差异与不规则的情形。虽然许多概念可以被认为是对

---

〔1〕司法不统一现象并非成文法国家所独有，判例法国家也不能幸免。美国现实主义法学代表人物杰罗姆·弗兰克对 1914—1916 年纽约市治安法院几千个轻微刑事案件和处理结果进行了分析，结果表明治安法官在处理同类案件时差别达到了惊人的程度。在送交一个法官处理的 546 个被控酗酒的人中，他只释放了 1 人。而在由另一个法官处理的 673 个被控酗酒的人中，有 531 人被判无罪。在扰乱秩序行为案件中，一个法官只释放了 18% 的人，另一个法官则释放了 54% 的人。据此，他认为“司法是由情绪、直觉的预感、偏见、脾气以及其他司法非理性因素决定的。”沈宗灵：《现代西方法理学》，北京大学出版社 1992 年版，第 340—341 页。

〔2〕[德] 伯恩·魏德士：《法理学》，丁晓春等译，法律出版社 2003 年版，第 73 页。

存在于自然世界中的关系与一致性的精神映象，但对现实的这种精神复制，往往是不精确的、过于简化的和不全面的。”[1] 因而，通过语言表述出来的法具有一定的抽象性和模糊性，适用到案件中，就必须通过法官解释法律的行为得以具体化，自由裁量权也就因法律解释的产生而产生。[2]

其三，地方保护主义之产物。“司法权地方化实质是地方非法截留司法权，是地方保护主义在司法领域内的具体体现。”[3] 在中国，司法为地方政府所绑架的事实，已然成为中国司法改革所必须面对的一个难题。在这个难题尚未破解之前，作为地方保护主义之产物的司法不统一具有现实性与客观性；易言之，欲解决不同地方“同案不同判”问题，首先必须解决司法地方保护主义难题。之所以称之为难题，实缘于我国地方保护主义产生的原因甚为特殊，大致包括：（1）宪政安排。根据我国宪法，地方各级法院须由地方各级国家权力机关产生，并对它负责，这为地方各级法院披上了“属地管辖”的似是而非的外衣——各级地方法院直接以地方冠名，各级法院甚至社会各界人士都有法院“属地管辖”的误解。[4]（2）结构性

---

〔1〕[美] 博登海默：《法理学：法律哲学与法律方法》，邓正来译，中国政法大学出版社 1999 年版，第 486 页。

〔2〕立法的稳定性带来的不足给了自由裁量权诞生的空间。稳定性是立法的必然要求，稳定的立法既限制着有权者的恣意和职权滥用，又给人们提供了一个可资参照、可以信赖的行为范式，是保证法律获得权威的基础和前提。但立法的稳定性也是一柄双刃剑。立法，即使是十分具有前瞻性的立法也无法预料并穷尽人类社会生活中将可能出现的一切社会现象，无法紧跟社会变迁的步伐，因此，立法从初始时就伴生有其本身无法消除的时滞性。正是从这个意义上说，英国法学家梅因指出：“在法典时代开始后，静止的社会和进步的社会之间的区分已暴露出来。”（[英] 梅因：《古代法》，沈景一译，商务印书馆 1984 年版，第 13 页）立法的时滞性必定带来立法空白的尴尬，而立法空白又使法官获得行使自由裁量权的正当性和必然性。

〔3〕常明、张昌辉：《司法地方化透析》，载《理论观察》，2006 年第 5 期。

〔4〕国家法院系统在湖北省的高级法院，直接冠名为“湖北省高级人民法院”，不仅普通民众，就是法官乃至相关专业人士，都有将其视为湖北省管辖的“印象”。

耦合。[1] 国家行政区划与司法的地方管辖成结构性耦合，司法地域管辖的范围与其所在的行政区划范围重叠，为“属地性”行政绑架“驻地”之国家司法提供了便利。（3）利益驱动。地方各级法院的运作经费主要来自地方财政，地方经济的发展程度不仅直接决定着地方法院运作经费的充裕程度，而且直接决定了法官个人的福利待遇，甚至“裙带”利益；因此，为地方经济发展保驾护航已成为各级法院与法官的“潜规则”。（4）文化因素。中国的传统社会是建立在地理文化基础之上的“乡土社会”，乡土文化根深蒂固，法官的乡土情结成为其“属地认同”的持久暗示，而这种“属地认同”又在相当程度上使得司法地方保护主义成为法官的一种“自觉”。

其四，情势裁判之产物。严格意义上讲，情势裁判是一种带有浓厚人治色彩的司法现象，在中国具有典型意义的情势裁判当属“严打”[2]。作为“严打”等情势之产物的司法不统一具有历史性，它必将伴随着我国法治建设的发展而逐渐匿迹。

其五，枉法裁判之产物。在所有的国家，充任法官的都是凡夫俗子，而不是天使。既然法官并非由天使来充任，那么人性的劣根性就难免会在某个个案中流露，当这种劣根性发作到罔顾法律与正义的程度时，枉法裁判便不可避免。所以，作为枉法裁判之产物的司法不统一具有某种程度的必然性，但这种“同案不同判”毕竟只是个案，故又具有偶发性。

---

〔1〕耦合是指两个或两个以上的电路元件或电网络的输入与输出之间存在紧密配合与相互影响，并通过相互作用从一侧向另一侧传输能量的现象；概括地说，耦合就是指两个或两个以上的实体相互依赖于对方的一个量度。

〔2〕“严打”是依法从重从快，“严厉打击刑事犯罪分子活动”的简略表述，是为解决一定时期中突出的社会治安问题而依法进行的打击严重刑事犯罪的活动。中国共进行了三次严打运动：1983 年首次提出“严打”这个概念，并进行第一次“严打”；1996 年进行了第二次“严打”；2000—2001 年还增加了网上追捕逃犯的“新世纪严打”。

（三）相对的统合之道

近年来，司法统一问题已成为我国司法界和法学界密切关注的热点议题。基于不同视角，学界也提出了若干颇具诱惑力的改革思路。其中较具代表性的大致有“中央集权论”[1]“中央地方二元论”[2]“司法管辖与行政区划分离论”[3]等。窃以为，任何形式的司法改革都是国家宪政体制改革的有机内容，故此，必须遵循三项基本原则：（1）一切形式的司法改革都必须以尊重现行的宪政体制为前提，否则就是违宪的；而通过违宪的方式所达成的司法改革，无论多么美轮美奂，都属毒树之果。（2）即便是宪政体制内的司法改革，也属于宪政改革的范畴，故都必须以全国人大立法的方式全盘规划，整体推进。其他任何主体包括全国人大常委会都无权决定司法体制改革问题，否则就是非法的改革。（3）任何形式的司法改革都必须尊重中国的特殊国情，脱离中国国情的司法改革方案即便看起来很美，也徒具纸面意义，诚如布尔迪厄所指出的那样：“确信只有深入一个经验的具有历史处境的现实的特殊性中，才能理解社会最深刻的逻辑。”[4]

有鉴于此，有关司法统合的改革议题均应当尊重上述三项基本原则。在此基础之上，相对的司法统合之道只能是一种改良之道——在现有条件之下，通过盘活宪政资源的方式作局部调整。

其一，整肃法律——法律的协调与统一乃司法统一之前提。在国家法律体系内确保国家法律的协调与统一之手段具体有三：（1）清理与之相抵触的法律法规，确保司法标准之统一，设置某种形式的违宪

---

〔1〕详见王旭：《论司法权的中央化》，载《战略与管理》，2001年第5期。

〔2〕详见韩波：《法院体制改革研究》，人民法院出版社2003年版，第274—276页。

〔3〕详见信春鹰：《中国需要什么样的司法权力》，载《环球法律评论》，2002年春季号。

〔4〕[法] 皮埃尔·布尔迪厄：《实践理性：关于行为理论》，谭立德译，生活·读书·新知三联书店2007年版，第3页。

审查制度。（2）完善立法解释制度，确保立法解释的严肃性——目前立法解释严重不足，司法解释和司法解释性质的文件则大行其道；如果说，司法的个案解释不可避免，那么司法的抽象解释就完全属于越权。（3）规范司法解释，逐渐废除“抽象”司法解释，避免法院自我立法之悖论——最高法院的抽象司法解释权〔1〕没有宪法根据，法院的司法解释应恪守个案解释之原则〔2〕。若在审判过程中，确有对立法作抽象解释之必要，依照宪法规定，最高法院可向全国人大常委会提出立法解释案，由全国人大常委会依法作出解释。

其二，完善建制。手段具体有五：（1）进一步完善地方法院法官的遴选机制，强化地方各级法院在法院系统内部彼此独立、互不干涉——地方各级国家权力机关是地方各级人民法院的合法性依据，也是其获得独立的宪法依据。（2）构建司法横向良性协作机制〔3〕，使得因间距和隔离所带来的司法差异程度控制在合理范围——实事求是地说，司法裁判的地区差异不可避免，故消除司法裁判的地区差异概无可能，但基于法治统一之要求，将司法的地区差异控制在合理范围则完全可能。（3）强化最高法院对高级法院的业务监督，完善高级法院对下级法院的业务监督，但要避免这种“监督关系”异化为“领导关系”。（4）组建大法官会议，专门审议疑难案件，并使之公开化、程序化。

---

〔1〕司法解释权属于审判权的当然组成部分，若将法官解释法律的权力从审判权中剥离出来，那么审判权将法律通过特定语言而得到承载和展示，“语言之外不存在法”（［德］伯恩·魏德士：《法理学》，丁晓春等译，法律出版社2003年版，第73页），但语言的表达能力是有限的，通过语言表述出来的法在总体意义上具有一定的抽象性和模糊性，适用到案件中，就必须通过法官解释法律的行为得以具体化，自由裁量权也就因法律解释的产生而产生。

〔2〕德国法学家赫克指出，法官绝不是一种自动机械，法官同样是所应适用的法律规范的创造者，即法官是立法者的助手。法官活动的论理，不属于认识思维的论理，而属于“情动思维的论理”（Emotionales Denken）；其理想不在于各种思维结果的真实性，而在于思维结果的生活价值或利益价值。［德］赫克：《利益法学》，津田利治译，庆应大学法学研究会1985年版，第13页。转引自王洪：《司法判决与法律推理》，时事出版社2002年版，第25页。

〔3〕早在1994年，学者王云就曾提出“设立巡回法院”的思路。王云：《司法统一的一个途径》，载《法学研究》，1994年第3期。

（5）加强案例编纂工作，特别是最高法院的案例编纂，建立完善的案例指导制度[1]。

其三，规范法律职业教育。途径具体有三：（1）培养职业法律工作者对法律认识的统一性，形成一种依附主流理论和认识的意识，实现更高层次的法律认识上的统一。（2）提升法官的司法技能，降低其对法律的误读率。（3）培育法官的职业理性，提升其对自身所负国家义务的认同度和忠诚度。

---

〔1〕案例指导制度目前应定位于法律适用机制。徐昕：《迈向司法统一的案例指导制度》，载《学习与探索》，2009 年第 5 期。

第五章　司法偏好的衡平与折中*

［**观点提示**］司法的过程即司法正义的实现过程。对于文明社会而言，司法正义不仅必须得到实现，而且必须以看得见的方式得以实现。鉴于一切纠纷都攸关实体权益，因此，通过解决纠纷所达成的一切形式的司法正义，均带有实体性意味。但实体正义具有相对性，我们只能借助于一套具有绝对意义的司法程序，从多种可能的实体性结果中，选择一种相对合理的结果作为终局裁判的结论。这就意味着，一切形式的司法正义都具有实体性与程序性双重禀性；与此相关联，任何程序性偏好或者实体性偏好，都将对裁判结果产生直接的影响。唯此，倡导中庸的司法偏好才成其为必要。

司法偏好是潜藏在法官内心的一种情感和倾向，是司法过程中能够表现出来的比较稳定的特征。传统上，我国司法一直秉承“重实体，轻程序”的司法偏好——这种司法偏好成为影响我国司法运行的重要心理因素。但在理论界，比照西方司法哲学，我国司法更多地强调司法的程序性偏好，视程序正义为司法的核心价值，并以此为基准，对“重实体，轻程序”的中国司法传统展开或明或暗的口诛笔伐。

---

* 本章核心观点曾以《走向中庸主义的司法偏好》为题，刊发于《当代法学》2013 年第 4 期。

公允地说，鉴于实体正义的判断标准之多元性，实体优位的理念很可能将司法引入无所适从的困境之中；因此，在实体正义中引入正当程序要素，恰恰是司法判决在逻辑上能够得以证成的必要条件。从这个意义上说，尽管各国发展阶段不同，但其司法的现代化过程却大致相似，那就是以构建“正当的司法程序”为核心的司法制度建设。我国也不例外，我国现代司法的形成是以三大诉讼法的颁行为基本标志的，自20世纪90年代以来所持续进行的司法改革，也主要是围绕“司法程序的完善”而展开的。

但是，片面而抽象地强调程序正义很可能将中国司法引入另一个误区——在“正当程序”从一个“必要条件”被错误地推崇为“充分条件”的情势下，“正当程序”很可能就成为吞噬实体正义的无底黑洞。或许正缘于此，曾任最高法院院长的肖扬所推行的“程序化改革”遭遇的种种困厄远胜于褒奖。有鉴于此，2009年出台的“三五改革纲要”将“司法改革的重心转向实体纠纷的解决”，最高法院的领导们也多次提出“争议实质性解决”等概念，强调司法判决的社会效果，或有矫正之意。由此，忽轻程序、忽轻实体的司法偏好或能矫治，“漂移在两种司法理念之间的司法改革”[1]或可走向中庸，培育程序、实体并重的中庸司法偏好亦当有可为。

一　司法之程序性偏好

司法的过程是由一系列的程序组成的，正是这些程序决定了司法

〔1〕我国台湾学者苏永钦教授在评价台湾地区的司法改革时曾形象地称之为“漂移在两种司法理念之间的司法改革”，意指台湾地区近三十年来的司法改革实际上一直漂移在实体正义主义与程序正义主义之间。万毅：《程序法与实体法关系考辨——兼论程序优先理论》，载《政法论坛》，2003年第6期。

的程序性偏好[1]——正当的法律程序不仅构成了司法的一般原则，而且也是现代司法的本质特征。[2]“程序的公正是司法公正的重要内容，也是保障裁判公正及司法具有权威性的基础。司法具有权威性的前提是必须要严格依循公正的程序进行，不仅使诉讼当事人信赖审判活动是在独立公正的程序指导下进行的，而且要使广大民众真正相信法院是在公开的场所依据公正的程序从事着公正的审判活动。”[3]

（一）正当程序

司法过程必须遵循法律的正当程序。现代司法受制于一套完整的程序体系，组成这个体系的各个部分之间存在着内在的逻辑关联性。为司法所必须遵循的法律程序还应当具备如下禀性：（1）规范性，司法据以运行的正当程序只能以国家法律的形式表现出来，只有国家法律才有资格设定和变更司法程序。（2）强制性，国家意志贯穿于司法程序中的每一个环节，司法过程必须遵循的正当程序是以国家强制力为后盾的。（3）时效性，即司法程序的运行有着严格的时间（期间）限定，并且关系到程序运行的效率和效力。（4）可执行性，司法程序是用来判决案件的，而不是当作花瓶的，因此司法程序不仅要“管用”，而且要“好用”——司法程序并不是单纯的机械运动过程，司法程序中的某些授权性规定应当具备一定的机动性或灵活性，法律允许

[1] 从法理学的角度来看，程序是指按照一定的顺序方法和步骤组合起来作出决定的过程，一般形态是在一定的标准或者条件下整理争论点，听取意见，取得当事人的理解和认可，然后作出决定。程序通过参与沟通排除没有必要的干扰来保证决定的正确性。齐树洁：《程序正义与司法改革》，厦门大学出版社 2010 年版，第 1 页。

[2] 在美国，正当法律程序是保障公民人身权、财产权宪法上的纲领性条款，最早出现于宪法第五修正案中，而且只适用于联邦不适用于州，后来在 1868 年通过宪法第 14 条修正案时扩展适用于州。齐树洁主编：《美国司法制度》，厦门大学出版社 2006 年版，第 52—53 页。

[3] 王利明：《司法改革研究》，法律出版社 2000 年版，第 302 页。

程序参与者在概括授权或具体授权的范围内对某些环节进行必要的处分，如法官的自由裁量权等。

司法程序是实体权利实现的保障，尽管程序性权利首先是实体性权利派生出来的，却成为保障实体性权利的救济性权利。司法程序规定了实体性权利实现的途径、方式和步骤等，唯有借助于正当的法律程序，公民的实体性权利才可能得到有效的司法保障。

司法程序也是审判正当性的依据之一，特别是在法官具有较大自由裁量权和法律规范竞合或缺位的情况下，因为“它们提供了一种冲突双方可以更容易接受最终结果的形式”[1]，而且对社会整体产生正当化效果。

（二）阳光司法

司法过程应当公开与透明——几乎一切的阴谋与肮脏的交易都是在阴暗中进行的。“阳光是最好的防腐剂”，只有在公开透明的条件下，司法过程中的“暴力与私欲”（贝卡利亚语）才有可能得到最大限度的遏制。

其一，应实现司法规则的公开透明。司法规则大致可以分为裁判性规则与运作性规则：裁判性规则意指司法机关据以审理与判决案件的规则，在我国一般仅限于法律与法规，行政规章仅具参考意义，这部分规则已经达到公开透明的要求；运作性规则意指司法机关据以运作的各种具体规则，亦称工作性规则，但凡涉及司法机关组织、运行与工作机制的规则，均属此类。运作性规则中位阶较高的规则已达到公开透明的要求，但那些位阶较低的“内部规则”，其透明度确实相当

〔1〕［日］谷口安平：《程序公正》，载宋冰编《程序、正义与现代化——外国法学家在华演讲录》，中国政法大学出版社 1998 年版，第 376 页。

有限；但或许正是那些处于不透明状态的“内部规则”，成了吞噬司法公信的无底黑洞——只要存在不透明的内部规则，人们对于司法“黑哨”的怀疑就难以避免。

其二，应实现司法过程公开透明。司法是一个动态过程，这个过程不仅应当对当事人公开，而且应当对整个社会透明。司法过程一般包括前审判阶段（审查和受理）、审判阶段（开庭审理）和后审判阶段（宣判、执行）三个阶段，因此司法透明也应该相应划分为审前透明、审中透明和审后透明。其中，审前透明，指在案件审理以前允许报道当事人情况及受理法庭及法官的情况，或查阅有关司法文书以了解案情，预测判决结果；审中透明，指在案件审理过程中允许旁听、采访或报道；审后透明，指在案件审理完结并宣判后对案件进行报道或查阅有关司法文书等。司法过程的公开透明包括审前、审中和审后三阶段人们对审判行为和过程的预知与充分了解，因此是“公开审判”所无法全部涵盖的，公开审判仅指审理过程对社会开放。

其三，应实现裁判结果的公开透明，具体包括：一则裁判结果中裁判规则依据、事实依据以及说理的充分；二则裁判结果为人们所知晓；三则裁判结果不仅应当向当事人或利害关系人公开，也应当以某种形式向社会公开。

（三）司法之可验证性

裁判结果具有可验证性——司法程序具有确定性、排他性与可重复适用性；裁判结果在逻辑上就是根据这套程序所推导出来的“逻辑结论”。一般而言，合乎逻辑的结论是可以重复得到验证的。

其一，司法必须讲逻辑，对于一个已知的判决而言，其逻辑前提、逻辑中项乃至逻辑结论都是“周知”的，人们不仅可以“仿照司法的逻辑过程”，从这个“周知”的逻辑前提与逻辑中项推导出一个结论，来验证司法判决的“可靠性”，也可以从这个已知的司法判决出发，作反向推理进行验证——只要方法正确，“以理性的，因而也是可检验（nachvollziehbar）和可控制的方式导向某一理论上或实践上的认识，或导向对已有认识之界限的认识”〔1〕。

其二，司法过程具有相当的技术性——司法本身具有技术性，司法过程一般需要进行外部证成和内部证成，各个环节都是技术的载体。〔2〕大陆法系和英美法系国家的司法过程都有其特定的技术，如德国的法律教义学以及英美等国的推理和论证，最重要的是需要有法律思维，即“依托法律方法、按照法律逻辑、根据法律理念及法律规则和审判经验来思考判断和解决纠纷的一种思考方式”〔3〕。但凡技术性的东西，都具有可验证性之品质，它意味着同样胜任工作的不同法官，分别采用相同的审判程序，对同一案件进行审判，能够得出大致相同的结果。这是基于法律确定性的产物，《牛津法律大辞典》说：“法律的确定性……意味着准确预料某一特定诉讼过程的法律结果和后果的可能性。”〔4〕

其三，司法的可验证性也体现为司法预期与裁判结果之间的对比关系——裁判结果是法律适用的具体结果，其确定性和可预见性是法律的确定性和可预见性的重要组成部分；裁判结果没有确定性和可预见性，必将侵蚀并最终摧毁法律的确定性和可预见性。〔5〕

---

〔1〕[德] 齐佩利乌斯：《法学方法论》，金振豹译，法律出版社 2009 年版，第 1 页。

〔2〕江国华：《常识与理性（十）：司法技术与司法政治之法理及其兼容》，载《河北法学》，2011 年第 12 期。

〔3〕王申：《法官的思维理性依托于司法审判之既有理念》，载《法学》，2009 年第 12 期。

〔4〕[美] 戴维 · M · 沃克：《牛津法律大辞典》，李双元等译，法律出版社 2003 年版，第 180—181 页。

〔5〕曾祥生、胡志超：《裁判结果可预见性初探》，载《法律适用》，2013 年第 4 期。

二　司法之实体性偏好

司法的目的不在于“确保程序的实现”，而在于通过看得见的程序发现“实质正义”——正是司法的实质正义之目的，决定了司法之实体性偏好。实体真实或公正，是司法公正的重要内容。“不论刑事司法、民事司法抑或行政司法，都要以追求案件的客观真实和公正处理为价值目标。”[1] 正是从这个意义上说，司法之实体性偏好决定于司法自身之目的，其所关涉之核心议题有三。

（一）司法的实体功能

在西方，“实体”由亚里士多德首先提出，他认为实体是能够独立存在的、作为一切属性的基础和万物本原的东西。英国学者戴维·米勒认为实体是指在任何时候，不同的个体由此享有各种资源、商品、机会或者权利的事态。[2] 法律上所说的实体是法律主体的地位、资格和权能，即权利或权力与义务。我们通常说的司法的定纷止争的基本功能多与“实体”有关。但凡有些社会阅历的人都知晓，现实社会中的一切纷争都与人身或财产存在着或近或疏的相关联系。由于人身与财产永远是“实体的”而非“程序的”，这就意味着，几乎所有诉诸法院的纷争都攸关当事人的实体性权益——无论是民事案件，还是刑事案件，抑或行政案件，其焦点均与具体的人身或者财产等实体性权益的侵损密切相关。是故，无论是“定纷止争”抑或“定罪科刑”，均涉及对当事人“实体性权利”的处分。从这个意义上说，司法的功能具有

---

〔1〕董茂云、潘伟杰、谢佑平、侯健：《宪政视野下的司法公正》，吉林人民出版社 2003 年版，第 230 页。

〔2〕汤维建、陈巍：《哲学范式转换视野下的司法价值观》，载《河南社会科学》，2007 年第 2 期。

实体性：（1）实体权利乃诉权之基础——尽管“无实体权利即无诉权”的命题过于绝对，但就法院受理案件的条件而言，“是否享有实体权利”通常构成法院是否启动审判程序的基本标准[1]；（2）司法的基本功能正在于解决实体性权利纠纷——如果司法不是立基于实体权利纠纷的解决，那么司法的存在便是一种摆设；（3）司法程序固然有其自在价值，但这种自在价值仍与据以启动的实体权利纠纷之解决密切相关。

司法程序的自在价值并非不证自明，它是有赖于实体纠纷解决程度予以证明的——在关乎程序价值的命题上，西方学者主要分为程序工具主义和程序本位主义两大流派，前者以边沁、庞德、诺齐克为代表，后者则以罗尔斯、马肖、达夫、贝勒斯为代表。程序工具主义与本质主义哲学范式紧密衔接，倡导绝对的理性主义，坚信人类的认识能力具有至上性，社会上的一切事物都可以通过此种纯粹数理般的推导计算而得出结论。因而它主张遏制法官自由裁量权的使用，将法官裁断行为定位为一种自动售货机式的重复操作，认为法官的任务即在于查明先验存在的事实真相，并按照固定的逻辑理性而适用法律。按此观点，司法的程序相对于实体正义而言处于工具主义的附属性地位。[2]程序本位主义则与后现代哲学的交往实践理论颇具关联，它将世界视为一个普遍联系的整体，并强调“程序或过程在发现理性”当中所扮演的重要角色——从某种意义上说，结果或未来具有不可预知性，但程序却必须是确定而周知的。正是这种确定而周知的程序使得“不可预知性”结果获得了某种程度的“可预知性”。这便是“程序或者过程具有创造性”之命题的最好佐证。[3]这一理论强调司法过程之中多元主体间的充分沟通对于获取实体的合法性意义重大，在追求程序的正当性的基础之上获得了实体

〔1〕常国顺：《没有实体权利就没有诉讼权利吗？》，载《法学杂志》，1987年第1期。
〔2〕汤维建、陈巍：《哲学范式转换视野下的司法价值观》，载《河南社会科学》，2007年第2期。
〔3〕李文阁：《生成性思维：现代哲学的思维方式》，载《中国社会科学》，2000年第6期。

的正当，并进一步弥补了实体规范当中的缺漏。[1]

（二）实体正义

司法过程的基本目的，在于发现“实体正义”。所谓实体正义，通常包括发现案件事实的真相以及在所发现的案件事实基础上正确地适用法律两个层面。

就第一个层面而言，真相永远只有一个，而法院正确的裁判永远只能建立在“真相”的基础之上——唯其如此，是非曲直才有明辨，罪与非罪终有公断。反之，真相不明，则是非难辨；是非不辨，则司法错乱。错乱的司法，势必导致法而非法或非法而法，甚至罪而非罪或非罪而罪。但是，“实体公正所表征的案件真实、真相，往往与复杂、多样的社会现象紧密相连，是客观世界复杂、多样的因果链上的一环”[2]。因此，司法过程对事实的确认永远具有相对性——“事件是独一无二的，想象或模拟的重建都不可能确切地重现过程”[3]。这就意味着最好的司法程序也不可能得到百分之百的真相；司法过程在多大程度上接近事实真相，固然要借助优良的司法程序，更有赖于法官的职业精神和社会阅历。[4]

---

〔1〕汤维建、陈巍：《哲学范式转换视野下的司法价值观》，载《河南社会科学》，2007年第2期。

〔2〕董茂云、潘伟杰、谢佑平、侯健：《宪政视野下的司法公正》，吉林人民出版社2003年版，第23页。

〔3〕沈达明：《英美证据法》，中信出版社1996年版，第3页。

〔4〕法官的自由裁量离不开司法经验，广义的司法经验是泛指司法实践活动中逐渐形成和积累的关于法、法律和案件纠纷处理方面的知识和技能，是整个司法实践活动中形成的司法职业共识。狭义的司法经验则仅指法官个人在司法实践活动中的心得和体会，以及逐渐积累的知识和技能。在成文法背景下，司法经验的功能主要体现在法官的事实审理过程，具体地讲，司法经验在司法认知、事实推定、法律和证据选择、证据判断和证据采信等方面具有重要作用。因此，应当重视司法经验，并且在司法实践中合理利用司法经验；有时为防止司法自由裁量权的滥用，将司法经验的使用限制在合理的制度允许的范围内。彭世忠、李秋成：《认真对待司法经验——兼论〈关于民事诉讼证据的若干规定〉第64条》，载《政法论坛》，2006年第1期。

就第二个层面而言，正确地适用法律可分解为四个方面：一则要看适用法律与该法律条文的含义、效力、适用的前提是否对应；二则要看适用法律条文的本意与论证的大前提是否一致；三则要看适用法律条文的本意与个案适用法律的目的是否一致；四则要看责任条款与承担责任的方式条款之间效力和针对的对象差异。概而论之，必须坚持处理实体问题适用实体法，处理程序问题适用程序法，要做到论题与法律条文的主旨之间对应性严密，要确保裁判结果与法律条文规定的本意相一致。[1] 但是，基于成文法本身的固有缺陷[2]，法律适用亦存在某种程度的不确定性[3]，司法改革应当正视这种不确定性及其所带来的司法成本，并给予法官更多的自主克服法律局限性的裁量自由[4]。我们不能无视这种法律适用的不确定性及其所可能带来的司法成本，更不能借口法律适用的不确定性来否定实体正义之存在。[5]

司法领域中的实体正义通常只是法律下的正义，法官不能超越既定的法律去追求现实生活中的正义，也不能因此否认实体正义对于生活正义的包容性或链接性。法律源自于生活并且服务于生活，因此，法律之下的正义对于生活正义应当具有足够的包容性，而不是相反；倘若法律的正义排斥生活的正义，或者生活的正义在法律

〔1〕汪明沛：《如何判断适用法律的正确性》，http://gxfy.chinacourt.org/public/detail.php?id=10418，最后访问时间为 2013 年 6 月 4 日。

〔2〕这些缺陷可概括为不合目的性、不周延性、模糊性、滞后性等。徐国栋：《民法基本原则解释——成文法局限性之克服》，中国政法大学出版社 1992 年版，第 137—143 页。

〔3〕定法的固有局限，导致了有且只有一个明确规则来适用案件事实的情况并不构成大多数，更多时候，“总是有多个规范对一个案例适用，并且共同构成归纳的大前提。在归纳前提和归纳中，必须明确这些规范之间的复杂的相互关系。只要规范中所有词句没有直接规定这些相互关系，就必须通过一般解释规则和教义——系统化的观察角度来推导”。[美] N. 霍恩：《法律科学与法哲学导论》，罗莉译，法律出版社 2005 年版，第 127 页。

〔4〕陆州、李华国：《通过法律论证的司法正义——两大法系之比较及其启示》，载《西北大学学报（哲学社会科学版）》，2013 年第 1 期。

〔5〕赵谦：《论司法公正理念之漂移——程序正义与实体正义比较分析》，载《西南农业大学学报（社会科学版）》，2006 年第 1 期。

正义中无法找到链接，那么基于司法过程所产生的法律正义可能就只能是一种嘲讽。

实体正义的价值向度客观地需要提高裁判的可接受性。“司法工作人员作为司法活动中法律任务的实际承担者，他们除了要以合法的规则和原则而主张其裁判的有效性之外，还必须保证裁判能够为社会民众所接受，当确定的法律规范同一些易变且重要的社会利益相冲突时，法律就必须对这种稳定政策付出代价。”〔1〕

（三）司法正义之标准

司法公正的判断标准不仅仅是程序正义。如果司法的公正仅仅意味着程序正义，那么法官就是没有必要的，因为正义的程序可以自行解决一切，它所产生的结果具有天然的正当性。但是，片面强调程序规则、举证规则和举证责任分配规则，而忽视法官的作用，不仅违背法律的正义性，也违背裁判的本质，因为法官的作用不是教条地僵硬地套用法律程序，而是要通过看得见的程序谋求实体问题的妥当解决。因此，即便是在英美等国，其司法公正的标准也不仅仅是程序正义。

其一，在构造上，司法公正应当内在地包含实体公正和程序公正两个方面。其中，实体公正的基本结构由案件事实认定清楚、适用法律正确以及实体权利纠纷得到公正有效的解决等要素构成；程序正义的基本结构则由法官态度的中立性、诉讼主体的主体性和证据规则的科学性等要素构成。〔2〕

其二，在司法评价上，程序正义固然是一个核心指标，但并非唯

〔1〕李静：《论实体正义的困境》，载《求是学刊》，2006年第4期。

〔2〕吕世伦、贺晓荣：《论程序正义在司法公正中的地位和价值》，载《法学家》，1998年第1期。

一指标；公正的司法以程序正义为必要条件，但仅仅凭借程序公正并不能必然地得出司法公正的结论。事实上，任何一种法律过程都是程序和实体的结合，不能想象由单纯的程序通向“自由”的情形，除非是赌博，参赌的各方是完全的消极主体，对于他们来说任何结果都是“正义”的。但是，司法过程中主体对于程序是一种自觉的能动的关系，可以决定程序运行的质量和样式，而由于主体的社会属性和自然属性使然，主体不可能脱离实体的追求而去机械地运作单纯的程序。因此，那种认为只要通过完美的程序就可以实现实体正义的想法，只不过是一种美好的愿望。〔1〕

其三，尽管程序正当不能必然地得到实体公正，但在学理意义上，实体公正可以视为程序正义的或然结果。司法意义上的实体正义，只能借助于公正的法律才具有可欲性；但在其现实意义上，基于逻辑逆推法则，实体正义往往被当作程序正当性的一个判断指标——最大限度地实现实体正义的程序就是最好的程序。易言之，判断司法程序优劣之标准在于其多大程度上带来实体正义。所以，如果说程序正义所解决的乃司法过程本身的合法性，那么实体正义所要解决的则很可能是司法程序本身的正当性或者合理性。人们或许能够接受正当程序所带来的偶然的实体不公，但若正当程序所带来的结果总是实体不公，那么这种程序本身的正当性就很可能受到责难。

三　司法之中庸性偏好

我们在前几年的司法改革方案中，有矫枉过正之嫌——似乎过分地关注和强调了司法的程序正义，却忽略了司法的实体正义，由此加剧了司法的程序性与实体性之间的冲突，影响了司法及其权威的社会

---

〔1〕赵旭东：《程序正义概念与标准的再认识》，载《法律科学》，2003 年第 6 期。

认同度。为此，有必要重新审视我国“重实体”之传统，在司法之程序性与实体性之间达成某种程度的衡平，以期培育中庸性司法偏好。就其性质而言，中庸性司法偏好可以划归司法实用主义之范畴，它强调司法过程应当恪守形式正义与实质正义的衡平，从而最大可能地达成争诉诸方利益之衡平。其所关涉的核心议题有三。

（一）现代司法的双面性

现代司法兼具实体性和程序性双重面相，正是这种双重面相决定了中庸司法偏好的必要性。

如前文所述，司法的实体性面相主要取决于两个基本事实：一则整个司法过程均是围绕着实体争议而展开的，没有实体意义上的纷争，就没有司法；二则司法的基本目标即在于解决当事人之间的实体争议。实体性所展示的乃司法之实体正义品格，包括法律平等地对待同样的行为，即博登海默之所谓“相同的人和相同的情形必须得到相同的或至少是相似的待遇，只要这些人和这些情形按照普遍正义的标准在事实上是相同的或相似的”；所有案件在适用法律上平等；法官享有适当的自由裁量权，包括对不当法律的审查权〔1〕；判决结果建立在法律依据和事实根据的前提下。

司法的程序性面相则决定于三个基本事实：（1）现代司法制度是由一系列的程序所构成的，正是这些程序，让司法成其为司法。（2）司法程序乃司法权运行的客观轨道，这个轨道既是司法裁判活动的必经

〔1〕“如果无法获得真正的法律程序以对这些完全不公正的法律权威性提出质疑（在专制体制下通常情形就是如此），那么就应当赋予法律官员和平民以抵制适用和执行这些法令的权利。”“然而，出于法律安全的迫切需要，上述权利只能在极端的和无法解决的情形——即政府犯了令人难以容忍的错误的情形——中加以行使。”“法官必须表现出极大的智慧和对人性的理解。”陈兴良主编：《法治的使命》，法律出版社 2001 年版，第 19 页。

通道，也是通往司法正义的必经管道。（3）三则司法程序是为保障一些独立于判决结果的程序价值而设计的，这些价值包括公平参与、平等保护以及司法人权等，一项符合这些价值的司法程序的正当性，往往通过实体公正的结果来证明，但更多的还是取决于程序或过程本身是否符合独立的程序公正标准。程序性所展示的乃司法之程序正义品格，具体包括：司法独立即指司法过程“不受其他国家权力的干扰，特别是具体案件的诉讼过程不允许其他权力的直接介入和干扰”以及“法官与双方当事人保持同等的司法距离，对案件保持超然和客观的态度”[1]；程序平等即指当事人平等享有诉讼权利及享有司法人员对其诉讼权利的平等保护与平等对待权；程序参与即当事人在被尊重意志与人格的基础上享有充分参与诉讼程序的机会；程序的公开即审判的过程与结果对当事人和社会公开；程序维持即“诉讼行为一旦生效之后要尽量维持其效力，不能轻易否定其既定内容”[2]，等等。

实体公正与程序公正乃现代司法之一体两面，二者共同构成了完整的司法正义。其中，实体公正蕴藏于程序公正之中，只有在正当程序之中才可能谋求正当的实体公正；在正当程序之外去谋求司法的实体公正，有违现代司法的基本精神。

（二）司法偏好的衡平取向

在中国，儒家所谓的“中庸之道”，既是一种政治哲学，也可以延伸为一种利益平衡的司法智慧，它强调通过利益平衡来达到司法公正。比如清代法官认为审判的方法是“平此两造”，即平衡双方

---

〔1〕谢鹏程：《关于从制度上保证司法公正的几个问题》，载《政治与法律》，1999 年第 3 期。

〔2〕胡玉霞：《略论司法公正的两个基本问题》，载《安徽农业大学学报（社会科学版）》，2004 年第 9 期。

当事人的利益，如此才能实现司法公正。在西方，早在古希腊时期，亚里士多德即强调“法律是一种中道的权衡”，意思是说，立法和司法均应注意根据中庸之道去平衡不同的利益，如此才能有助于公平、公正。[1] 据此，司法的中庸至少有下列三重意味：

其一，司法的中庸是一种利益的衡平技术。卡多佐认为，每一个案件并不只关涉具体个人的利益，还关涉各种更复杂的利益，司法过程就是法官对各种利益进行调和的过程。法官不是简单适用法律的机器，而是神奇的调剂师。整个司法过程是一个“酿造化合物”的过程，且法官参与了这一酿造过程。[2]

其二，司法的中庸是不同审判依据之间的平衡法则。以英美法系为例，其审判依据既有普通法，又有衡平法。普通法偏重于形式正义，衡平法则强调实质正义。衡平法的主要内容是传统的公平正义观念。英国司法体系对普通法与衡平法是并重的，这也意味着达到了两种审判依据之间的平衡。[3] 经过长期的司法实践，英国的衡平法院在公平、正义的价值观念指引下，逐步形成了“衡平即平等”“衡平法更注重意图而不是形式”“衡平法不允许有违法行为而无救济方法”“要求公平的人，自己必须公平”“迟延破坏衡平法”“衡平法力求完全公平而非部分公平”“请求衡平救济者必须自己清白”“有两个衡平发生时，先发生者优先”等等共识。[4]

其三，司法的中庸是一种司法价值衡平哲学。司法应当以公平正义为价值取向，脱离公正的司法也就失去现代司法的应有之义。[5] 但公正的司法不是一个一元命题，反而内在包含了程序正义与实体正义

---

〔1〕崔永东：《司法平衡与“中庸之道”》，载《传承》，2011 年第 13 期。

〔2〕同上。

〔3〕同上。

〔4〕崔永东：《西方司法理念与司法制度》，载《中国刑事法杂志》，2010 年第 11 期。

〔5〕信春鹰、李林主编：《依法治国与司法改革》，中国法制出版社 1999 年版，第 198 页。

两个维度。二者在司法实践中犹如车之双轮抑或鸟之双翼，偏向任何一方，均必导致司法的失衡——司法过程应该是稳定和进步之间的妥协，一个好的判决应当体现司法价值自身的平衡。

（三）司法偏好的折中取向

中庸的司法偏好，强调程序正义与实体正义的折中。

其一，司法的实体正义乃现代司法的基本诉求，但实体正义不可能从暗箱中产生，相反，它必须以看得见的方式实现；易言之，除非通过正当程序这一管道，否则就没有实体正义。正是从这个意义上说，司法的实体正义内在地包含了程序正义。司法的程序正义乃现代司法的本质属性，其所注重的是司法过程的正当性，它要求在探寻案件真实的时候必须遵循正当的步骤、采取合法的方式，其意旨在将整个司法过程纳入可控的、可预期的场域，将“恣意因素”之于司法的干扰降到最低限度。[1]但程序正义并非不证自明，相反，它通常必须借助于实体正义来证明自身；故此，司法的程序正义又内在地包含了实体正义。那么，法官在作出任何个案裁判的时候，均应当恪守程序偏好与实体偏好折中之法则。[2]

其二，司法是一门实践科学，法官在个案裁判中必须说服自己在理想与现实之间达成妥协。它既强调法官的法治理想主义精神，又要求法官必须具有现实主义的司法态度或者立场。诚如卡多佐所要求的那样，好的法官“要反省自己的思想，要追寻影响或引导他得出结论的那种影响力，要掂量各种可能冲突的考虑因素——逻辑

---

〔1〕季卫东：《法律程序的意义》，中国法制出版社 2004 年版，第 21 页。

〔2〕董皞：《从设置司法功能之目的透析司法公正与司法权威》，载肖扬主编《公正与效率的法理研究》，人民法院出版社 2002 年版，第 142—148 页。

的、历史的、习惯的、道德的、法律的确定性和灵活性、法律的形式和实质，等等”[1]。它既强调法律规范的实现，又关注法律目的的实现——卡多佐将法律的目的理解为如何决定法律生长的方向，并认为法官在心目中一定要保持对法律目的的理解，法官关注的应当是实现法律的目标。[2] 易言之，当面对个案时，无论法官沿着哪条路线来遵循一个原则、规则或具指导力量的先例，都必须明白该原则的目的是什么。[3]

其三，司法过程就是实现社会正义的过程。在这一过程中，客观因素和主观因素共同影响法院的判决，法官在裁判中必须说服自身在主观标准和客观标准间折中。按照卡多佐的说法，作为一个法官，我们的义务也许是将什么东西——但不是我们自己的追求、信念和哲学——客观化并使之进入法律。但是，出身、教育、职业或同胞等因素使法官成为一个充满个性差异的群体。而其他一些潜意识的因素，如喜好和厌恶，偏好与偏见，本能、情感、习惯和信念等，塑造了一个具体的人，无论这个人是诉讼者还是法官。任何心灵的努力或革命都不能完全，也不可能在所有时刻推翻法官的下意识因素对其的影响和控制，因此，在任何司法解释的体制中，我们永远都无法自认已经完全清除了解释者的个人尺度。这些有关道德的科学中并不存在任何取代主观理性的方法和程序。[4]

总而言之，司法偏好乃多种因素共同作用之产物。基于司法传

---

〔1〕[美] 本杰明 · 卡多佐：《司法过程的性质》，苏力译，商务印书馆 1997 年版，译者前言第 4 页。

〔2〕庞凌：《法官作为立法者》，载《东吴法学》，2002 年春季卷，第 181 页；转引自胡大伟《司法中庸主义：原则与妥协——对卡多佐〈司法过程的性质〉的解读，载《西部法学评论》，2010 年第 3 期。

〔3〕胡大伟：《司法中庸主义：原则与妥协——对卡多佐〈司法过程的性质〉的解读》，载《西部法学评论》，2010 年第 3 期。

〔4〕[美] 本杰明 · 卡多佐：《司法过程的性质》，苏力译，商务印书馆 1997 年版，第 101—105 页。

统、社会场景以及价值诉求的多元化等因素，在中国司法改革中，关注司法之中庸偏好的培育乃情势所需。中庸的司法偏好之基本内核，即实体正义与程序正义之“中和”；偏颇的形式正义，与偏颇的实质正义一样，都是对司法正义的片面切割，其结果必导致司法正义的碎片化和虚妄化。

第六章　司法效果的客观性与主观性*

［**观点提示**］审判的过程即法律的适用过程，亦法律的实现过程；这一过程必须受形式法治原则之严格拘束，其结果所表征的是法律之实现程度，即法律效果。审判当以法律效果为基本职志。但法律源于社会，一切形式的法律效果都是以社会为基本场域的；社会对审判结果的认同程度，在相当程度上决定了审判结果与法律所预设的目标之间的缝隙宽度。故此，审判者在作出任何判断或者裁决之前，亦当理性面对其结果所可能产生的社会效应，并在法律框架内力求达成最优社会效果。

在《现代汉语词典》中，“效果”意指“由某种力量、做法或因素产生的结果”；在《辞海》中，“效果”被解释为“由行为产生的有效结果”。据此，审判效果即可解释为审判权力运行所欲达成的效应或影响结果。这种影响，内在地包括法律效果与社会效果两个方面。审判是一种适用法律的艺术，其要旨在于裁决纠纷；故审判权本质上即裁判权[1]，审判的过程即适用法律、裁断是非的过程[2]。这一过程，

---

* 本章核心观点曾以《审判的社会效果寓于其法律效果之中》为题，刊发于《湖南社会科学》2011 年第 4 期。

〔1〕［法］托克维尔：《论美国的民主》（上），董果良译，商务印书馆 1997 年版，第 110 页。

〔2〕［英］戴维·米勒、韦浓·彼格丹诺主编：《布莱克维尔政治学百科全书》，邓正来译，中国政法大学出版社 1992 年版，第 6 页。

既是国家法律的实现过程，也是社会正义的实现过程。故此，判断一项判决良莠的内在标准，当然地包括国家法律的实现程度和社会正义的实现程度两个基本向度。其中前者即审判的法律效果，它具有客观性；后者即审判的社会效果，它具有主观性。

一　法律效果：审判之客观效果

审判是国家法律实现的基本途径，并对国家法律的实现起着基础性作用。故此，法律的实现对审判过程具有相当的路径依赖。在逻辑上，路径或者手段是达成目标或结果的条件；反过来，效果又是检验路径或手段有效性之基本指标。易言之，作为国家法律实现路径的司法，是法律得以实现的基本条件，反过来，法律的实现程度则成为判断司法有效性之基本指标。就内容而言，这个指标包括规则、原则与目的等基本要素，具有客观性。从这个意义上说，法律效果本身是一种客观效果。

（一）法律规则之实现

法律规则意指采取一定的结构形式具体规定人们的法律权利与义务以及相应法律后果的行为规范。法律规则是法秩序之基础，法律规则的实现程度系判断司法之法律效果的第一项指数。

其一，在逻辑上，法律规则一般由“行为模式”（behavior mode）和相应的“法律后果”（the legal consequence）组成，前者属于“要件事实”[1]之范畴，后者则属于法律效果之内容。司法裁判的过程，实际

〔1〕段文波：《裁判逻辑与实定法秩序之维护——要件事实论纲》，载《西南政法大学学报》，2005年第3期。

上就是诉讼主体共同追求法律规则中的“法律后果”的实现过程。其要义有三：（1）在审判过程中，法律规则中的“行为模式”（T）构成了“审判三段论法则”的大前提；法律规则中的“法律后果”构成了“审判三段论法则”之结论（R），即审判所预期达成的目标；待决案件事实则构成了“逻辑中项”（S）。[1]（2）作为法律推理的必然结论，“法律后果”取决于两个基本要素，作为大前提的法律规则和作为小前提即逻辑中项的待决事实。只有在法律适用正确、待决事实清楚的前提下，才有可能达成预期的法律后果——基于待决事实与法律规则之间的契合并非“天衣无缝”，所以，作为大前提法律规则与小前提待决事实之逻辑推论的“法律后果”，往往带有理想性。实际判决通常只能接近这种理想状态，但很难完全达到这种境界。（3）法律规则的充分实施以完善的法律解释技术为前提。法院的实际裁断结果，与作为逻辑推论之“法律后果”之间的契合程度，往往取决于法官之法律解释技术及其对法律的理解。

其二，在内容上，法律规则直接规定了行为人权利之处分、义务之分配以及相关后果。故此，法律规则的实现实际上包含三个层面的内容：（1）法律规则所明确规定的权利，应当得到充分尊重和有效实现。这意味着，司法的过程即法律规则所规定之权利兑现的过程，权利兑现的充分性乃衡度法律规则实现程度的第一个核心指标。（2）法律规则所明确规定的义务，应当得到充分履行和全面实现。这意味着，审判的过程亦法定义务的实现过程，义务履行的充分性与全面性乃衡度法律规则实现程度的第二个核心指标。（3）对于延宕或者拒绝履行法定义务的，或者对于侵犯他人合法权益的，法律均规定了相应的处

〔1〕任何诉讼体制下的法官都会自觉或不自觉地应用逻辑三段论方法裁判案件。即若以法律规则（T）为大前提，以待决案件事实（S）为小前提，以特定法律效果之发生（R）为结论，则这一推论过程的逻辑结构可表示如下：① T—R（具备 T 构成要件者应适用 R 法律效果）；② S=T（待决案件事实符合于 T 构成要件）；③ S—R（该待决案件事实应适用 R 法律效果）。

理后果。这种“法律后果”应当成为法院判决所追求的基本目标——强制义务人履行法定义务，或者保护权利人合法权益不受侵犯，乃司法固有的使命。

其三，在适用方式上，法律规则以“全有或全无的方式”（all-or-nothing fashion）适用于个案，即如果一条规则所规定的事实是既定的，那么，在这条规则是有效的情况下，必须接受该规则所提供的解决办法；在该规则无效的情况下，该规则对裁决不起任何作用。[1] 其要义有三：（1）司法的自由裁量权应当受到严格规控——法律规则之基本意味，即在于限缩或者匡约法律适用上的“自由裁量”[2]。（2）个案裁断不得与法律规则相抵触——法律规则是法秩序之基础，受法治原则拘束，法官不得作出与其所适用之规则相矛盾的裁断。（3）个案之妥当性是以尊重规则之安定性为原则的，离开法的安定性，就无所谓个案的妥当性——法律规则的适用法则意在维持一种最低限度的形式法治，若这种最低限度的形式法治都无以保证，那么整个司法都有可能走向法治的反动。

（二）法律原则之实现

法律原则是用来证立、整合及说明众多具体规则与法律适用活动的普遍性规范，是更高层次法律推论的权威性出发点。[3] 在法律体系中，法律原则是一种本源性的、稳定的法律原理和准则，它是法律规

---

〔1〕德沃金（Dworkin）之“棒球规则”属其经典解读：在棒球比赛中，击球手若对投球手所投的球三次都未击中则必须出局；裁判员不能一方面承认三击不中者出局的规则有效，另一方面又不判三击不中者出局。法律规则中不允许出现这种矛盾。[美] 罗纳德 · 德沃金：《认真对待权利》，信春鹰、吴玉章译，中国大百科全书出版社 1998 年版，第 43 页。

〔2〕舒国滢：《法律原则适用的困境——方法论视角的四个追问》，载《苏州大学学报（哲学社会科学版）》，2005 年第 1 期。

〔3〕David M. Walker, *The Oxford Companion to Law*, Clarrendon Press,1980, p. 739.

则之合法性基础。[1] 尽管法律原则往往借助于法律规则的实现而得到实现，但法律规则的实现并不必然地意味着法律原则的实现。[2] 故此，法律原则的实现有其独立之意义，是法律实现的有机内容，并构成判断审判的法律效果之基本指标。其实现方式有下列三种。

其一，渗透式，即基于法律原则对法律规则的指导性作用，渗透于法律规则之中，并借规则的实现得以实现。其禀性有三：（1）连带性。它意味着法律原则的实现属于法律规则实现之连带效果，其实现程度取决于法律规则的实现程度，故此，严格适用法律规则乃法律原则得以实现的基本保障。（2）隐晦性。它意味着在法律规则的适用过程中，法律原则的作用往往隐而不彰，不具有自身独立的表征方式，其实现的内容往往寄生于法律规则效果之中——故此，确保法律规则效果乃确保法律原则效果之基本途径。（3）普遍性。它意味着渗透于法律规则之中的法律原则，连带性地获得了与法律规则相似的普遍效力，其作用贯穿于法律规则适用之全过程——法律规则的适用过程应自觉尊重法律原则的作用。

其二，续造式，即鉴于法律规则之时滞性[3] 及其非自足性，法官需要借助法律原则来予以补救，将其局限性降低到最小限度，使得法律能更好地调整社会关系。[4] 作为法律原则实现之基本方式，法律续造之要义有三。（1）法律规则具有时滞性。当法律规则因为时过境迁

---

〔1〕陈林林：《基于法律原则的裁判》，载《法学研究》，2006 年第 3 期。

〔2〕公丕祥主编：《法理学》，复旦大学出版社 2002 年版，第 340 页。

〔3〕法律总会出现“时滞”问题，“当业已确定的法律同一些易变的、迫切的社会发展力量相冲突时，法律就必须为这种稳定政策付出代价。‘社会变化，从典型上看要比法律变化快’”；“法律中的‘时滞’问题会在法律制度各种不同层次中表现出来”。恰恰是“时滞”性的存在导致法律只能就眼前的问题作出规定，至于更加长远的、没有被立法者们纳入其视野的新出现的社会问题，当立法者们仍然无暇顾及时，只能靠法官通过司法来解决了。[美] 博登海默：《法理学——法律哲学与法律方法》，邓正来译，中国政法大学出版社 1999 年版，第 402 页。

〔4〕周赟：《法典的未来——论原则性法典》，载《现代法学》，2008 年第 5 期。

而失去效力时，法律原则就是保障法律秩序得以存续的根本——“法律应当是稳定的，却又不能静止不动”；当具体的法律规则失去法律效力时，现有的其他法律规则不能成为其替代方案，为此就有必要直接适用法律原则，使其作用方式由隐而显，直接作用于司法过程。（2）法律规则具有非自足性。当法律规则因为自身的非圆满性而出现漏洞时，法官就有必要直接适用“法律原则”，以达“法之续造”效果，填补法律规范之缺漏。〔1〕（3）法律原则具有开放性。〔2〕所有法律原则没有任何预先假定的具体事实状态，也没有赋予确定的具体法律后果。〔3〕当我们在决定如何对一个特定的事件作出反应时，法律却出现空白或者仅仅隐约提及，法官即有必要借用法律原则的“权衡”效能，完成法之续造，确定“哪些特定因素予以考虑”。〔4〕

其三，注解式，即鉴于法律规则之模糊性及其不协调性，法官需借助法律原则予以明确与协调，并借此实现其自身之预设价值。就其内容而言，注解式的实现路径有二：（1）解释路径，即在法律规则出现冲突的情势之下，在穷尽法律规则自身诸如“上位法优于下位法”“特别法优于一般法”等冲突解决法则的条件下，法官得从法律原则中发现法律并解释之，以化解法律规则之间的冲突。譬如在普通法国家中，法官往往采取“自然正义”原则，通过在社会道义中发现法律并解释之，以协调法律规则之冲突，故“进行司法推理或选择法律行为

〔1〕“大家日益承认，无论如何审慎从事的法律，其仍然不能对所有——属于该法律规整范围，并且需要规整的——事件提供答案，换言之，法律必然有‘漏洞’。”“只要法律（更精确地说：体现在法律、习惯法及一贯的司法裁判中，立即可供应用之法条的总体）有‘漏洞’，法院就具有续造法的权限。”［德］卡尔·拉伦茨：《法学方法论》，陈爱娥译，商务印书馆2003年版，第246—249页。

〔2〕Geoffrey Samuel, *The Foundations of Legal Reasoning*, MAKLU, 1994, p.60.

〔3〕［美］罗斯科·庞德：《通过法律的社会控制　法律的任务》，沈宗灵、董世忠译，商务印书馆1984年版，第24页。

〔4〕［美］罗纳德·德沃金：《认真对待权利》，信春鹰、吴玉章译，中国大百科全书出版社1998年版，第18—19页。

时，原则是必不可少的，特别是遇到新奇案件或疑难案件，需要平衡互相重叠或冲突的利益，为案件寻找合法的解决办法时，原则是十分重要的”[1]。（2）澄明路径，即在法律规则出现模糊、理想的一言九鼎的立法救济鞭长莫及的情势下，法官得通过法律原则施以救济，为澄明和理解模糊之法律规则提供一个参照，并使之从模糊走向明晰。[2]

（三）法律目的之实现

法律在很大程度上是国家为了达到一定的目的而有意识地制造的。[3]正是在这个意义上，德国学者耶林以为，“目的是全部法律的创造者；每条法律规则的产生都源于一种目的，即一种事实上的动机”[4]。故此，法律的实现程度即法律效果，归根结底取决于法律目的之实现程度。从司法层面而言，其实现方式主要有下列三种。

其一，目的衡量。法律的适用过程并非法律的机械作用过程，而是法官衡量立法目的之过程。罗马法学家赛尔苏斯曾说过：“认识法律并不意味着死抠法律字眼，而是要把握法律的意义或效果。”同样的逻辑，法律的适用过程，实际上就是法官发现、解释和追求法律目的之过程。其要义有三：（1）在整个法律适用过程中，但凡涉及法律规则之解释、理解和选择，都必须对立法目的进行权衡；这种权衡的过

〔1〕张文显：《二十世纪西方法哲学思潮研究》，法律出版社 2006 年版，第 329 页。

〔2〕法律原则是法律创制的指导原则，先有法律原则，而后才会有法律原则在规范层面上的展开；法律原则是法律体系统一性的重要保证，形式上为法律规范之有机协调提供标准，内容上法律规范不能与法律原则相冲突。谢晖：《法律原则的效力和适用条件》，载《苏州大学学报》，2004 年第 6 期。

〔3〕[美] 博登海默：《法理学——法哲学及其方法》，邓正来等译，华夏出版社 1987 年版，第 104 页。

〔4〕转引自 [美] 博登海默：《法理学——法律哲学与法律方法》，邓正来译，中国政法大学出版社 2004 年版，第 115—116 页。

程，既是立法目的作用于法官或司法的方式，即对司法之目的控制[1]，也是立法目的之实现方式。（2）在法律规则出现冲突的情势下，法官得理性地求诸法律之目的，以探寻化解法律冲突之路径及其法理。（3）在适用原则之际，裁判者对原则所作的“权衡”，即“比较”每条相关原则在当下个案中的分量或权重，并择优予以适用之过程，实际上即立法目的之权衡过程。[2] 立法目的，既是法律原则权衡之依据，也是法律原则权衡之旨意；因为原则权衡本身并非是完全不受羁束的过程，它是必须受立法目的拘束的。

其二，目的解释。法律适用的过程即法律经由法官解释的过程；就其解释方法而言，目的解释即从立法目的和立法精神上阐明法律条文真实含义的方法，乃法律适用过程中最基本的解释方式。[3] 其要义有三：（1）任何解释都或多或少包含了目的解释——“考虑条文目的”被认为是司法解释的首要原则，诚如美国大法官马歇尔所言：“因语言之缺陷导致既定权力的范围存有疑义时，公认的规则是考虑条文的目的，尤其当那些目的已明文规定在宪法中时，必定会对解释产生极大影响。”[4]（2）当不同的解释方法得出多种结论或不能得出妥当结论时，最终由目的解释决定取舍——把一般的法律贯彻到个案中，可能出现一般正义与个别正义的冲突。协调这种矛盾可以用多种方法，但目的

〔1〕Roscoe Pound, *Jurisprudence*, West Publishing Company, 1959, Vol.3. p.16.

〔2〕由于原则并未清楚界定事实要件，所以对特定个案来说，并不存在一条确定的、排他适用的原则。一条原则只是支持这般判决的一个理由，而同时却可能存在另一条更优越、更适切的原则，要求裁判者作出不同的判决。因此在适用原则之际，裁判者对原则所作的“权衡”——“比较”每条相关原则在当下个案中的分量或权重，并择优予以适用——既是裁判之际的操作关键，也是原则裁判的理论难点所在。因为一旦“权衡”不能获得“更强理由”，那么据此胜出的原则以及据此所作的裁判，就不免被批评为裁判者的个人见解和主观臆断，而判决结论也就遑论法律上的“唯一正解”了。陈林林：《基于法律原则的裁判》，载《法学研究》，2006 年第 3 期。

〔3〕陈金钊：《作为方法的目的解释》，载《学习与探索》，2003 年第 6 期。

〔4〕黄茂荣：《法学方法与现代民法》，中国政法大学出版社 2001 年版，第 17 页。

解释是其中一种重要的方法。比如，三段论的说服力仅仅在于其形式上的有效性，三段论本身并不能解决一般正义与个别正义的冲突。这就是说，三段论的形式理性可能与法的目的及法律外的其他目的发生冲突，为了使判决不致背离法律之目的，就有必要要求法官衡平正义与法律的部分冲突。[1]（3）目的解释使法律解释具有更宽广的开放性和灵活性，有助于克服法律的僵化性，但同时也使规则意义上的法治时刻处在危险之中。[2] 因此，“负有解释制定法的法院不应依靠唯一的或与公共有关的目的，而应按照显示相关‘妥协’的法律条款来实施法律”[3]。

其三，目的拘束。严格意义上说，司法适用过程中的目的衡量与目的解释均含有目的拘束之意。但在其现实意义上，目的拘束有独立之意涵。其要义有三：（1）作为法律实现的基本路径，目的拘束贯穿于法律适用的整个过程。立法是为了表达立法者的意图，但“天衣无缝”的立法是不存在的。弥漫于“缝隙”或缺失之间的是立法目的和法律原则（包括被奉为自然法的精神），而填充于其中的具体规则，是由裁判者通过解释无数具体案件中的法律问题来完成的。裁判理论的任务，就是帮助裁判者把立法者在其立法意图中已经包含但没有用语词直接表达出来的规则挖掘出来。[4]（2）在法律适用过程中，当法律规范模糊、难以确定之时，除了遵守既定法律原则之外，对法律目的的探求也成为追求法律效果的重要途径。这就要

〔1〕陈金钊：《目的解释方法及其意义》，载《法律科学》，2004 年第 5 期。

〔2〕“法官如果对制定法目的或各种实体价值采取任意的态度，无限制地依靠司法直觉和司法能动主义，就会在法律解释适用中陷入对目的——评价解释论点的误用，这也必然严重破坏法治。”张志铭：《法律解释操作分析》，中国政法大学出版社 1998 年版，第 196 页。

〔3〕管金伦：《法官的法解释》，载陈金钊、谢晖主编《法律方法》（第 2 卷），山东人民出版社 2003 年版，第 202 页。

〔4〕蒋惠岭：《裁判过程中的扩张与拘束——民法通则中的“生前扶养的人”能扩及胎儿吗》，载《法制日报》，2007 年 3 月 11 日第 16 版。

求在审判活动中，法官在适用法律条文时，应按照法律的目的对法律规则作出解释。美国大法官卡多佐说：“在正式的法律渊源沉默无言或不充分时，我会毫不迟疑地指示以下面的话作为法官的基本指导路线：他应当服从当立法者自己来管制这个问题时将会有的目标，并以此来塑造他的法律判决。”〔1〕（3）大法官霍姆斯曾说“法律就是对法官行为的预测”，而立法目的正是人们据以预测法官行为的基本准则——立法目的表明了用法律调整社会关系的预定结果，是法律效果的观念模型和超前反映。依据法律实施的结果是否与预期的法律目的相吻合，人们就可以评价法律效果的优劣。〔2〕司法审判活动，具体而言是为了定纷止争，宏观而言则是为了实现法律预定的目的。这种法律目的在司法审判活动中得到贯彻之后，客观化为具体的法律效果，反过来评价法律效果是否符合预期。因此，违背法律的目的，机械地去适用法律规范和条文，则可能走向法律目的之反面，造成不好的法律效果。〔3〕

二　社会效果：审判之主观效果

法律是对社会现实的一种回应，本质上是以人类社会关系、社会行为、社会现象为对象的规范，是社会既定规则的总结和提炼，具有社会性。“法必须以整个社会的福利为其真正的目标”〔4〕，故追求社会效果是法律本质之要求。社会效果要综合考虑人情事理、公平公正、分辨善恶、保护弱者、国家政策、市场秩序、社会稳定以及法律权威等，

---

〔1〕［美］本杰明·卡多佐：《司法过程的性质》，苏力译，商务印书馆1997年版，第72页。
〔2〕公丕祥主编：《法理学》，复旦大学出版社2002年版，第388页。
〔3〕汪仁可、刘海渤：《论目的解释的主观性和客观性》，载《黑龙江省政法管理干部学院学报》，2008年第6期。
〔4〕［意］阿奎那：《阿奎那政治著作选》，马清槐译，商务印书馆1997年版，第161页。

故此，社会效果具有主观性。[1]它代表社会之于正义的一般理解或判断，其要义有下列三点。

（一）案结与事了

审判过程是由一系列的程序构成的，在形式上按部就班地走完每一个程序，就意味着审判过程的终结。但程序终结并不必然地意味着社会正义的实现。社会正义的实现固然需要程序正义的保障，但程序本身并不必然地带来实体正义。所以，“案结”仅仅是条件，但不是全部；社会正义要求我们有必要既考察“案结”又关注“事了”。

其一，定纷止争——回缚于“定纷止争”之基本职能，当为我国法院改革之基本立场。恰恰是这一常识性职能，将审判之基本价值定格于“社会效果”。就法官而言，“任何一个人都不可避免地要关注纠纷或争议如何处理，即使是以法律审为主的上诉审法官也不会完全不考虑纠纷的实际解决，而仅仅顾及规则”[2]。就法院而言，“法院所要面临的任务是适用法律，而此举的终极目标则在于针对其顾客——诉讼当事人的需求而提供所需的服务。法院若忽视其向当事人提供合乎需求的服务而自我地从形式上去限定案件处理，则不免有本末倒置之嫌”[3]。从整个国家审判权之运作上看，促成社会安定有序当属于审判权的运行之内在逻辑。“司法机构存在的使命在于对具体案件进行裁判，并通过将一般的规则适用到个案中，解决业已发生的利益争端。”[4]

其二，息诉服判——当事人息诉服判是个案的直接社会效果。其

[1] 梁慧星：《怎样进行法律思维》，载《法制日报》，2013年5月8日第9版。

[2] 苏力：《送法下乡——中国基层司法制度研究》，中国政法大学出版社2000年版，第184页。

[3] [日] 小岛武司：《诉讼制度改革的法理与实证》，陈刚等译，法律出版社2001年版，第156页。

[4] 陈瑞华：《司法权的性质——以刑事司法为范例的分析》，载《法学研究》，2000年第5期。

要义有二：(1) 息诉服判是判断审判公正的基本标准，也是判断审判社会效果的核心指标。现代法治最基本的一个原则叫意思自治，只要当事人接受法院判决或调解方案，不缠诉或上访，就可以将其定为"公正"，未"息诉服判"不能说是不公正，但"息诉服判"就可以认定为公正。(2) 如果一个案件虽经历司法程序得以裁判，但当事人依然没有感觉到公平公正，欲通过各种途径改变判决结果，这说明判决没有达到使当事人"心悦诚服"之效果。

其三，衡平利益——司法过程本质上即利益衡平的过程。其要义有三：(1) 有社会就有纠纷，纠纷是社会成员之间丧失均衡关系的状态；司法正义的基本内核，正在于矫正这种失衡状态。(2) 法官在适用法律过程中，固然要考虑立法之目的及其实现，同时也应当充分考量当事人之具体情况及其基本诉求，力求达成控诉两造之间的利益衡平。(3) 司法过程应当充分考虑法律意图与当事人利益之间的衡平——"重要的是以当事人可以接受的方式解决问题，并不是以某种我们认为好的方式解决问题。而必须记住，有时，公正就不允许司法求着当事人，而必须宣示国家或立法者的意志"[1]。

(二) 社会认同

法院判决是一种专业判断，但这种专业判断只有在获得最低限度的社会认同的条件下，才有可能达成法院作出这种判断的基本目的。从这个意义上说，社会的认同度或者社会的满意度，构成了社会正义的低度基准。

其一，法院判决应当不违背普遍的生活常识。法院判决关涉利益衡量，此一过程不仅要尊重法律之规定，亦当尊重一般人的常识，

[1] 苏力：《关于能动司法与大调解》，载《中国法学》，2010 年第 1 期。

如此，法院判决才可能获得社会最低限度的信服和支持。而个体对司法的认识难免带有差异性，但社会作为一个整体有其基本的价值准则。审判过程应当充分考量社会的普遍价值准则或其主流价值观，否则，即便是形式上天衣无缝的判决，亦难为社会所接受。一项不为社会所接受的判断，即背离社会核心价值的判断，其社会效果实难想象。〔1〕

其二，法院判决应不违忤公序良俗。作为一种行为规范，法律仅能覆盖社会生活的某些方面，而不是全部。在正式法律之外还存在着公序良俗，它无形地规范着人们的行为，塑造着人们的观念，世代相传，被特定化的群体所继承，形成稳定的、延续的社会秩序；它既是法秩序赖以发挥作用的基础，也是社会正义的基本判断依据。司法乃社会之中的司法，法官乃社会之中的法官，生长于乡土之中的法院和浸染于民俗之中的法官，当然了解公序良俗及其法则。欲获得最低限度的社会认同，法院判决必须尊重这些法律规范之外的因素，否则就会产生所谓司法公正与司法公信的脱节。〔2〕

其三，法院判决不应拂逆生活情理。法律源于生活，法理无外乎情理。伟大的科克法官说：“情理是法的生命，普通法的确不是别的，而只是情理。”〔3〕法官所擅长的逻辑，未必总是与杂乱无章的社会丝丝

〔1〕John Brigham, “Judicial Impact upon Social Practices: A Perspective on Ideology”, *Legal Studies Forum*, Vol. IX, No. I, 1985.

〔2〕司法公正与司法公信二者本应具有内在的同一性，而非有选择的、相互排斥的。然而司法公信力是一个具有双重维度的概念，一方面是司法主体问题，一方面更为重要的是社会认知问题。社会对司法权力及其实施过程或结果的信任和尊重，不能仅仅依靠司法权及其实施过程或结果的公正性本身来获得，还必须依靠社会公众对司法权力及其实施过程或结果的公正性的社会认知来获得。故此可能会出现司法判决公正但是社会不认同的矛盾。张旭东、刘时杰：《国家法与民间法冲突下司法公信力研究——以法律效果与社会效果的统一为视角》，载《河南大学学报（社会科学版）》，2009年第3期。

〔3〕普通法被英国人视为“情理的完美表现”，从中可以引申出某种符合传统的法的“超国家的”或曰“非国家性质”的意思。[法] 勒内 · 达维德：《当代主要法律体系》，漆竹生译，上海译文出版社1984年版，第365—370页。

入扣，专于法律判断之法官对于事实的判断未必总比普通人更为在行；所以，当法官必须作出裁判之时，不妨审慎推测社会对其判决所可能有的反应或反响。流动的民意通常渗透于生活情理之中，倘若我们因为阅历等原因对生活情理缺乏足够的把握，不妨考察一下民意之流向。民意所向之处，尽管未必就是正义隐匿之处，但正义离此一定不会太远，或许就在附近——美国联邦最高法院对相似案件给予不同的判决，很大部分是根据民意变迁而变化的。[1]

（三）伦理法则

人类社会既是一个利益共同体，也是一个道德共和国。所以，当我们用利益衡度社会正义的时候，我们据以衡度社会正义之尺度的利益却一刻也没有离开过道德的审判。作为利益的集中体现，法律通常以利益保护为基本意旨；人们诉诸法律之目的，大多与利益存在或近或远的关联性。但当法院依据法律就利益纠纷作出裁断的时候，法律以及据其所作出的裁断本身也在接受道德之审判。

其一，合乎正义的审判应当助人为善，法院的判决应当能够激发并且引导人类向善的天性。“行善避恶是一切人自然地和毫无差错地作为一个不言而喻的原则而共同具有的唯一实际的知识，它使人们依靠有关的概念来理智地加以认知。”[2]一项正义的判决应当满足人类趋利避害之天性，可以被当作引导人类善性弘扬的依据，或者说，任何一

---

〔1〕“通过对1935年以来半个世纪中最高法院的146份不同类型判例的研究，发现大多数（3/5）判决与民意调查所显示的全国范围多数公众的意见是相符的；在公众意见聚焦的问题上，这个趋势尤其明显。当立法与多数公众意见相符，法院更倾向于维持立法（联邦层面81%，州和地方56%）；当立法与多数公众意见不符，法院维持的比例显著降低（联邦层面63%，州和地方43%）。”何海波：《多数主义的法院：美国联邦最高法院司法审查的性质》，载《清华法学》，2009年第6期。

〔2〕[法] 马里旦：《人和国家》，霍宗彦译，商务印书馆1964年版，第85页。

项判决都不应当成为助人为恶的借口。

其二，合乎正义的判决应当促进社会的有机结合，增进社会成员之间的协作，即所谓“促进社会团结”。社会就是一定数量的人按照一定的规则组合起来的生活共同体。“只有组成社会的各要素和各部分都互相协调、彼此有序，生活共同体才有可能维持其最低限度的稳定与平衡；只有组成社会共同体的各个要素和各组成部分，都与社会整体本身保持一种良性互动的和谐状态，整个共同体的和谐才有可能。”〔1〕而立法作为现代国家最主要的调控手段，则应当提供一个基本的依据——根据这个依据，人们有理由也有条件进一步加强分工与协作，从而最终促进社会的和谐构成。〔2〕这就意味着，一项合乎正义的判决，应当促使其所治辖的每一个人都积极地肩负起促进共同体利益的责任，并且赋予社会成员参与共同体事业的权利，而不是相反。〔3〕因为一个好的判决是人们对社会行为的较好预期，必将产生按照法律行为的激励作用，使法律观念深入人心，提高司法公信力，树立司法权威，即“法律是一种激励制度，司法审判不仅仅是在解决个案纠纷，其裁判规则及其对法律的重新解读或补充形成了最具效力的活的

〔1〕司法解决纠纷正是避免私人复仇的原始手段出现，公正的判决一方面彰显法治文明，另一方面也规范公民的行为，使纠纷解决按照文明的方式进行，从而避免无序的状态出现。从这角度看，裁判活动应当有利于公民理性政治行为的形成。江国华：《宪法与公民教育》，武汉大学出版社2009年版，第99页。

〔2〕司法活动对于经济发展的推动作用是不言而喻的，在美国各个经济发展阶段，最高法院都扮演着重要角色：自由资本主义时代，最高法院积极保障原始的自由经济，政府消极不干预；罗斯福新政后，最高法院调整思路，尊重行政机关在经济发展中的积极作用。可见法院不可能超脱于经济发展的大潮，它总是若隐若现地发挥着作用……诚如公丕祥教授所言，应对金融危机，法院应当“坚持司法适度主动，构建司法应对工作机制；坚持司法适度弹性，依法保障企业发展稳定；坚持司法适度干预，切实维护群众合法权益；坚持司法适度参与，不断延伸司法审判职能”。公丕祥：《坚持能动司法，依法服务大局——对江苏法院金融危机司法应对工作的初步总结与思考》，载《法律适用》，2009年第11期。

〔3〕江国华：《宪法哲学导论》，商务印书馆2007年版，第121页。

规则”[1]。

其三，合乎正义的判决应当有助于公民美德的塑造，有助于遏制人类自私的本能，激发人们相互之间的宽容之德、怜悯之心和相惜之情，此即所谓“提升公民美德”。这些美德包括合作的美德、宽容的美德、诚信的美德和与人为善之美德；正是这些美德，构成了一个社会政治资本的基本内核[2]，它们也是人类文明得以维系其自身的恒久动力。[3]

三　在法律框架内谋求社会效果的最优化

理想的法院判决，应当是客观的法律效果与主观的社会效果之有机统一。但司法不是在真空中运行的，现实的审判过程往往与理想情境相去甚远。故此，审判之法律效果与社会效果难免出现冲突。受司法法治主义之拘束，欲化解这种冲突，有必要恪守如下三个基本法则。

（一）“两个效果相统一”法则

“两个效果相统一”是我国的一项基本司法政策，是衡量人民法院审理案件质量的基本指标。[4]最高人民法院前院长肖扬于2004年在耶鲁大学的演讲中提出：“法律不可能成为解决所有纠纷的‘灵丹妙药’，法律以外的因素如道德、情理也是司法过程中不可忽略的。判决

---

〔1〕张伟强：《审判的法律效果和社会效果——法官应该追求什么？》，载陈金钊、谢晖主编《法律方法》（第8卷），山东人民出版社2009年版，第232页。

〔2〕江国华：《法治的伦理法则》，载《光明日报》，2006年8月7日第12版。

〔3〕虞崇胜：《政治文明概念辨析》，载《重庆社科文汇》，2002年第4期。

〔4〕吕芳：《穿行于理想与现实之间的平衡——从法律文化的视角解读“法律效果和社会效果的统一”》，载《法学论坛》，2005年第3期。

不仅是单纯的法律责任的判断，更重要的，它是一个可能造成一系列社会影响的司法决策。为此，中国司法机构提出了审判的法律效果与社会效果的有机统一问题。”[1]

其一，两个效果互不替代。“两个效果相统一”法则的提出是以承认二者之差异为前提的。按照最高人民法院前副院长李国光的解释，“审判的法律效果是通过严格适用法律来发挥依法审判的作用和效果”，“审判的社会效果则是通过审判活动来实现法律的秩序、公正、效益等基本价值的效果”[2]，“要结合特定的社会环境和社会效益来考虑，在现实和法律之间寻找一个切入点，找到合法、合情、合理、公平的解决方案”[3]。正因为这两种效果是有差异的，所以一种效果的实现并不必然地意味着另一种效果的实现，不能用一种效果取代另一种效果，更不可片面地追求一种效果，或者忽视另一种效果。它要求审判的过程应当兼顾其法律效果与社会效果。[4]

其二，两个效果互不分割。“两个效果相统一”的法则强调二者之不可分割性，即你中有我，我中有你，二者组成一个有机整体。其要义有三：（1）法律效果之中有社会效果——法律源自于社会，良法必是能够反映社会正义之法律，其实现程度与社会正义之实现程度成正比。（2）社会效果以法律效果为基础——法律效果是社会效果的实现形式或者载体，没有良好的法律效果，社会效果无异于海客谈瀛洲。（3）社会效果与法律效果统一于司法实践——法律效果与社会效果乃审判效果之一体两面，离开法律效果谈社会效果，或者离开社会

---

〔1〕肖扬：《中国司法：挑战与改革》，载《人民司法》，2005 年第 1 期。

〔2〕参见李国光 2002 年 12 月 9 日在全国民商事审判工作会议上的讲话——《认清形势，统一认识，开拓创新，努力开创民商事审判工作新局面，为全面建设小康社会提供司法保障》。

〔3〕参见最高人民法院《关于印发〈全国民事案件审判质量工作座谈会纪要〉的通知》。

〔4〕“作为善和公正的艺术，法律穿行在各种相互冲突的价值之间。一个具体案件解决方案的选择，往往是各种价值目标综合平衡的结果。这一点也决定了我们没有绝对正确的选择，只有比较适宜的选择。”何海波：《行政行为对民事审判的拘束力》，载《中国法学》，2008 年第 2 期。

效果谈法律效果，都是不科学的。

其三，两个效果互不排斥。“两个效果相统一”指在逻辑上法律效果与社会效果不得相互排斥，或者彼此反对。（1）法律适用固然应当恪守形式法治主义的一般原则，但法官应当确保其所可能预见的审判结果不与社会普遍正义情感相冲突；尽管社会判断未必是评价一项判决的客观指标，一项未获社会好评的判决未必就不是一项好的判决，但一项为社会所恶评的判决就绝对不是一项好的判决。（2）法律正义内在地包含了社会正义，若法律效果为社会正义所排斥，要么就是法律无良，要么就是司法不公。若法律无良，固然当由立法者承担不良之后果，但若法官将这种不良的法律付诸实施，其后果则当然由法官承担。而司法不公则完全是法官在审判中罔顾社会正义的后果，理当由负有审判职责的法官承担。

（二）无法律即无审判

法律是审判的基础和依据，没有法律，就没有审判。因此，一切形式的审判效果，都只能是法律框架之内的效果。离开法律谈审判的效果，就如同离开菜肴谈烹饪的味道一样，属于无稽之谈。在这个意义上，审判的社会效果当囿于法律框架之内。

其一，审判不得违背法律的明文规定而片面追求社会效果。法律是审判的基本准绳，罔顾法律的审判是非法的裁判，非法裁判即无所谓社会效果。审判的过程是一个受法律严格羁束的过程；这一过程不为任何结果导向所改变——我们不能以社会效果之缘故，而擅自改变审判的正当程序法则。一切形式的审判结果都以合法性为其生效要件，不满足合法性要件的审判自始不能产生效力。审判的社会效果是审判机关适用法律的产物，这种结果本身是以合法律性为生效要件的。

其二，审判结果不得侵害法律所旨在保护的利益。美国学者博登海默说："为作出一个公正的判决，法官必须确立立法者通过某条特定的法律所旨在保护的利益。"[1]审判的过程，本质上即法律所保障之利益实现的过程。基于审判技术和情景等因素之影响，法益之实现可以允许有程度上的差别，但绝对不允许被审判所侵害。

其三，审判结果不得损害法律的稳定性和安定性。维护法律的稳定性和安定性乃审判的核心价值，亦为法官的天然职责——任何理由都不可改变这种价值和职责。如果我们以牺牲法律的稳定性和安定性为代价，来换取某种形式的社会效果，则有舍本逐末之虞。

（三）无社会即无法律

法律根植于社会，并以社会为其发挥作用之场域，正是社会决定了法律及其作用效果。离开社会，法律既不必要，也无可能。故此，一切形式的审判效果，都必须接受社会的检验。

其一，法律源于社会，并以社会生活为其调整对象；故此，法律实施的本质意义，即在于达成法律之于社会的有效调整和规制。法律的适用也罢，法律的执行也罢，如果不是为了达成特定的社会目的，那么它将毫无意义。

其二，法律的适用过程，就是从社会之中抽象出来的法律回归到具体的社会现实之中的过程。本质上，此即法律的社会化过程；这一过程所可能达成的目标，固然受制于法律本身与社会现实的契合度，但客观上更多地依赖于审判权运行的社会环境及其条件。

---

〔1〕[美] 博登海默：《法理学——法律哲学与法律方法》，邓正来译，中国政法大学出版社2004年版，第151页。

其三，审判的法律效果只有获得社会最低限度的普遍认同，才有可能达成法律所预设的目标。社会认同程度愈高，审判结果与法律所预设的目标之间的缝隙就愈小；反之亦然。正是从这个意义上说，审判的法律效果归根结底要接受社会效果之检验。

总而言之，就其性质而言，法律效果与社会效果之统一，是形式正义与实质正义的统一。其中，法律效果所表征的乃实定法所确定的客观目的和价值之实现程度，它必须借助于格式化的法律适用过程方有可能得以实现。这一过程以平等适用法律为前提，以具体法律事实为依托，以个别案例为载体，基本属于形式正义或者形式法治之范畴。与此相对应，社会效果所表征的乃社会主观需求与价值之实现程度，它必须借助于社会对审判活动之评价、认同等方式方有可能得到实现——以社会成员切身需要为基点，以追求社会利益最大化为目标，具有矫正格式化的法律适用这一形式理性所可能存有之缺漏等功能，基本上属于实质正义或者实质法治之范畴。〔1〕

基于法治发展的不同阶段，审判所追求之效果往往有所侧重。一般在其初级阶段，审判更多地侧重于法律效果，即形式法治；在其高级阶段，审判则更多地关注其社会效果，即实质法治。但无论法治发展到哪个阶段，形式法治都是一国法治之基础，系实质法治之基础与载体；离开形式法治，实质法治乃至整个法治都将失去根本而荡然无存。但实质法治终归是法治的更高境界，若抛弃实质法治这个基本内核，那么法治将难以避免地蜕化为赤裸

〔1〕正义，是人类社会追求的永恒价值，正义是社会体制的第一美德，就像真实是思想体系的第一美德一样。一种理论如果是不真实的，那么无论它多么高雅，多么简单扼要，也必然会遭到人们的拒绝或修正；同样，法律和体制如果是不正义的，那么无论它们多么有效，多么有条不紊，也必然会为人们所改革或废除。[美] 约翰·罗尔斯：《正义论》，谢延光译，商务印书馆 2003 年版，第 34 页。

裸的专制。就此而论，审判之法律效果始终是而且必须是其社会效果乃至整个法治根基之所在。离开法律效果，不仅审判之社会效果无以为凭，整个法治亦必丧失根本。但审判之社会效果为法律与法治之价值所系，系社会效果之意义所在，故审判亦不可罔顾社会效果而武断裁决。

第七章　司法理性的逻辑与悖论*

［**观点提示**］司法理性内在地要求司法及其过程的职业化，但在走向职业化或者专业化的同时，也存在着精英化、贵族化的内在趋向。这就很可能让司法异化为一种远离大众、远离真实甚至背离常识的封闭市场。因此，在制度安排上，走包容性司法道路，为包容生活理性留有一定的空间，使公众理性或生活智慧能够顺理成章地输入司法过程，是解决这种冲突的可能路径。

司法理性即科克之所谓“技艺理性”，本质上就是一种“职业理性”，司法职业化正是这种职业理性或者技艺理性的内在要求或者逻辑必然。中国此前十几年的以法官职业化为目标的司法改革，以及当前正如火如荼进行着的司法办案责任制改革，都可以视为对司法理性的一种积极诉求和探索。实践证明，随着我国司法改革的逐步推进以及司法职业化程度的相应提高，法官在司法活动中的理性程度已获得相当程度的提升。

正是基于司法理性之自身逻辑，现代司法在走向职业化或者专业化的同时，有精英化、贵族化的内在趋向。如果说，其中的专业化倾向是引领司法达至效果最优的基本要素，那么贵族化或者精英化倾向

---

* 本章核心观点以《常识与理性（八）：司法理性之逻辑与悖论》为题，刊发于《政法论丛》2012 年第 3 期。

则在相当程度上是诱导司法走向悖论的基本因素，它很可能让司法异化为一个远离大众，甚至背离常识的自说自话的封闭市场。由这个为精英垄断的市场所炮制出来的“裁决”，或者逻辑严密却徒具形骸，或者无从执行，或者无法服众。

为弥补司法理性自身之缺陷，化解其可能的内在悖论，在制度安排上，就有必要为生活智慧或者公共理性渗入高度职业化的司法过程设置某种管道或者窗口。如果说司法理性关注司法过程及其后果的“合法律性”，那么生活智慧与公共理性则关注司法过程及其后果的“合常识性”，故通过渗入生活智慧与公共理性的方式来矫正司法理性自身的悖论，被认为是最优选项。近年来出现的司法大众化、司法民主化等议题，并非批评者之所谓“是在走回头路”，要“回到过去的广场司法去”，势必“断送十几年职业化改革之成就”，它是针对司法职业化改革过程中出现的异化倾向所作出的一种矫正或调适。

一　司法理性之逻辑

司法理性本质上属于职业理性之范畴，亦即科克之所谓“技艺理性”——是与“自然理性”相对而言的。按照马修·黑尔的说法，“自然理性”意指“推理性的天赋”，即一般意义上的理智及逻辑思考能力——“根据天性来说，所有的人都能同样地推理；而在他们具有良好的原则时，便能很好地推理”〔1〕。与之相对应，“技艺理性”意指“将自然的推理能力长期运用于一个特定领域而形成的能够更为敏锐地判断、处理该领域的事务的专业性观察、推理、分析、判断能力”〔2〕，它是自然理性与特定职业相结合的产物。“理性的能力与合理的对象结

〔1〕［英］霍布斯：《利维坦》，黎思复、黎廷弼译，商务印书馆1995年版，第32页。
〔2〕姚中秋：《技艺理性视角下的司法职业化》，载《华东政法大学学报》，2008年第6期。

合，通过使用和运用而成为习惯，正是这种类型的理性，使得一个人成为数学家、哲学家、政治学家和法律家；它使得人们精通其特定的技艺，比如好工程师、好钟表匠、好铁匠、好外科医生，他们将自己的理性能力运用于那些特定领域，沿着特定的方向，借助特定的方法……”[1] 正是从这个意义上说，与所有的职业理性一样，司法理性内在地要求司法及其过程的职业化。

（一）专业理性

司法理性是一种专业理性，以法学专业知识为基础；而这种作为司法理性之基础的专业知识，是必须通过专门的、系统的职业教育才可能获得的。（1）法学专业知识乃司法理性之基础，故司法理性不能脱离专业知识而独存；在相当程度上，司法理性的高度受制于专业功底的厚度。一个国家的司法理性程度以及由其所表征的职业化程度，与其法学教育发育状态密切相关，唯有其法学教育达到一定的程度，司法理性与司法职业化才成其为可能。（2）司法理性并非人人所有的自然理性，它是自然理性与专业知识相结合的产物。唯有那些具备自然理性又同时接受过系统的法学教育者，方有可能具备这种职业理性，因为“没有人能够天生地掌握法律，无论这个人有多高的自然天赋，他都需要通过教育、训练以及经验的积累才能掌握法律”。故此，司法工作并不是随便什么人都可以干的活，只有那些接受过系统法学教育的专业人士才有可能胜任这项工作。（3）法学专业知识构成司法理性之内在要素，但并非其全部。除了法学专业知识之外，司法理性还有

〔1〕《黑尔首席大法官对霍布斯的〈法律对话〉之回应》，作为附录收入［英］托马斯·霍布斯：《哲学家与英格兰法律家的对话》，姚中秋译，上海三联书店 2006 年版，第 199—200 页。转引自姚中秋：《技艺理性视角下的司法职业化》，载《华东政法大学学报》，2008 年第 6 期。

其他内涵。就个体而言，没有法律知识，就无所谓司法理性；但拥有法律知识，并不必然地具有司法理性。故此，并非所有接受过系统法学教育的人都是司法工作的合格人选，正如一个优秀的法学教授未必就是一个胜任的法官。

（二）技艺理性

司法理性是一种技艺理性，必须经过长期的司法实践历练和积累方能获得。从这个意义上说，司法理性被认为是一种典型的经验理性〔1〕或者实践理性。（1）司法实践是塑成司法理性的必要条件。作为一种技艺理性，司法理性不是自然而然就可以长成的，故斯托纳说："它当然不是一种纯粹的决断，也不是完全脱离经验内容的逻辑。它是一种受过训练的思考方式，它不是任意的，但也不是绝对肯定的。"〔2〕（2）司法理性是法律理性与司法实践的结晶，是理性的高级形态。科克说过，法律乃是理性之圆满状态，没有人比法律更睿智，即使将分散在众多人头脑中的所有理性会集到一个人的头脑中，他仍然不能制定出一部英格兰法律来。〔3〕而司法乃适用法律的智慧，只有与法律同样圆满的理性才有可能在实践中正确地解释法律和适用法律。（3）作为一种经验理性，司法理性受制于历史传统、文化和制度背景等非理性因素。在不同的文化、历史传统和制度背景下，法官的个人动机与偏好是不同的，理性对其行为约束的实际含义也是有差异的。

---

〔1〕经验理性即在承认人的理性行为和互动预测、承认一定的制度框架对人的行为有约束作用的基础上，更加关注特殊性、复杂性和文化制度以及非理性因素对行为的影响。李路曲：《经验理性及其分析方法的演进》，载《政治学研究》，2010年第6期。

〔2〕[美] 小詹姆斯·R. 斯托纳：《普通法与自由主义理论》，姚中秋译，北京大学出版社2005年版，第36页。

〔3〕李栋：《英国普通法的"技艺理性"》，载《环球法律评论》，2009年第2期。

在不同的制度之间，在不同的国家和地区之间，在不同的文化和历史传统之间，同类司法制度和组织的作用是有很大差异的，换言之，在相同的制度设计中，国情或文化传统和治理方式的不同，可能会使制度的作用呈现出很大的差异。由于影响个体或集体的选择和行动之因素具有多元性，故产生司法均衡状态的条件和结果也并非一成不变。

（三）职业理性

司法理性是一种职业理性，是从事司法职业之群体所共同必备的一种职业素养和技艺。其基本意味有三：（1）它是从事司法职业所必备的技艺。按照美国著名法学家庞德的观点，“法律人”是指“一群人从事一种有学问修养的艺术，共同发挥替公众服务的精神，虽然附带地以它谋生，但仍不失其替公众服务的宗旨”〔1〕。作为法律职业的一个分支，司法职业内在地要求司法从业人员具备司法理性这样一种学问、修养或艺术——具体包括专业素养、伦理素养、司法技术、思维方式和职业形象等内容。（2）它是司法职业共同体的职业素养，“法官因掌握了专门性的知识、技艺，使自己的权威特殊化，并使自己在身份、地位以及行为上得以独立”〔2〕，“这些技术可以说成为法律进可攻（进行干预甚至主动干预）、退可守（拒绝干预）的要塞，从而保证了法律的有效性和权威性，因此有助于司法机关的相对独立”〔3〕。（3）正是司法理性构成了法官职业共同体之纽带，并确保着司法过程之专业性和独

〔1〕[美] 哈罗德·伯曼编：《美国法律讲话》，陈若桓译，生活·读书·新知三联书店 1988 年版，第 208 页。
〔2〕万毅：《超越当事人 / 职权主义——底限正义视野下的审判程序》，中国检察出版社 2008 年版，第 47—48 页。
〔3〕苏力：《法治及其本土资源》，中国政法大学出版社 2004 年版，第 150 页。

立性[1]，因为法律往形式性的方向发展，系由法律之内在（intrajuristic）条件所控制——具有特殊品格的个人同其职业理性乃影响法律形成之直接方式，一般经济条件与社会条件仅间接影响法律发展之方向。在这个意义上，就法律的发展而言，法律人的训练方式比其他任何因素更重要。[2]

二　司法理性之悖论

受司法理性所支配的司法过程是一个高度专业化的、相对封闭的过程；经由这一过程所产生的司法裁决，也当然地具有高度的专业性。司法裁判是法官依据事实和法律对案件所作的专业判断，这种专业判断具有终局性，唯有主审法官才有权作出。它是法官经由严密的司法逻辑所推导出来的唯一结论，推导的过程是一个高度专业的、相对封闭的过程，唯有专业人士方可领悟其中奥妙。司法裁决有其专门的表达方式——语言方式和文本方式，通常只有受过专门训练的专业人士才能够懂得其中门道。正是这种专业性，决定了司法理性之悖论。下面具体从形式理性、戏剧模式与专业隔阂三个视角管窥其中大意。

（一）形式理性

司法理性是一种典型的形式理性，其中最具标志意义的是司法三

〔1〕如果司法独立不是以司法理性以及由其所决定的独立的司法人格和专业判断为基础，那么一切形式的司法独立的制度性安排都将形同虚设。

〔2〕陈聪富：《韦伯论形式理性之法律》，载《清华法学》（第二辑），清华大学出版社 2003 年版，第 54 页。

段论法律推理〔1〕——“利用演绎推理中的涵摄特点把法律作为大前提，事实作为小前提，法官根据大前提与小前提之间的逻辑涵摄关系进行推理”〔2〕。故此，司法过程中的法律命题构成了一个“逻辑清晰、内部一致，而且至少在理论上天衣无缝的规则体系”〔3〕。

正是这种形式理性之本质，决定了受司法理性所支配的司法过程及其后果的“形式正义”禀性。但司法之内在价值以及社会对于司法之期望，显然并不局限于形式正义。这就意味着，司法理性不仅与司法本身之诉求存在着内在冲突，而且与社会需求或者期望之间存在着天然的紧张关系。

化解这种冲突或者紧张关系的路径通常有二：一是寄希望于法官的自觉调适——基于个人的经验、阅历、技艺或者良知，法官在审理个案过程中自觉观照立法目的和实体正义；二是通过制度安排，调衡形式理性与实质正义。一个满足形式逻辑的司法裁判并不必然就是一个公正的裁判。公正的裁判除却满足形式逻辑之外，还必须合乎实质正义，即实现形式理性与实质正义之衡平。

不管是法官的自我调适，还是形式理性与实质正义相调衡的制度安排，都意味着生活理性向司法职业理性的渗入。法官在运用经验考量立法价值〔4〕和司法裁判之社会效果的时候，其思维鼠标实际上已从

---

〔1〕“假使任何一个案件事实实现 T，则应赋予其法效果 R（大前提）。特定案件事实 S 实现 T，质言之，其系 T 的一个‘事例’（小前提），对 S 应赋予法效果 R（结论）。”［德］卡尔·拉伦茨：《法学方法论》，陈爱娥译，商务印书馆 2003 年版，第 150 页。

〔2〕［德］罗伯特·阿列克西：《法律论证理论》，舒国滢译，中国法制出版社 2003 年版，第 274 页。

〔3〕汪海燕：《形式理性的误读缺失与缺陷——以刑事诉讼为视角》，载《法学研究》，2006 年第 2 期。

〔4〕在司法中，每一个法官都不可避免地会遇到敏感的价值之争的案件。如果我们要避免使自己被扣上“道德导师”的帽子，那么将价值之争转化为价值的实现方式之争的司法技艺就是一种有效的方式。法官可以借此将价值判断的问题留给别人（如立法者），而将本应是站队表态的原则立场性问题转化为一个法律程序或技术问题。李红海：《普通法的司法技艺及其在我国的尝试性运用》，载《法商研究》，2007 年第 5 期。

"职业理性"之域漂移到"生活理性"之域；以"陪审制度"为典型代表的制度安排[1]，实际上也是为"日常理性"流入专业的司法过程打开了一道闸门。这种"日常理性"或者"生活理性"恰是司法大众化的核心意味。正如哈罗德·伯曼所说："法官误认为一切人都像他们那样符合逻辑，而陪审员则往往更明了普通人的混乱与谬误。"[2]

（二）戏剧模式

"现代司法追求的超越性使它与日常理性保持着森严的距离，甚至堵塞了健全的日常理性进入司法的有效途径。"[3]其中，审判活动的仪式化或者戏剧性对日常理性最具"隔离效应"。在行为模式上，审判过程具有戏剧行为模式的某些元素，其中核心要素有二：一是冲突，即法庭审判以类似于戏剧冲突的形式，将人物、时间、场景高度集中地展示于法庭，使法庭演变成有如"舞台"的场景，现实生活中错综复杂的情感纠葛与利益冲突"艺术性地"再现于"法庭舞台"之上；二是角色，即在司法审判过程中，法官、控辩两造及其他诉讼参与人各自扮演的角色大都"格式化"——他们的着装、立场、台词、道具乃至出场次序等都是预先设定的，他们必须忠诚于被给定的角色，既不得换位，也不得越位。正是这些戏剧性元素，塑造了审判过程"神

---

〔1〕陪审制起源于中世纪法兰克王国加洛林王朝的宣誓咨询制度。国王派出钦差到地方就王室的权益问题或官员是否忠于职守向民众进行调查，每到一地钦差即令地方官员召集当地最具威望的长者组成咨询团宣誓后回答提问。后来英国把它引入民事审判，但起初仍然是为巡回法官提供事实情况和当地的习惯法内容。可见，陪审制在其产生之初是为了弥补法官的理性不足。李红海：《职业化陪审团应慎行》，http: //www.news.dayoo.com，最后访问时间为2003年12月22日。

〔2〕[美] 哈罗德·伯曼编：《美国法律讲话》，陈若恒译，生活·读书·新知三联书店1988年版，第41页。

〔3〕左卫民：《在权利话语与权力技术之间——中国司法的新思考》，法律出版社2002年版，第196页。

圣”之禀性；而这种“神圣”之禀性，恰是司法与世俗社会相割裂的内在张力。

缓解这种司法神圣性与社会世俗性之间张力的途径大致有二：一是寄望于法学教育的普及，让每一个公民都熟练掌握诉讼知识和技巧，胜任“诉讼剧场”之各种角色，以备不时之需；二是借助于制度安排，增设“非给定角色”——这种“非给定角色”之行为、台词以及出场次序等相对自由，不受其他角色“格式化”模式之拘束。

其中，前一途径看似简单，实则成本最高——让一个社会的所有公民都成为法律专家的想法，不仅浪漫得可爱，而且浪费得可惜。其折中方案为律师制度，即律师参与诉讼，尽管这种制度也带有浓厚的职业理性色彩，但基于为当事人服务之特殊使命，律师的职业理性必渗透更多的生活情理，从而与法官的职业思维相区别。后一途径看似出格，却渐为法治发达国家所采纳，譬如美国的“法庭之友”制度[1]即借助于法庭之外的社会角色的司法参与，弥补仪式化的司法过程中存在的不足。“法庭之友”尽管也提供“专业意见”，但其立场与视角显然不是“司法性的”，而是“社会性的”。

（三）专业隔阂

司法过程具有高度的专业性。这种专业性将司法过程与其他社会

---

〔1〕“法庭之友”（Amicus Curiae）制度发端于古罗马法，发展于英国普通法，后被移植到美国法中繁荣成一项重要的司法制度。其核心内容涉及法院在审理案件的过程中，允许当事人以外的个人或组织利用自己的专门知识，就与案件有关的事实或法律问题进行论证并作出书面论证意见书，即“法庭之友陈述”（Amicus Curiae Brief），向法官提供尚未知悉的证据事实及与法律问题有关的信息，以帮助法院作出公正的裁决……现在大陆法系的许多国家也已经意识到“法庭之友”制度积极的一面，法国已经确立了这一制度。美国不遗余力地在全球范围内的推广，使得“法庭之友”制度在世界贸易组织争端解决机制中也占据了一席之地。陈桂明、吴如巧：《“法庭之友”制度及其借鉴》，载《河北法学》，2009 年第 2 期。

职业过程区分开来的同时，加大了司法与社会之间的隔阂。法官垄断了法律的司法解释权，加之在司法职业发展过程中所形成的“独立的解释技术和自治的论证技术”，法律的司法理解与大众解读之间存在隔阂不可避免。法官的法言法语构成了司法与社会沟通的“话语性障碍”，这种障碍实际上就是司法理性与自然理性冲突之产物，也是精英思维与大众思维割裂之产物。这种基于“法律理解”上的隔阂与话语沟通上的障碍，使得司法过程很可能演变为“法律人的暴政”[1]，并最终导致司法与社会之间的割裂。

“法律本来是世俗的活动，为了解决人们的纠纷，与人们的社会生活紧密相联系；但随着法律的专业化和职业化，法律活动变成了一个普通人除了法律专业人员外无法也没有时间涉足的领域。”[2]为避免因专业隔阂所可能导致的“司法暴政”，只能寄希望于有效的制度安排。针对前者，有必要对司法解释之程序与范围等作严格限制，具体方法有二：一是将司法解释的范围控制在个案解释领域，避免作抽象的、立法式的司法解释；二是在司法解释程序上，可以考虑引入专家意见、社会听证等程序。针对后者，可以考虑着力培育专业阶层与普通大众对话沟通的多元化媒介，这种媒介可以是律师，也可以是其他法律援助者，甚至专业媒体等。借助于这种媒介，一方面可以将“专业话语”翻译成“大众话语”，从而疏通法院与社会沟通之梗阻；另一方面可以将“大众意见”提炼成“专业问题”，促成社会信息向法院系统的回流。

上述两类制度性安排在相当程度上仍然是治疗“司法社会疏离症”的一种方案，其要旨正在于为生活理性或者自然理性注入司法过程铺设某种形式的管道。

---

〔1〕王彬：《司法理性的多维关注》，载《人民法院报》，2011年9月8日第5版。
〔2〕苏力：《法治及其本土资源》，中国政法大学出版社2004年版，第153页。

三　走向包容性司法：司法改革的一个可能向度

无论是司法的专业化还是职业化，都并非司法的绝对价值。任何有关司法专业化的讨论均有其理想的假设语境，因此，司法理性本身也并非一个自足的封闭概念。相反，作为一种实践理性，唯有因应社会需要，司法理性方有可能成就自身。这就意味着，在其现实意义上，司法理性并非百分之百"纯粹"，它内在地需要保留某些空间，以便容纳或者包容世俗社会以常识、常情与常理为基本内核的生活理性或者公共理性。从这个意义上说，以职业化改革为基本目标的司法改革，并非要构建一个与世隔绝的独立的"司法王国"，而是要为司法能够更好地因应社会需要而调适相关的制度安排。故此，改革之目标应当让"司法更具有包容性"，而不是相反。

（一）司法程序

正当的法律程序乃司法之生命线。美国联邦最高法院法官威廉·道格拉斯指出："正是程序决定了法治与恣意的人治之间的基本区别。"[1]但司法程序并非通往神圣帝国的阶梯，而是导向世俗正义的通道。因此，司法程序的设计既要考虑司法过程的严肃性，也应兼顾司法过程的包容性。这种包容性至少有下列三重意味。

其一，可参与性，即包容性司法内在地要求司法程序具有可参与性品质——此乃程序正义的第一法则。司法程序的制度安排应当为他者参与留有空间：只有包容他者，才能成就自身；无他者参与之程序，断难为他者所信赖。司法程序本身还应当具有一定的弹性，从而使得其即便是在情势变更的条件下，亦能游刃有余。程序设计

---

〔1〕转引自季卫东：《法治秩序的建构》，中国政法大学出版社 1999 年版，第 1 页。

通常是以假设的理想环境为逻辑背景的，但程序运行的环境却总是现实而复杂的；唯有具备足够弹性，司法程序才有可能应对复杂而多变的社会时局。

其二，可选择性。尽管程序是实现司法正义的“看得见”的必要条件，但通往司法正义的程序不应当是唯一的——程序的可选择性构成了包容性司法的基本要素。其可选择性的要义有三：（1）司法程序具有技术性的品相，而技术“具有必然的可选择性”。芬伯格指出：“技术与自由的和解的确是可能的”，技术的本体具可选择性，意味着人们可以从多样主体需要出发，以多样文化为背景，对技术的内容与形式进行“民主”选择，“多重文化的技术政治学是可能的，它将寻求在每一个装置和系统中调和几个世界的优良设计”。〔1〕（2）司法程序是一种规则，作为现代社会得以展开、运行之深层构架，规则具有必然的可选择性。在现象上，规则的可选择性往往表现为规则具体样态的非单一性，规则内容的具体性、多样性；在本质上，规则的可选择性意指不同社会共同体的发展规则具有相对独特的个性的必然性，不同发展主体都具有创立、转换、变迁规则的能力与权利。〔2〕（3）尽管法学家们热衷于将所有纠纷纳入司法程序，成就“一断于法”的理想或愿景，但社会现实难能尽如人意。人类社会自其诞生以来，就形成了多元的纠纷解决机制，司法机制仅仅是其中一元而已；司法之外的诸多解纷机制，不仅构成了司法机制存在的基础，而且构成了其发挥作用的条件，故司法程序对其他解纷机制应恪守谦抑之法则。

其三，可衔接性，即司法程序应当与其他解纷机制达成有效衔

〔1〕［美］安德鲁·芬伯格：《可选择的现代性》，陆俊等译，中国社会科学出版社2003年版，第280页。

〔2〕陈忠：《技术可选择，还是规则可选择？——“可选择现代性”的“规则论”意蕴》，载《天津社会科学》，2007年第1期。

接与良性互动——这是包容性本身的应有之义。其可衔接性的要义有三：（1）司法乃法律运行链条之最后一环，它必须与其他环节保持有效衔接与良性互动，否则，法律运行必因链条中断而难以为继。（2）司法程序必须与行政执法程序保持有效衔接——近年来，我国学界对于刑事司法程序与行政执法的衔接问题产生过浓厚兴趣，但对于民事司法程序与行政解纷机制的衔接问题却缺乏深度思考。（3）司法程序必须与社会解纷机制保持有效衔接与良性互动——修改后的《民事诉讼法》已经充分注意到了这一问题，有意构设人民调解与司法裁判之间的衔接机制。[1]

（二）法官

法律源于社会，并最终要回缚于社会，而不是相反。与自然科学以及社会科学的许多其他门类不同的是，法律与人类社会生活有着千丝万缕的联系。由是，尽管通晓社会的人未必就通晓法律，但通晓法律的人必须通晓社会；没有社会生活经验的人，对于法律纠纷是难以作出明智而公正的裁判的。[2] 故此，在强调法官专业化与职业化的同时，有必要在法官素质设定规则上兼顾其包容性。

其一，一个具备包容性的法官不仅要懂得法律，更要懂得常识。诚如孙晓楼所言：学习法律的人，必须兼备法律知识、社会常识和法律道德。一个只有法律知识而缺少社会常识的人，是不合时宜的

---

〔1〕修改后的民事诉讼法增加了与人民调解法相衔接的规定：第十五章第六节通过特别程序专节规定“确认调解协议案件”，明确规定当事人申请司法确认调解协议的程序和法律后果。第122条规定：“当事人起诉到人民法院的民事纠纷，适宜调解的，先行调解，但当事人拒绝调解的除外。”这一新增条文，标志着先行调解制度作为一项民事程序机制的正式确立，为诉讼当事人提供了一种新的法律内纠纷解决方式。

〔2〕朱苏力等：《关于司法改革的对话》，载刘军宁主编《市场社会与公共秩序》，生活·读书·新知三联书店1996年版，第164页。

人，不能适应时代的需要。一个没有常识的人，即便有高深的法律学问，也不能适应时代的需要。研究法律，必须注意到社会的变迁、社会的现状、社会的趋势。[1] 常识的要义有三：(1) 在西方哲学层面，常识 (common sense) 可以解释为“一种有约束力的信念原则，在与政治、道德、法律等有关的实践哲学中起规范和准则作用”，也可以解释为“一种特定的认识能力和知识形态”[2]。常识通常属于情商的范畴，几乎与智商没有多大关联性。对于法官而言，常识与理性具有同等重要的意义——常识是正义之路的基石，若法官缺乏常识，正义必绕道而行。(2) 常识与常情、常理密切相关，违忤常识，必拂逆常情、常理。若司法判断忤逆常情常理，譬如作出“火车非机动车”之判断[3]，那么司法必受妇孺之鄙夷。套用艾耶尔的话说：法官没有权利轻视关于常识的信念；如果他轻视常识的信念，这只表明他对于他

[1] 孙晓楼：《法律教育》，中国政法大学出版社 2004 年版，第 26 页。

[2] 周晓亮：《试论西方哲学中的“常识”概念》，载《江苏行政学院学报》，2004 年第 3 期。

[3] 高荣梅申请工伤赔偿案即是一起典型案例。2004 年 4 月 21 日，江苏省南京市居民高荣梅的女儿吕明英下班回家在经过一个铁路道口时不幸被火车撞倒身亡。高荣梅根据国务院《工伤保险条例》关于职工在上下班途中受到机动车事故伤害应认定为工伤的规定向有关部门申请工伤认定。但是，两次行政认定、五次司法裁判都认为不属于工伤。理由是《道路安全法》对机动车的解释为，机动车是指以动力装置驱动或者牵引，在道路上行驶、供人员乘用或者用于运送物品以及进行工程专项作业的轮式车辆，而火车不在道路上行驶，所以不是机动车。审判法官还对高荣梅说：除非请求立法机关更改《道路安全法》中“机动车”的解释，否则不能胜诉；法院是“对照法律条文判案”的。高荣梅不服，最后到江苏省高级人民法院要求再审。2010 年 4 月 2 日，江苏省高级人民法院开庭再审，并邀请部分省人大代表、政协委员旁听。高荣梅老人手持一本《现代汉语词典》陈述理由，词典对机动车的定义为“机动车就是机器开动的车子”。这次，法官最后裁定，以前五次审判均依据《道路安全法》，但是该法适用范围仅限于道路交通领域，所以才会在对机动车定义时将火车、轻轨、地铁等在专用轨道行驶的交通工具排除在外。高院法官认为，《工伤保险条例》中的机动车应当作符合客观实际的合理解释，不仅应当包括道路上行驶的机动车，还应当包括轨道上行驶的机动车。原一审、二审适用法律错误，应予纠正。最后再审判决，撤销一、二审法院的行政判决，撤销南京市人保局作出的不是工伤的认定，责令南京市人保局于判决生效后 30 日内重新作出具体行政行为。孟亚生：《火车不是机动车？撞人无法算工伤？》，载《检察日报》，2010 年 6 月 9 日第 5 版。

所进行的探究的真实目的毫无所知。[1]（3）常识与生活有关，它涉及人类生活的方方面面。与生活有关的常识必须在生活中积累——正是这种在生活中积累起来的最基本的常识，为人类的生活、交往和发展提供了最基本的信念和准则，所以主审法官应当设定最低从业年限。

其二，具有包容性的法官必须是一个有知识的人。这里的知识，可以从三方面加以理解。（1）知识与教育有关，一个有知识的法官，必定是一个受过良好专业教育的人。良好而完整的专业教育是现代法官的必要条件，但包容性意味着知识的全面性和开放性，故法官的专业知识要全面并具有开放性，而不能仅限于狭隘的部门法领域。从事民事审判业务的不应当只懂得民事法律，还应当知晓宪法、刑法和其他法律；同理，从事刑事审判业务的不应当仅懂得刑事法律，还应当知晓宪法、民法和其他法律。（2）知识与文化有关，文化构成法的基本内核。在西方源远流长的自然法传统中，人文始终被认为是法的构成性要素。孟德斯鸠甚至将人文解读为"法精神"之核心元素。[2]因此，法不是赤裸裸的规范，而是浸润于人文之中，并以人文为根基与精神实质的存在；相应地，法律职业不是赤裸裸的"专政"，而是守护社会灵魂的事业。[3]（3）知识与美德有关。苏格拉底说"知识即美德"，因为知识不仅是关于自然原因的认知，也是关于事物的客观价值的领悟。归根结底，知识是对人之本性的反思或反省，它不取决于人们的现实选择，也不取决于多数人在事实上的状态，更不取决于世俗的人们对当下利益的考量，而仅仅取决于人之所以为人所要求于人的究竟是什么。诚如亚里士多德所言："我们不为任何其他利益而找寻智

---

〔1〕艾耶尔说："哲学家没有权利轻视关于常识的信念；如果他轻视常识的信念，这只表明他对于他所进行的探究的真实目的毫无所知。"［英］A. J. 艾耶尔：《语言、逻辑与真理》，尹大贻译，上海译文出版社1981年版，第53页。

〔2〕高志明：《人文关怀是法律的本有属性》，载《理论与改革》，2005年第1期。

〔3〕江国华：《法学本科教育改革研究》，载《河北法学》，2012年第3期。

慧；只因人本自由，为自己的生存而生存。”[1] 故“知识”不是“意见”，而是对美德的理性把握，是理性的必然真理。法官的任务在于通过对外在利益诉争的解决最终导向有德性的生活。一个有知识的法官，必能够通过认识自己而达到对人性及其自我本质的道德自觉和理性把握，并尊重司法自身的逻辑，把人作为司法的出发点，重视人的终极关怀。

其三，具有包容性的法官必须是一个有鉴识能力的人。鉴识有审察、辨别之意味，属于经验性范畴，其要义有三：（1）鉴识与见识有关，见识与人生经历有关——尽管有了经历未必就一定有见识，但见识必须建立在一定的经历之上，见识广博的人通常就是经历丰富之人。故此，法官遴选制度设置，应当考虑候选人的从业经历——我们往往重视与法务相关的从业经历，但事实上非法务类的从业经历对于一个法官而言同样是非常重要的。（2）鉴识与阅历有关，阅历与悟性有关——阅历强调的是“阅”字，“阅”强调的是感悟或者省悟，故法官不仅应当具备相当的社会阅历，而且必须对其所经历的事情或所经手的案件有足够的省悟能力。（3）鉴识与经验有关，经验与年龄有关——成熟的法官是经验与年龄交相作用的产物，我们不否认有少年老成的法官，但通常而言，我们更信任经验老到的法官。法官在处理案件时所积累的一些技艺，包括驾驭庭审、参与调查、展开询问、主持调解、撰写判决等的经验，成为其作出恰如其分之判决的“软实力”。是故，政府应考虑延长法官的退休年龄，比如男法官延长到75岁退休，女法官延长到70岁退休。

（三）司法裁判

裁判乃司法的核心环节。基于包容性司法的内在要求，我们在强

---

〔1〕［古希腊］亚里士多德：《形而上学》，吴寿彭译，商务印书馆1997年版，第82页。

调司法裁判之规范性的同时，有必要兼顾其包容性或开放性。

其一，司法裁判应当讲道德。普通公民对司法判决所作之评价通常是以其所惯持的道德信念为准则的，唯有兼容普适性道德信念的司法判决，才有可能获得道义上的正当性。原因具体有三：（1）司法判决不能违背普适性的是非标准。在法治社会，是非曲直“一断于法”固然重要，但法律决断之是非还须符合社会朴素的是非标准——人民心中有杆秤，司法判决最终还要经得起这杆秤的称量。（2）法治旨在导向良善的生活境界，故司法判决应当激发“违法耻感”〔1〕。羞耻感是一种强大的强制力，以此为核心所衍生出来的耻感文化，被认为是催生人之社会良心的道德力量。〔2〕司法判决应当有助于这种力量的成长，并借助于这种力量达成效果最优，而不是相反。（3）公序良俗是一项古老的法律原则，系司法判决不容触碰的底线。从某种意义上说，正是公序良俗构筑了现代社会之基础，并构成法律的基本元素和司法发挥作用的基本条件。

其二，司法裁判应当讲道理。诚如秋风所言：法律的力量不在于其背后的强制力，而在于其中所蕴含的理性、天理；而法院判决是否具有完整的拘束力，也不是靠法警的强制，而是靠法官讲出的道理。〔3〕对所讲道理的理解具体有三：（1）现代法治社会，司法注重从法官与当事人“理性商谈”中获取合法性资源，通过裁判书的说理，对当事人在事实、证据以及法律适用上的争议作出回应，将法官的心证过程予以开示，实现其从对权威命令的“服从”到经理性对话的“说服”之转变，从而获得当事人及社会公众的信任，使司法裁判由此获得正

---

〔1〕江国华：《立法：理想与变革》，山东人民出版社 2007 年版，第 422—425 页。

〔2〕[美] 鲁思 · 本尼迪克特：《菊与刀》，吕万和等译，商务印书馆 1990 年版，第 154 页。

〔3〕秋风：《法律精神 · 秋风专栏：讲道理的判决书》，http://www.xxcb.cn/show.asp?id=668408，最后访问时间为 2014 年 7 月 4 日。

当性。[1]（2）法院是讲道理的地方，法院的判决要以理服人，所谓道理自在人心，“一份入情入理的判决书，能够最大限度地令双方当事人满意”。（3）在法庭上，当事人靠的是讲道理来定输赢；法官在进行判决时，应当充分阐明其作出判决的依据和理由。[2]

其三，司法裁判应当公开。在民主与法治时代，司法必须祛除神秘主义，将裁判文书拿出来置于阳光之下“晒一晒”，这被认为是健康司法、亲民司法的重要标志。裁判公开首要的是裁判文书（司法裁定和司法判决）的公开，这是司法公开的基本要求，也应成为司法裁判生效的必要条件。司法裁判应当经得起阳光的照射——阳光是最好的防腐剂，司法裁判中的是非曲直，只有在阳光下才能一目了然。裁判文书的公开，不仅意味着对利害关系人的公开，而且意味着对社会的公开。对此，修改后的民事诉讼法已有所回应，其中第 156 条规定：“公众可以查阅发生法律效力的判决书、裁定书，但涉及国家秘密、商业秘密和个人隐私的内容除外。”在司法实践中，最高人民法院先后出台了《关于加强人民法院审判公开工作的若干意见》《关于司法公开的六项规定》等规定，最高人民检察院近年来也制定出台了《关于全面推进检务公开工作的意见》《关于进一步深化人民检察院“检务公开”的意见》等规定。

总而言之，从司法理性自身的属性来看，司法理性主要是一种职业理性，这就决定了司法必须坚持职业化方向；但同时，司法理性又要求法官不能在追求法律形式理性的道路上逐渐远离民众，远离真实

---

〔1〕秦川、李语嫣：《裁判文书上网：构建司法与民众沟通新空间》，载《人民法院报》，2011 年 8 月 20 日第 4 版。

〔2〕例如，修改后的民事诉讼法就进一步强化了要求。其中第 152 条规定“判决书应当写明判决结果以及作出该判决的理由”；第 154 条规定“裁定书应当写明裁定结果以及作出该裁定的理由”。

的社会情理。为此，在制度安排上，有必要为包容生活理性留有一定的空间。苏力说："也正是因为这一点，我才一直坚持认为司法改革仅仅强调法官的知识化专业化是不够的，认为在基层法院，特别是派出法庭没有法学院毕业生的情况下，军转干部出任基层法官，其实是一个不错的替代，至少从解决纠纷上看，可能比年轻的法学院毕业生更有效。"[1] 从这个意义上说，我国近来提出的司法大众化改革，并非像有些学者所理解的那样，是一场"政治逻辑绑架司法逻辑的阴谋"。它仅仅是企图在司法职业化制度体系中打开若干窗口[2]，以便公众理性或生活智慧能够顺理成章地输入司法过程——这是孵化包容性司法的一条可能路径。

---

〔1〕苏力：《关于能动司法与大调解》，载《中国法学》，2010 年第 1 期。

〔2〕十年来我国法院改革对司法职业化和大众化予以长期关注，如《人民法院五年改革纲要（1999—2003）》第 36 条强调"加强对法官的培训工作"，《人民法院第三个五年改革纲要（2009—2013）》第三部分专门强调"加强人民法院队伍建设"。后者第 27 条还强调："健全科学、畅通、有效、透明、简便的民意沟通表达长效机制，充分保障人民群众的知情权、参与权、表达权和监督权。"另外，陪审员制度也在不断予以完善，如《人民法院第三个五年改革纲要（2009—2013）》规定："进一步完善人民陪审员制度，扩大人民陪审员的选任范围和参与审判活动的范围，规范人民陪审员参与审理案件的活动，健全相关管理制度，落实保障措施"；"建立健全基层司法服务网络，推行基层人民法院及人民法庭聘请乡村、社区一些德高望重、热心服务、能力较强的人民群众担任司法调解员，或邀请人民调解员、司法行政部门、行业组织等协助化解社会矛盾纠纷"。

第八章　司法裁判模式的困境与取向*

［**观点提示**］作为一项制度，职权主义审判模式与当事人主义审判模式一样，均有其固有的文化基础；故此，与职权主义彻底决裂的改革思路和纯粹的当事人主义模式一样，都难免使司法陷于文化悖论之境。因此，在未来的司法改革中，应该跳出持其一端的理论窠臼，正视并回应社会需求的多样性，兼采职权主义与当事人主义之所长，同时挖掘并吸纳中国传统审判方式之合理内核，力促衡平主义审判模式之长成。

自20世纪90年代以来，中国司法改革的核心议题——审判模式或者说审判方式改革之要旨在于确定控辩审诸方在司法过程中的地位及其相互关系。因此，这种改革与其说是一种单纯的司法程序改革，毋宁说是一项复杂的系统工程。正因为审判模式改革具复杂性和系统性，加之我国社会转型时期矛盾丛生，审判模式改革在理论与实践两个层面产生了诸多困境与争论。在实务层面，自1991年《民事诉讼法》颁布至今，审判模式改革频频出现在司法改革实践中[1]，

---

* 本章核心观点以《常识与理性：中国审判模式的可能向度》为题，刊发于《中南民族大学学报》2012年第3期。

〔1〕早期的如进一步深化审判方式改革、强化审判组织的职责、深化庭审方式改革等，参见《人民法院五年改革纲要（1999—2003）》；新近者如全面贯彻证据裁判原则、完善民事诉讼证明规则、改革案件受理制度等，参见《人民法院第四个五年改革纲要（2014—2018）》。

其总体趋势是强化当事人诉讼权利、弱化法院职权。实践证明，这些改革取得了一定成就，比如大大减少了司法权运作的成本，提高了人们的程序意识等，但其所带来的弊端也不容忽视，如非诉讼化的裁断方式、因实体不公而频发的涉诉上访等。在理论层面，尽管大多数学者对审判模式从职权主义向当事人主义的转型达成了有限共识，但在职权主义和当事人主义的具体抉择等方面仍存在诸多分歧。窃以为，无论是职权主义抑或当事人主义，都有其存在的社会环境和制度背景，如同弹劾式和纠问式分别代表不同时期的司法文明一样。当今社会对正义的需求已渐走向多样化，司法供给正义的方式亦应顺势走向多元。故此，我们不应固执于审判方式的理想化转型，而应将注意力转向审判机制所面临的现实问题，特别是其中的司法实效等问题。为此，在新的历史条件下，审判方式的改革应该跳出持其一端的理论窠臼，正视并回应社会需求的多样性，兼采职权主义与当事人主义之所长，同时挖掘并吸纳中国传统审判方式之合理内核，助力衡平审判模式之长成。

一　职权主义之悖论

一般来说，诸如法德等大陆法系国家，多采职权主义审判模式。而如何界定职权主义，不同法系的学者均有其判断标准。综合而言，所谓职权主义，是指法院在审判程序的运行中占据绝对支配地位，享有主导权的一种审判模式。据《法语历史辞典》考证，“职权主义”（inquisitoire）一词源于拉丁语形容词“inquisitorius”，系动词“inquirere”的衍生词，最早使用于1587年，原意为“探索”。[1] 一开始它并非专

〔1〕Alain Rey, *Dictionnaire Historique de la langue française*，Le Robert, 1992, p.1030．转引自施鹏鹏：《为职权主义辩护》，载《中国法学》，2014年第2期。

业法律术语，经诸多学者理论创设之后才是。[1]自职权主义产生之日起，英美学界就对其大加鞭笞。有学者认为，基于其“出身”中世纪的背景，“inquisitoire”一词早已失去中立意味，而暗含弱化人权保障、强调国家专制的价值判断。[2]英国学者 Richard Vogler 亦认为“权威主义，程序的官僚化、持续性，以压力获取被告合作，以及理性演绎与调查”是“inquisitoriality”的整体特征，等等。[3]这一批判虽有“英美优越主义”之嫌，但正所谓“空穴来风，未必无因”，在现代法治理念视域下，绝对职权主义本身所呈现的强职权、权力主导性质无疑是其批判之的。

（一）“当事人犹如旁听者”

职权主义强调法官在审判中的主导地位，而不提倡当事人在诉讼中的积极性，因此，其庭审可称之为“主动的法官、旁观的当事人”。

一方面，法官主导审判。在职权主义审判模式下，整个审判过程以法官对案件的调查为主线。在事实释明方面，对于任何类型的审判而言，查明案件事实都是审判的基础和依据。一般而言，大陆法系国家对于事实问题与法律问题的审查不作严格区分，但这并不表示法官

---

〔1〕17 世纪，法国刑事法官皮埃尔 · 埃罗第一次将“inqusitoire”和“instruction”（预审）相联系，定义为“侦查”；19 世纪初，法国刑法学家奥尔特朗（Ortolan L.）首次将“inqusitoire”作为刑事诉讼的基本形态；19 世纪后期，法国著名宪法学家、法史学家埃斯曼（Esmein A.）教授在其著作《法国刑事诉讼法史——以 18 世纪以来法国职权主义程序史为核心（至 1882 年）》中，直接将法国刑事诉讼定性为“职权主义”，方使职权主义成为法国诉讼模式之通论。施鹏鹏：《为职权主义辩护》，载《中国法学》，2014 年第 2 期。

〔2〕英美学界持这一认识者甚至在 20 世纪 60 年代都还大有人在。比如在“米兰达案”的判决意见中，美国首席大法官沃伦就论及，是否以各种手段强迫处于羁押状态的犯罪嫌疑人自证其罪，是当事人主义与“inquisitorial system”的重要区别之一。Miranda v. Adzona, 384 U. S. 436, 533(1966). 转引自左卫民：《职权主义：一种谱系性的“知识考古”》，载《比较法研究》，2009 年第 2 期。

〔3〕Richard K. Vogler, *A World View of Criminal Justice,* Routledge, 2005. 转引自左卫民：《职权主义：一种谱系性的“知识考古”》，载《比较法研究》，2009 年第 2 期。

在审判中没有查明事实的职责。相反，法官有发现案件事实的任务，可依职权调查收集证据，并且调查核实范围不受诉讼请求范围的限制。在庭审过程中，法官居于支配地位，主导整个审判的进程，证据的提出和调查、证人及鉴定人等诉讼参与人的传唤均由法官依职权进行，而且一般不实行交叉询问。如需补充证据，法院可要求侦查机关补充侦查，也可径行调查。[1]在权利处置方面，当事人和检察机关对诉讼权利和实体权利的处分，还要受到法院的限制，无论是诉讼的启动、运行抑或终结甚至选择和解等，都要受到法院的审查，而且法院可以不经过申请直接对案件进行合并审理或追加第三人等，审判监督程序可以由法院依职权启动。另外，法院对当事人没有提出的诉求，也可以进行审理并作出裁决；刑事审判中可以超出检察机关的起诉罪名，直接以另外罪名进行判决。

另一方面，当事人处于附属地位。在职权主义审判模式下，无论民事诉讼抑或刑事诉讼，当事人都处于司法机关的附属地位，司法机关具有较大的自由裁量权。在刑事诉讼中，侦查机关、起诉机关和法院处于同一"流水线"，法院只是最后一道程序，目的主要是打击犯罪和追求实体公正。在民事诉讼中，法院处于主导地位，在抗诉和审监程序中其他级别法院也可以干预，而当事人的权利则呈扁平化。以行政诉讼为例[2]，在法国，法官主导整个行政诉讼过程的推进——在案件审判过程中，法官不仅负责释明事实，而且负责调查证据，当事人在以上两个方面的行为并不能够对法官的决策和行为产生实质影响。在具体审判方面，法国设有预审程序，由一位法官在预审阶段进行调查、研究并收集证据，预审结束后才正式开庭。预审阶段采实质审查方式，

---

〔1〕张显伟、蒙晓毅：《有限职权主义在行政诉讼中的确立及运用》，载《学术论坛》，2007年第10期。

〔2〕与行政诉讼不同，大陆法系国家的民事诉讼具有颇浓的当事人主义色彩，我国一些学者认为其是当事人主义审判模式，如张卫平、黄松有等。韩波：《民事诉讼模式论——争鸣与选择》，载《当代法学》，2009年第5期。

正式开庭则往往采用书面审理方式。同样，在德国，法官亦是行政诉讼程序的主动组织者，譬如在审前程序中，法院“原则上可以且必须传唤被控告的行政机关，必要时也可以传唤其他行政机关”。此外，法院可以调查、评定、收集原告方所能掌握的证据以及其他证据，甚至能够不经调查，直接将当事人的证言视为真实。〔1〕由此可见，法官在审判程序中具有极大的裁量权，当事人在庭审中几乎所有活动都或多或少地受到法官控制，而缺乏保障诉权的积极性和主动性。

（二）“法官也有各种偏好”

一般而言，为了保障审判的顺利进行，职权主义审判模式中的法官通常需做好两件事，即对相关人员进行询问和对证据作出判断。这两项工作性质不同，但都对法官提出技术性要求。据相关心理学和社会学的研究结果显示，在面对面的询问中，提问人的社会地位、职业、提问顺序以及方法等因素，都会对回答人产生影响。即使提问人公事公办，亦存在一种自然倾向，即无意识地提出一些质问来支持自己所作出的假设。〔2〕对于法官而言，情况亦是如此，“法官并非圣人、超人，而是非常人性的，行为受欲望驱动，追求诸如收入、权力、名誉、尊重、自尊以及闲暇等他人同样追求的善品”。尽管从表面而言，法官受法条主义驱动，但法官绝非法条主义者，法官的政治偏好或法律以外的其他个人因素，都会塑造他的司法前见，进而直接塑造其对案件的回应。〔3〕因而，在由法官所主导的职权主义审判模式中，法官对案件

---

〔1〕［德］弗里德赫尔穆·胡芬：《行政诉讼法》，莫光华译，法律出版社2003年版，第556页。

〔2〕左卫民：《实体真实、价值观和诉讼程序——职权主义与当事人主义诉讼模式的法理分析》，载《学习与探索》，1992年第1期。

〔3〕苏力：《经验地理解法官的思维和行为——波斯纳〈法官如何思考〉译后》，载《北方法学》，2009年第1期。

事实的确认，一般存在一种“先入为主”的价值判断危险。其一，法官在庭审开始之前，甚至在更早时期就有一种形成观点的趋势，且这种趋势极其强烈而很难改变。从逻辑上而言，职权主义审判模式中法官主导功能的发挥，有赖于其在庭审开始之前就熟悉起诉材料，这关系到其在庭审中能否富有成效地讯问被告人或询问证人。而这种熟悉又在另一方面引导着法官的思维，使其在评价之前就已形成某种预断。因此，从这一层面而言，法官很难真正做到不偏不倚。其二，在庭审过程中，法官一般注重“线式”的直接询问，而忽视“交叉询问”，这显然不利于发现证据中的矛盾。要知道，庭审中的证据来自两方，而任何一方所提供的证据都可能存在或多或少的瑕疵，甚至造假成分，而法官所采取的直接询问方式，几乎不可能让当事人一方质疑或推翻其自身所提供的证据（除非良心发现）。其三，法官大多倾向于法条主义，审判中机械适用法律，难以把握案件全局。与英美国家职业化（professional）的法官不同，欧洲大陆国家的法官一般实行职业制（career），法官属于国家公务员体系，一般由高中或大学本科学生经过司法考试担任，因而缺乏必要的社会经验和知识积累。另外，由于法院系统内分设专业庭，致使法官分专业从事审判，而缺乏对其他法律部门的了解。法官的经历和学习过程，使其在审判中只能严格适用法律，而难以解释法律，更遑论大胆“造法”。[1] 因此，在这一制度背景下，对于“中规中矩”的法官而言，任何案件无甚差别，只是法条不

---

〔1〕英美国家的法官是职业化的，一般不属于公务员系统。其法官，尤其是美国联邦法官，大多是从事较长法律工作实践后，例如教师、律师，经由政治任命，从旁门进入司法系统的。法官数量较少，社会地位极高，权力大。丰富的人生阅历和工作经验、丰厚的报酬、远远长于政治任命者任期的终审任职期等因素，都使得他们在判案中更具独立性。另外，由于初审法院与上诉法院的严格功能分工，以及由于美国国会常常无法有效回应社会的立法需求，美国法官，特别是上诉法院法官必须“造法”，成为波斯纳所谓“偶尔的立法者”。由此可见，英美国家的法官一般多是“多面手”，原则上适用法律，但先例制度和普通法传统也使他们不得不“解释”法律。苏力：《经验地理解法官的思维和行为——波斯纳〈法官如何思考〉译后》，载《北方法学》，2009 年第 1 期。

同而已。法官在审判中，不会进行过多思考，而仅是将办案经验与法条衔接。

（三）“看不见的正义非正义”

法谚有云：“正义不仅应当得到实现，而且应以人们能够看得见的方式加以实现。”1971年，罗尔斯在《正义论》一书中亦提出程序正义的理论。其有关程序正当性的论述，使人们认识到“在对一种至少会使一部分人的权益受到有利或者不利影响的活动或决定作出评价时，不能仅仅关注其结果的正当性，而且要看这种结果的形成过程或者结果据以形成的程序本身是否符合一些客观的正当性、合理性标准”[1]。表现在司法审判领域，则是要求满足当事人对庭审的有效参与和积极辩论，因为“审判区别于其他秩序形成原理的内在特征在于，承认那些将要受到审判所作决定直接影响的人能够通过一种特殊的形式参加审判，即承认他们为了得到有利于自己的决定而提出证据并进行理性的说服和辩论”。因此，“审判的实质在于受判决直接影响的人能够参加判决的制作过程”，如果“一种法律制度不能保证当事人参加到审判活动中来，就会使审判的内在品质受到破坏”。[2] 由此观之，正义在司法程序中的实现，不仅体现在实体规则，更重要的是确保“程序正当”。然而，就大陆法系而言，“重实体，轻程序”是其区别于英美法系的一个明显特征。在职权主义审判模式下，法官始终在诉讼活动中处于主导地位，当事人或辩护方和检察机关处于辅助和协从地位。

---

〔1〕陈瑞华：《程序正义论纲》，载《诉讼法论丛》，1998年第1卷。

〔2〕Lon L. Fuller, “The Forms and Limits of Adjudication”, *American Court System*, H. Freman & Company, 1978. 转引自陈瑞华：《程序正义论纲》，载《诉讼法论丛》，1998年第1卷。

这样的制度安排被认为是国家“父爱主义”[1]之产物，在客观上有利于诉讼事实与客观事实的统一，从而达至实质正义。从法官的角度而言，作为整个诉讼过程的主导者，法官能够把握整体诉讼活动的走向，不至于受到当事人或律师的过分影响，有利于提升司法效率和实体正义。但从当事人的角度来看，由于法官的职权过于强大，当事人在整体诉讼过程中的作用明显被弱化乃至被剥夺，其存在感仅体现为在法官例行询问下作出回答，而能否对自己的供述或证据作出辩解则完全有赖于法官的询问技巧和法律素养。由此造成的后果是，法官在一般诉讼中仅凭自身的职权就可查明事实，容易陷入“先入为主”的偏见或丧失“兼听则明”的机会。[2]

正是基于绝对职权主义审判模式所呈现的各种弊端，大陆法系国家在批判自身的同时，亦开始积极反思这一审判模式的传统，并开始主动吸收当事人主义审判模式的优点。在这方面，美国学者达玛什卡（Mirjan R. Damaska）的《司法和国家权力的多种面孔：比较视野中的法律程序》是最有影响力的著作。[3]意大利 1988 年刑事诉讼法典在罗列了诸多刑事诉讼的原则和标准之后，在其前言中明确宣示意大利在尊重和履行国际人权公约的指引下，将借鉴和引入当事人主义的刑事审判模式。[4]另外，联邦德国立法院亦在 1975 年废除了“在公判审理

〔1〕父爱主义产生于 20 世纪 70 年代，彼时西方社会因福利政策遭受挫折，人们开始广泛借用父爱主义来阐释国家干预的正当性与合理性。简言之，父爱主义指像父亲那样的行为，理论上主要意指国家或个人可以为了他人的利益而对他人的行为进行干预。应当注意的是，父爱主义所指涉的干预并非对个人行为的任意干预，而是出于避免个人可能由于相对不理性的行为对其自身造成伤害而进行的干预。孙笑侠、郭春镇：《法律父爱主义在中国的适用》，载《中国社会科学》，2006 年第 1 期。

〔2〕黄学贤、邹焕聪：《职权主义与当事人主义模式融合背景下中国行政审判模式的重构》，载《江苏警官学院学报》，2006 年第 3 期。

〔3〕[美] 米尔伊安 · R. 达玛什卡：《司法和国家权力的多种面孔：比较视野中的法律程序》，郑戈译，中国政法大学出版社 2015 年版。

〔4〕Mario Chiavario, “Some Considerations on Faces of Justice by a ‘Non-Specialist’”, *Journal of International Criminal Justice*, 2008, 6 (1), p. 69.

前有审判官调查证据的规定，而这项规定通常被当作审问式主义诉讼的本质部分”[1]。属于大陆法系的日本，“二战”后，在美国的主导下修改了宪法。为了与新宪法相适应，日本还于1947年至1950年先后修改或制定了新的《刑事诉讼法》《法院法》《监察厅法》等，并在此基础上抛弃了自明治维新之后学习法国而建立的职权主义审判模式，而采纳英美法系制度形成了一种新的审判模式，即混合模式。

二　当事人主义之诘难

英美法系国家大多采用当事人主义的诉讼模式，其核心在于当事人（包括检察机关）是整个诉讼过程的主导者，法官作为中立的第三方对当事人的争议事项作出有约束力的裁决。[2]当事人主义审判模式乃自由主义司法哲学之产物，其要义有三：（1）着意于对司法权滥用之警惕与防范；（2）强调司法过程之公众参与；（3）强调当事人平等且具有较高的诉讼地位，并在一定程度上主导着司法进程。如在刑事案件中，无论是公诉还是自诉，控方和辩方是平等的当事人，证据的收集、程序的开始、事实的探寻等都由二者负责。因此，当事人主义审判模式的精髓在于，通过当事人之间的辩论，使证据的属性得以充分展示，法官由此可以在每次交锋中收集有用信息以便作出评判，认定事实。[3]从这一层面而言，当事人主义审判模式无疑更倾向于认为“真理越辩越明”。但是，此审判模式并非完美无缺，其在实践中亦呈现诸多弊端。

---

〔1〕[德] 艾阿西姆·赫尔曼：《刑事诉讼的诸种模式》，载《日本刑法杂志》，1981年6月号。转引自左卫民：《实体真实、价值观和诉讼程序——职权主义与当事人主义诉讼模式的法理分析》，载《学习与探索》，1992年第1期。

〔2〕[日] 棚濑孝雄：《纠纷的解决和审判制度》，王亚新译，中国政法大学出版社2004年版，第1页。

〔3〕左卫民：《实体真实、价值观和诉讼程序——职权主义与当事人主义诉讼模式的法理分析》，载《学习与探索》，1992年第1期。

（一）“不是程序正当就能真相大白”

在对职权主义审判模式的声讨中，程序正义的缺失无疑是其核心论点。尽管我们知道当事人主义审判模式并不能与正当程序等同，但二者所表现出的紧密联系，使得我们自然而然将其联系在一起，这也为当事人主义论者津津乐道。正如我国台湾学者黄东熊先生所言：“当事人主义之精神乃寄宿于 Due Process of Law 之内，因此，倘能领悟 Due Process of Law 之根本意义，则得领悟当事人主义之精神。”[1]

依据当事人主义审判模式之设计，控辩双方始终处于平等的地位，法院则居中立地位对二者的主张进行裁判，其作用相当于人体神经中枢，处理当事人传来的信息，并对其进行鉴别，最终加工作出裁决。相对于职权主义审判模式而言，其程序规则表现有三：（1）在事实释明方面，当事人或检察机关彼此竞争性地提供证据，法院无权干涉调查证据活动。在刑事诉讼中，被告和检察机关的地位平等，双方都是侦查的主体，都有权收集证据，而且双方都没有强制处分权，只有法院或民众代表机关才有，但双方都可提出该类请求。如此一来，当事人双方都会倾尽全力收集与本案有关的、有利于己方且不利于对方的证据，从而保证所提供证据的证明力。（2）在案件事实揭示方面，当事人双方掌握着主动权，通过“交叉询问”以相互揭示事实，“法官的主要精力在于认真了解当事人双方提供的证据以及通过交叉询问所反映出的案件事实和双方的主张，判断案件的全部事实和存在的问题”[2]。（3）在权利处置方面，当事人和检察机关可自由处分自己的诉讼权利和实体权利，二者在诉讼程序的推进过程中也握有主

〔1〕黄东熊：《刑事诉讼法研究》，台湾警察大学出版社 1995 年版，第 160 页。转引自姚莉：《论当事人主义审判模式》，载《法学家》，1998 年第 6 期。

〔2〕李心鉴：《刑事诉讼构造论》，中国政法大学出版社 1992 年版，第 93—94 页。

导权，法院无权对其进行限制，且法院只能根据当事人的诉求进行裁判，不能超出诉求的范围；二者还可以自由撤销案件，法院不能对其进行审查。在刑事司法中，一般采取起诉书一本主义和起诉便宜主义，检察机关对案件有初步的处分权，可根据情况选择不起诉或选择进行辩诉交易。

由此可见，当事人主义审判模式着重强调对当事人诉讼权益的程序保障，并依赖当事人推动诉讼进程，以凸显程序公正。在严密程序规则的引导下，当事人主义审判模式似乎更能发现案件事实，还原真相。然而，良好的理论设计并不能完全掌控实践的走向。在具体的司法实践中，法官所确定的“法律上的真实”与“事实上的真实”并不等同。曾任美国联邦法院法官的著名法学家杰罗姆·弗兰克就对当事人主义审判模式下的法院能有效确定案件事实提出质疑，并提出“事实不确定”[1]的观点，因为每个案件的双方当事人是否都能够收集到有效证据以还原案件事实并不能确定。如果不能有效收集证据，那么必然有一方会因证据不足而有败诉危险，而庭审根据另一方当事人所提供的证据认定的“事实”是否就是真相，犹未可知。即便能够有效收集证据，在实践中，双方当事人实力均衡的局面是极为罕见的，绝大多数情况下，占据优势地位的一方总会抢占优先权，无论是在证据收集还是法庭辩论中都占据主导地位，从而使得审判偏向己方。而法官又处于被动地位，如此一来，严格的正当程序并不必然就揭示真相，相反，有时可能掩盖真相。

（二）“法庭也有可能被欺骗”

当事人主义的审判模式主要由当事人或检察官经由各种司法程序

---

〔1〕沈宗灵：《现代西方法律哲学》，法律出版社1983年版，第115页。

启动和推进诉讼进程，并在诉讼过程中占据主导地位，法院或者法官的作用反而有限——法官主持法庭审理，其所扮演的角色仅仅是一个“消极仲裁人”。以刑事诉讼为例，在审查起诉阶段，美国采用大陪审团和检察官审查起诉两种方式（联邦和半数的州规定对重罪案件必须由大陪审团决定是否起诉），英国则由检察机关审查是否向法院提起公诉。英美法系国家在决定是否提起公诉时，主要考虑的是证明案件事实的证据是否达到相应的起诉标准；而在决定是否定罪判刑时，证据则需要达到排除合理怀疑的程度。在具体审判阶段，英美法系国家普遍采行对抗制，即起诉方和被告方都是诉讼主体，尽管相互对立进行争辩，但诉讼地位平等、权利相同。在审判过程中，起诉方和被告方就有争议的问题申辩事实、进行辩论，提出证据以支持本方的主张；而法官只负责主持法庭辩论，不主动调查证据，在陪审团作出有罪裁断之后，法官负责具体适用法律判处刑罚。

由此可见，对于双方当事人而言，证据的收集和法庭辩论至关重要。法官及其陪审团，正是在双方唇枪舌剑的辩论下，发现案件事实或疑点的。正如有学者评价的那样：“获得案件事实真相的最佳方法是让每一方参与者都能主动地寻找事实，在这两方面的事实对抗中，双方会将真相揭示于天下……两个与案件结局都有着利益牵连的探索者分别从正反两个方向开始搜寻事实真相，这也要比那种仅有一名公正的探索者从田地的中间开始查明真相更不可能丢失任何方面。”[1]然而，“经验证明，各种人都有可能有意无意地欺骗法庭”。在这些人中，“首先是被告人。罪犯为了逃避公正的制裁，常常想方设法把法庭引入歧途，法官们对这一点都是有所警惕的。罪犯为了达到自己的目的，他们在法庭辩论时会毫不犹豫地提供一些伪造的证据材料，法官们对这

〔1〕Jenny McEwan, *Evidence and the Adversarial Process: The Modern Law*, Blackwall Publishers, 1992, pp.6-7. 转引自姚莉：《论当事人主义审判模式》，载《法学家》，1998 年第 6 期。

一点也是十分清楚的"[1]。而无论法官如何警惕或如何清楚，在纯粹当事人主义审判模式下，其被动地位无疑决定了这一认知仅仅停留于知道这一"情况"层面，而不能具体到哪一"事实"或哪一"证据"层面。更何况，在刑事诉讼中，法官仅是法律规则的适用者，真正掌握决定权的是陪审团，因此，当事人所出示的证据只要能说服陪审团即可，至于是否真实则并不具有决定性。

（三）"法官不是天使"

麦迪逊曾经说过："如果人是天使，也就不需要政府了；如果是天使来统治人，也就无须对政府采取内外部的控制。"[2]我们的法官显然不是天使，他们也会受外界干扰，也会犯错。"许多外界因素会欺骗那些最认真、最审慎的法官。不确切的资料、可疑的证据、假证人以及得出错误的鉴定等，都可能导致无辜者判刑。"[3]正如前文所言，任何人都可能有意无意地欺骗法庭。在审判中，如果我们的法官始终机械地保持消极、中立状态，实际上是很容易被控辩双方所利用的，势必很难避免因为律师辩护技巧、举证选择、刻意隐瞒、举证能力强弱等而导致的难以发现案件事实乃至诉讼程序迟延等弊症。

当然，除此之外，当事人主义审判模式在制度设计上还存在诸多其他弊端，例如高度格式化的司法程序大大提升了司法程序的准入门槛，亦提高了当事人的诉讼成本，从而使得相当一部分人因此丧失了司法急救之机会——尤其是弱势群体，在形式上的程序公正之阻隔下，他们很难接近司法，从而为程序疏远和边缘化，等等。[4]

---

〔1〕［法］勒内·弗洛里奥：《错案》，赵淑美、张洪竹译，法律出版社2013年版，第3页。
〔2〕［美］汉密尔顿、杰伊、麦迪逊：《联邦党人文集》，商务印书馆1995年版，第264页。
〔3〕［法］勒内·弗洛里奥：《错案》，赵淑美、张洪竹译，法律出版社2013年版，第1—2页。
〔4〕徐昕：《英国民事诉讼与民事司法改革》，中国政法大学出版社2002年版，第200页。

由此观之，当事人主义审判模式并非我们所想象的那样完美无缺。尤其是在具有强烈当事人主义传统的英国刑事审判中，纯粹的当事人主义审判模式开始受到司法部长的反对和攻击，例如英国前司法部长 Ludovic Kennedy 和 Tom Sargant 就主张改革英国当事人主义审判模式。[1] 退而言之，在英美法系国家行之有效的当事人主义审判模式，实际上并不具有可复制性。除非我们可以复制其普通法传统，否则我们何以复制该传统所衍生的审判制度呢?

三　走向衡平的裁判模式

基于上述分析，职权主义和当事人主义两种审判模式各有利弊，很难抽象地作出优劣之分辨。正如贝勒斯所言:“结果的确定性和个别化正义都是理性的目的。脱离现实地认为一种制度优越于另一种制度是毫无道理的。”[2] 况且这两种审判模式均非一朝一夕所能构筑，都是长期历史演进的结果。纵观当前世界各国，两大审判模式早已脱却原有绝对主义之定义，而呈现无法阻挡的融合趋势。在这一主流下，中国审判模式之改革不能投机取巧，而应顺势而为。

（一）职权主义与当事人主义之融合

在司法实践中，无论是职权主义还是当事人主义审判模式，都有可能偏离案件事实真相，从而造成某些司法投机现象——“如果他是无辜之被告，他比较喜欢在职权主义的国家受审判；如果他是有罪之

〔1〕Alan W. Shilston, “The Way Ahead—Adapting to Change”, *Arbitration,* 1990, 56 (4), pp. 217, 219.

〔2〕[美] 迈克尔 · D · 贝勒斯:《法律的原则》，张文显等译，中国大百科全书出版社 1997 年版，第 38 页。

被告，他比较喜欢在当事人主义的国家受审判”[1]。正因为如此，当今“世界各国对职权主义和当事人主义的划分已不再固守传统的绝对立场，认为对职权主义模式的当事人要大力放权，对当事人主义模式则要加强国家司法干预”[2]。在此背景下，为兼顾司法公正与效率，传统的职权主义和当事人主义审判模式呈现出一种逐渐融合的趋势。奉行职权主义模式的国家开始吸纳当事人主义模式的一些基本原则，例如德国行政审判“实行审问式的同时，诉讼程序仍受双方当事人意志的约束；另外行政诉讼中的处理原则，相当于中国民事诉讼中的处分原则，当事人有权决定是否起诉以及起诉后改变诉讼请求和撤诉等，另有法律限制的除外”[3]。而奉行当事人主义的国家，也在通过改革不断拓展法官的职权范围，例如英国1977年由最高法院建立了统一的程序规则，即“申请司法审查”，该规则确立了法院依职权审判案件，迅速、恰当救济行政相对人利益的原则，等等。[4]因此，在当今世界，我们很难绝对地判定各国的审判模式属于职权主义抑或当事人主义，两种审判模式的思想和原则，都不同程度地体现在审判实务中。

（二）中国司法裁判的新旧传统

存在的就是合理的。在有着实质正义偏好的中国，职权主义诉讼模式有其天然的文化环境和制度土壤，尽管中国司法传统并非一以贯之，甚或有过断裂，但职权主义审判模式却顽强地一再延展赓续。

---

〔1〕[美] 约翰·亨利·梅利曼：《大陆法系》，顾培东等译，法律出版社2004年版，第138页。

〔2〕邹焕聪、方必基：《全球两大审判模式的融合与中国行政审判模式的抉择》，载《广西梧州师范高等专科学校学报》，2006年第1期。

〔3〕胡建淼：《比较行政法》，法律出版社1998年版，第305—306页。

〔4〕黄学贤、邹焕聪：《职权主义与当事人主义融合背景下中国行政审判模式的重构》，载《江苏警官学院学报》，2006年第3期。

在旧传统中，司法和行政的合一，加之家族观念的影响，促成了中国“父母官”式的断案方式：法庭上的法官就像家庭中的父亲一样，他们对待当事人也就像父亲对待自己的子女一样[1]；诉讼过程中，不存在律师、辩护人，也不需要什么程序来规定相关诉讼主体的权利义务。因此，审判过程整体上是由兼具行政官员的法官主导乃至包揽的，当事人只能够服从并履行父母官作出的命令。

在新传统中，基于政治司法与人民司法的固有理念与逻辑[2]，国家意志和法律价值的实现被视为司法审判的首要价值，由此决定了法官在审判过程中的决定性地位。以马锡五审判方式为例，毛泽东在1943年2月接见马锡五时欣然题词“一刻也离不开群众”，其寓意正在于强调司法之政治功能。[3]从这个意义上说，马锡五审判方式的真正意义在于它凸显了人民的利益指向（利民）、为人民服务（便民）的价值观以及法律的可触及性，力图消除普通民众与法律之间的隔膜和距离，使那些身无分文的人、那些即使对法律条文一无所知的人在其权利受到侵害时，也同样能够受到法律阳光的照耀，并在这种阳光的照耀下得到正义之手的救助。[4]

由此可见，法官主导审判的职权主义模式，是中国国情的必然选择。[5]直至今天，职权主义审判模式仍是中国司法审判的必然选择。

---

〔1〕一定程度上，这样一种“父母官”式的审判模式，其背后的根源在于儒家文化意义上的父爱主义，但和西方理论界于20世纪频繁引用的父爱主义显然存在根本的不同。

〔2〕洪德琨：《走向中和的民事诉讼模式——论协同主义诉讼模式在我国的构建》，载《法律适用》，2009年第5期。

〔3〕曾益康：《从司法和政治双重视角看“马锡五审判方式”》，载《西南政法大学学报》，2009年第4期。

〔4〕舒国滢：《从司法的广场化到司法的剧场化：一个符号学的视角》，载《政法论坛》，1999年第3期。

〔5〕nondemocratic and tenuous commitment to the rule of law 是波斯纳对当代中国制度语境基本特征的一种判断。在他看来，中国的司法并不适合实用主义风格，而应当更多讲求“抽象”与“形式”。具体可参见于明：《法条主义、实用主义与制度结构——基于英美的比较》，载《北大法律评论》，2013年第14卷第1辑。

以行政诉讼为例，当前的《行政诉讼法》在制度设计上，就倾向于欧陆法系的职权主义模式，法院一般对被诉行政行为的合法性进行审查、作出裁判，“人民法院在行政诉讼中起着组织者、指挥者、裁判者的核心作用”[1]。而对于刑事诉讼而言，虽然制度设计具有某些当事人主义审判模式的因素，但在主要方面仍属于职权主义模式，例如辩护律师调查权的缺失、证据材料的全案移送及事先阅览、法庭依职权主动调查证据，等等。[2] 正是基于此，中国学者普遍认为“中国刑事诉讼制度隶属于欧陆职权主义，中国的弊症应归咎于该模式固有的机理缺陷，因此，中国刑事诉讼制度改革应当转向英美”[3]。而 2012 年刑事诉讼法的修改恰好印证了此种观念，例如，该法就纳入了“证人证言必须在法庭上经过公诉人、被害人和被告人、辩护人双方质证并且查实以后，才能作为定案的根据”（第 59 条）、“经审判长许可，公诉人、当事人和辩护人、诉讼代表人可以对证据和案件情况发表意见并且可以互相辩论。审判长在宣布辩论终结后，被告人有最后陈述的权利”（第 193 条）等规定，以期在形式上塑造一种“控辩式”对抗模式。[4] 更为值得关注的是，十八届四中全会提出的全面推进依法治国战略中，专门提到推进以审判为中心的诉讼制度改革——“以审判为中心”的核心要义在于推进庭审的实质化，确保发挥庭审在查明事实、认定证据、公正裁判中的决定性作用，而这些也是当事人主义模式的核心要素。

---

〔1〕例如，法院可以依职权调查收集证据；合议庭审查当事人的撤诉申请；庭审前法官就已查清案件事实，开庭只是“走过场”，等等。杨海坤、黄学贤：《行政诉讼法：基本原理与制度完善》，中国人事出版社 2005 年版，第 6 页。

〔2〕李心鉴：《刑事诉讼构造论》，中国政法大学出版社 1992 年版，第 160—161 页。转引自兰荣杰：《从西方回到中国：反思中国刑事审判模式理论研究》，载《中国刑事法杂志》，2009 年第 3 期。

〔3〕万毅：《超越当事人 / 职权主义——底限正义视野下的审判程序》，中国检察出版社 2008 年版，第 4 页。

〔4〕兰荣杰：《从西方回到中国：反思中国刑事审判模式理论研究》，载《中国刑事法杂志》，2009 年第 3 期。

针对我国所推行的审判模式改革，以下三点最值得检讨：（1）随着经济体制的深刻变革，社会结构的巨大变动，利益格局的重新调整，我国进入社会转型时期，社会矛盾迭起，传统社会纠纷解决功能亦已式微，司法成为人们表达诉求和维护自身利益的主要途径。传统的职权主义审判模式的确存在一些问题，但这些问题是否被过于夸大了呢？是否大到无法容忍的程度，以至于必须彻底摒弃而后快呢？（2）当事人主义审判模式固然有诸多优点，但我们是否过于夸饰了这些优点呢？这种诞生于普通法传统的、同样存在缺陷的审判模式是否适合中国国情呢？（3）当前中国司法改革的种种困局与当事人主义审判模式的弊端之间，是否存在某种内在关联性？为因应社会需要，将审判模式改革之既定目标从“纯粹当事人主义”作适当“漂移”，是否有必要？

（三）衡平模式何以可能

原最高人民法院院长肖扬在第七次全国民事审判工作会议上曾经指出：“过于强调职权主义诉讼模式不仅使法官不堪重负，而且影响审判机关的中立形象；而过于强调当事人主义诉讼模式，也容易出现诉讼迟延和诉讼成本增加以致实体不公等缺陷。”[1]故此，偏重职权主义和当事人主义两者任何一端，均有失偏颇。为今之计，窃以为还是有必要从我们老祖宗那里吸收一些智慧，“去其两端，择其中”，走“中庸之道”。此即笔者之所谓衡平主义审判模式，其要义有三。

其一，事实探明方面的衡平。事实的探明是审判的基础，当事人

〔1〕肖扬：《建设公正高效权威的民事审判制度　为构建社会主义和谐社会提供有力司法保障——在第七次全国民事审判工作会议上的讲话》，载《法制日报》，2007年1月5日第1版。

或检察机关在此过程中应该享有充分的自主性，司法应当恪守被动和中立。一般程序应经当事人申请启动，法院依职权调查制度要严格限制，要通过转换法官的角色和功能，进一步强化当事人或检察院的举证责任[1]，进一步保障当事人享有充分的程序参与权和事实终决权，并在此基础上，完善法院对案件事实的释明[2]。观察现有的规范可以发现，有关法院、法官案件释明方面的规则并不系统。以民事诉讼为例，现行《民事诉讼法》并不存在相关规定，仅仅在最高人民法院《关于民事诉讼证据的若干规定》中对此作了初步规定。[3]根据上述规定，人民法院如果发现当事人主张法律关系的性质或民事行为的效力与人民法院根据案件事实作出的认定不一致，则应当告知当事人可以变更诉讼请求。换言之，如果当事人的主张、请求或陈述的意思不明确、不充分、不适当，且这种不明确、不充分、不适当的主张、请求或陈述与当事人真实的意思表示相悖，法院应当予以释明。至于法院释明的范围、法院对当事人意思表示的判断等方面，相关规定仍然存在诸多限制，从而导致司法审判中法官的释明角色并不显明。有鉴于此，三大诉讼法未来在相关修订过程中，应当在衡平各方关系，如尊重当事人意愿、考虑检察官职权的基础上，对法院的上述释明作用进行科学的构建。

其二，程序选择方面的衡平。虽然目前我国诉讼法确立了辩论原则和处分原则，但前者没有约束力，不具有实在的法律效力，而后者由于没有制度化的保障，当事人处分自己权利时常常受到法院的职权干预。在民事和行政案件中，应当充分给予当事人程序选择

〔1〕王利明：《司法改革研究》，法律出版社2000年版，第303页。

〔2〕案件事实释明是指法院应当督促双方当事人将案件事实陈述完整，以达到澄明的目的，主要包括诉讼请求的释明、有关事实主张的释明和有关诉讼证据的释明。

〔3〕《关于民事诉讼证据的若干规定》第3条、第8条第2款、第35条对法院案件释明方面的权力有所规定，但规范形式比较分散。

的权利，法院不能过多干预，这是诉讼处分原则的体现。众所周知，不告不理是对司法权的最基本要求。司法权的这种被动特性，意味着只有在当事人具有通过法院来解决纠纷、保护自己的实体权利的意愿时，法院才能介入纠纷的解决过程。[1] 由此出发，当事人有权决定是否要求法院裁决争议，且有权决定在多大范围内裁决争议，“当事者以什么样的事实作为请求的根据，又以什么样的证据来证明所主张的事实存在或不存在，都属于当事人意思自治领域”[2]。对于当事人的上述处分权能，法院应当从制度层面予以尊重，而不能过分干预。在案件解决方式上，法院应当赋予当事人充分的选择权，当事人可以选择调解、简易诉讼或者普通诉讼，在刑事案件中对符合法律规定的案件，也可以选择刑事和解等制度，这既契合当事人利益，还能使诉讼效率提高，疑难案件得以解决，三方价值得以实现。“审判方式改革的目标不仅要追求程序的公正，而且还要追求程序的效率”[3]，缺乏效率的程序也必然是不公正的。程序正义除了自身的价值外，还有作为追求实体正义的手段的价值，在不违背程序正义的基本原则的前提下，应当允许当事人拥有为追求实体正义的最大化去进行程序选择的权利。

其三，法律适用方面的衡平。传统的法律适用是法官的独占权，当事人无权进行判断。此处所说的法律适用并非主张法官和当事人分享法律适用权，而是在程序上保障当事人的程序参与权。法律适用的衡平指诉讼过程中法院应当认真考虑当事人意见或者检察机关的建议，只要在法律规定的范围内即可予以采纳，以此规范法官的自由裁

---

〔1〕杨利敏：《处分权原则和辩论原则在我国行政诉讼中的适用性》，载《国家检察官学院学报》，2009 年第 6 期。

〔2〕[日] 谷口安平：《程序的正义与诉讼》，王亚新、刘荣军译，中国政法大学出版社 1996 年版，第 107 页。

〔3〕王利明：《司法改革研究》，法律出版社 2000 年版，第 303 页。

量权。[1] 另外，建立法律观点开示制度[2]，保障法院和当事人就法律适用问题展开对话与交流，当事人可以就法律问题充分表达自己的意见，以防止突然裁判致使当事人怀疑法院裁判的公正性，借以消解当事人的不满情绪，使当事人信服。日本和德国都建立了较完备的法律观点开示制度，取得了良好的法律和社会效果。另外，在刑事诉讼中的刑事和解等合作性司法模式的出现，使得被告人和被害人具有一定的实体处分权，如经济赔偿的数额标准，甚至对被告人刑事责任的追究程度等等方面。[3]

总而言之，在其现实意义上，对 20 世纪 90 年代以来所推行的审判模式改革作一种评估式的反思，甚为必要。鉴于中国司法传统和人文环境的特殊性，与职权主义彻底决裂的改革思路似乎太过理想。实践证明，尽管以当事人主义为导向的审判模式改革已历经十几年，但职权主义理念或观念仍然渗透于司法实务及其相关制度之中。易言之，我们的改革尽管移植或者仿行了某些当事人主义的若干制度，但传统的职权主义仍在相当程度上统治着社会的司法需求以及受其制约的司法哲学。故此，“纯粹的当事人主义模式”作为中国司法改革的愿景，或许有其固有之价值，但在现实层面或者操作层面，正视职权主义审判模式的积极成分及其与中国司法传统和文化心理之间的内在关联性，并充分吸收其中的合理内核，构设衡平主义审判模式，或许更具现实意义。

---

〔1〕最高人民法院已开始着力推行，如《2009 年最高人民法院工作报告》指出：“依法保障律师的代理权和辩护权，充分听取各方当事人的意见，正确行使裁量权。”

〔2〕法律观点开示制度又被称为法律问题的释明，主要指法院如果将当事人未发觉的法律观点作为判决的基础，或者法院所判明的法律观点与当事人的理解和认识不一致时应当向当事人开示，与双方当事人就法律适用、法律关系构成等问题进行充分讨论，并给予当事人陈述意见的机会。黄松有：《和谐主义诉讼模式：理论基础与制度构建》，载《法学研究》，2007 年第 4 期。

〔3〕陈瑞华：《刑事诉讼的中国模式》，法律出版社 2008 年版，第 29 页。

第九章　司法技术与司法政治*

［**观点提示**］司法之政治性与其技术性一样，都是司法本身所固有的基本禀性。其中，技术性体现着司法的职业理性，构成了司法过程的客观方面；政治性折射出司法的价值关怀，构成了司法过程的主观方面。任何司法过程都包含主客观两个方面，因而也是政治性与技术性的有机统一。基于此，中国司法改革既要避免"泛政治化"倾向，又要反对"去政治化"主张。

司法是一门技艺，具有技术性；司法也是一种政治智慧，具有政治性。在我国的政法体制之下，司法的政治性色彩历来比较浓厚，其技术性特点反而被湮没。〔1〕或许正源于此，学术界在探讨司法未来走向的时候，多有"去政治化"情结。〔2〕窃以为，司法的政治性与技术性一样，均为司法本身所固有，具有必然性。至于是政治性多一点，抑或技术性多一点，并不关涉司法之本质与功能，它仅仅关涉司法的

---

* 本章核心观点曾以《常识与理性（十）：司法技术与司法政治之法理及其兼容》为题，刊发于《河北法学》2011 年第 12 期。

〔1〕"政法"实际上蕴含了"法律必须服从政治的要求，政治也要借助法律的技术"之意义，司法运用技术达到政治的目的，故其是政治性和技术性的有机结合。强世功：《法制与治理》，中国政法大学出版社 2003 年版，第 123 页。

〔2〕如有学者认为，司法体制尽管属于政治体制的一部分，却是相对独立的功能区域，司法体系基本属于中立性、工具性、功能性的治理技术问题，绝大部分司法改革措施无涉政治。因此，中国的司法改革应当采取去政治化的技术和策略，实现司法与政治的分离，让司法的归司法，政治的归政治。徐昕：《司法改革应"去政治化"》，载《财经》，2011 年第 3 期。

发展阶段。一般而言，一国司法的发展初期，其技术性含量往往偏低，其政治性色彩更为外显；随着司法本身的发育和发展，其技术性亦随之成熟，其政治性则相对隐晦。政治性的隐晦并不等于司法之政治性剥离，抑或政治从司法中撤离，它仅仅意味着政治性的作用方式或者表征方式更为含蓄、隐蔽和间接。从这个意义上说，完全“去政治化”的纯粹技术性的司法并不存在。〔1〕是故，司法的“泛政治化”固然是对司法的一种曲解，但“去政治化”的司法改革思路亦多少有些幼稚。不过，其中所隐含的“由政治司法向技术司法转变”的逻辑诉求，却是值得尊重的。

一　司法技术：司法过程的客观构造

“技术”一词，《辞海》解释为“根据生产实践经验和自然科学原理而发展成的各种工艺操作方法和技能（包括工艺过程、作业程序）”〔2〕。然而，随着社会的发展，技术已经溢出生产和科学领域进入社会生活的方方面面，在法律领域则体现为法律技术的兴起。关于法律技术的概念，目前尚无一致的看法。美国法学家庞德认为，“法律技术是发展和适用法令的技术、法律工作者的业务技术”〔3〕。我国台湾学者王泽鉴先生曾将法律技术解释为“为达成一定政策目的而限制，或扩张侵权责任时而采纳的手段”〔4〕。《牛津法律大辞典》则将法律技术解释

〔1〕美国最高法院在司法审查过程中根据不同类型的总统（如先发制人型、守成型等）及不同时期的政治运势等因素作出判决，其过程本身就是对抗式的政治角力。[美] 基斯 · 威廷顿：《司法至上的政治基础：美国历史上的总统、最高法院及宪政领导权》，牛悦译，北京大学出版社 2010 年版，第 173—246 页。

〔2〕转引自乔丹：《法律技术概念刍议》，载《法制与社会发展》，2007 年第 12 期。

〔3〕[美] 罗斯科 · 庞德：《通过法律的社会控制　法律的任务》，沈宗灵、董世忠译，商务印书馆 1984 年版，第 22—23 页。

〔4〕王泽鉴：《侵权行为法》，中国政法大学出版社 2001 年版，第 56 页。

为："法官和律师的实践技能，以及利用和应用他们的知识决定争议或得出其他希望结果的手段。每一法律实践的领域都有一套实践技能和方法。在决定争议中，有关的技术是：拟具诉状、取证、解释立法，以及掌握先例。"[1] 由此而言，法律技术代表着法律适用中的实践技能，是从事法律工作所必需的基本手段。然而，这些定义虽强调了法律技术的应用性特征，却将范围局限于法律适用领域，忽略了法律制定过程中的技术成分，是片面的。窃以为，法律技术是贯穿于法律制定与法律适用过程中的，为实现特定的法律价值而产生的表达方式、操作方法以及程序安排。所以法律技术的外延包括立法技术与司法技术两个方面。囿于主题，本部分仅对司法技术的相关问题进行分析。

司法技术是司法为达至目标而采用的方法。它并不局限于司法过程中运用的技术，而是强调司法过程的技术属性，即司法过程包含技术的要素、体现技术的特点。

（一）司法技术之法理

司法过程何以具有技术性？窃以为，司法与技术的关联可以从下面三个层面解读。

其一，司法的技术性是司法理性之表征。尽管司法的内涵存在语境化的差异，然而就其本源而言，司法是作为一种解决纠纷的公力救济机制出现的。其要义有二：（1）社会纠纷源于人的自利本性与社会资源稀缺性的矛盾，人类社会自产生起就存在着纠纷。人类最初的纠纷解决方式是私力救济[2]，这种方式充满野蛮和暴力的非理性色彩。随着社会文明程度的提高，依据法定规则，依靠法官裁判的司法公力救

〔1〕[英] 戴维 · M · 沃克：《牛津法律大辞典》，光明日报出版社 1988 年版，第 875 页。

〔2〕私力救济是纠纷的双方在没有中立第三方力量介入的情况下，依靠自身的力量解决纠纷。

济逐渐取代私力救济。然而在私力救济向公力救济过渡的阶段，司法的理性化程度极低，多属于神判司法的形式。从裁判方式看，神判司法主要采取司法决斗的方式[1]，法官的裁判不是基于通过调查、询问证人等方式获得对案件事实的认知，而是依赖于对当事人的考验和神灵昭示；从裁判依据看，神判司法混杂着“宗教的、民事的以及道德的各种命令”[2]，法律与道德、宗教没有分离。总而言之，在神判司法过程中，法官只需让当事人接受考验从而获得拟制的真相，并依据习俗作出判决，因而司法过程对技术的要求和依赖极低。诚如梅因所说：从中国到秘鲁，没有一套文字记录下来的法律制度在它最初被发现时，不是与宗教的仪式和形式纠缠在一起的。[3]（2）随着宗教权威的式微和启蒙运动的兴起，人们逐渐摆脱对上帝的依赖，开始用理性的眼光审视世界，用理性的技术建构世界。在社会生活领域，作为人类理性产物的法律逐渐与宗教、道德、习俗分离，成为人类社会生活秩序的基础。人类的理性需求转化为法律制度设计，政治问题、经济问题、社会问题转化为法律问题，通过法律的途径解决。因此，司法逐渐成为实施法律、解决纠纷的理性活动，其技术性日益凸显。从宏观上看，司法过程必须排除外界的干扰，以区别于政治、经济、军事、宗教的法律技术化的方式、立场、姿态来处理纠纷。从微观上看，司法过程必须经过文本分析、事实界定以及法律选择适用等环节，而三者都是技术转化的过程。因此，司法具有技术属性，每一司法实践领域都有一套实践技能和方法，司法技术存在于司法的各个阶段。司法技术和法律同等重要，并在一定程度上决定着法律的实施。

---

〔1〕司法决斗是由法庭命令或认可，依预定的规则和固定的仪式，以武力方式证明案件事实和诉讼请求，旨在避免或结束暴力冲突的司法程序。徐昕：《司法决斗考》，载《法制与社会发展》，2007 年第 1 期。

〔2〕［英］梅因：《古代法》，沈景一译，商务印书馆 1984 年版，第 9—10 页。

〔3〕同上。

其二，司法技术的出现是社会分工的结果。社会分工是指社会分化的过程，即社会系统中原来承担多种功能的某一结构要素发展为承担单一功能的多个结构要素。[1] 社会结构要素功能的单一化又导致其专门化程度的提高，体现为人们各司其职，工作日趋专业化、技术化。因此，随着社会分工的加剧，社会对司法技术的需求日益显著，司法工作的专业化程度在逐渐提高。根据涂尔干的观点，社会分工促使社会团结形式从机械团结转化为有机团结。[2] 在机械团结社会中，集体意识是维系社会团结的纽带。具体而言，集体意识需要在血缘、地缘基础上通过宗教、道德、习俗来凝聚，需要通过法律（主要是刑法）压制损害集体意识的犯罪行为。因此，机械团结社会的司法与集体意识和宗教联系在一起，以广场化的、意在满足人们集体情感的方式进行，司法过程对技术的要求极低。然而，在以社会分工为基础的有机团结社会中，个体差异性增大，个人不再为集体意识所完全吞噬，而是形成有机联系的整体。因此，法律的主要目的不是集体意识的保护而是社会有机体的维护。随着社会的不断分化以及社会生活和社会关系的日益复杂化，有机团结社会的司法必然呈现出专业化的特征，司法过程对技术的需求逐渐增强。

其三，司法技术是权力逻辑的产物。司法技术的产生表征了司法理性化的进步，即司法从初民社会的野蛮与蒙昧走向中世纪的理智与进步，最后进入近代的理性与精细。[3] 司法的理性化不仅体

---

〔1〕朱景文：《现代西方法社会学》，法律出版社 1994 年版，第 93 页。

〔2〕机械团结和有机团结是涂尔干描述社会演变过程时提出的两个关于个人与社会关系的概念。他认为不同的社会阶段对应不同的团结形式。其中，机械团结是前工业社会的特征，即社会分化程度低，社会成员的相似性大，集体意识和集体信仰主宰一切，个人意识缺乏，社会成员为共同的利益奋斗，依靠集体意识而紧密联系在一起。有机团结是工业化社会的特征，即社会分化程度提高，个体差异性增强，但社会有机体愈发呈现出类似于高级动物的生理连带关系，即社会在分化和差异的基础上形成一个有机统一体。［法］涂尔干：《社会分工论》，渠东译，生活 · 读书 · 新知三联书店 2000 年版。

〔3〕巢志雄：《司法的谱系：福柯论司法形式与真理》，载《司法》，2009 年第 4 期。

现为司法部门逐渐拥有了由社会分工所形成的一种独立、专业的社会职能，更体现为国家政治转型下司法形式的变迁。从这个意义理解，司法技术性的强化不仅是社会分工的产物，更是政治统治转型的产物。正如福柯在《真理与司法形式》一文中所言："在中世纪的欧洲，讯问主要是一种统治手段，一种行政技术，一种管理方法。换句话说，这是一种特殊的行使权力的方法。如果把它看作一个理性发展的结果那就错了……讯问制度诞生完全是一个复杂的政治现象。"[1]从司法的发展历史看，司法技术性的强化始于近代欧洲启蒙运动之后。如果从政治转型的角度分析，其内在逻辑在于：在传统帝制国家向现代民族国家转型的过程中，随着社会治安、公共福利等成为社会关注的问题，政治统治出现了技术化的倾向，即政治统治不再依赖服务于正义的共和德性，而是依赖于各种能够进行有效统治和管理公共事务的技术，政治统治的合法性往往就取决于能否有效地提供维持常态生活的知识和技术。[2]政治的技术化转型，使法律成为政治治理的技术之一。随着政治治理的日益精致，包括司法技术在内的法律技术也得以发展和完善。

（二）司法技术之机理

司法本身具有技术性，司法过程一般需要进行外部证成和内部证成，各个环节都是技术的载体。大陆法系和英美法系国家的司法过程都有其特定的技术，如德国的法律教义学以及英美等国的推理和论证。在这一过程中，最重要的是法律思维，即"依托法律方法、按照法律逻辑、根据法律理念及法律规则和审判经验来思考判断和解决纠纷的

〔1〕转引自巢志雄：《司法的谱系：福柯论司法形式与真理》，载《司法》，2009 年第 4 期。
〔2〕强世功：《技术政治与公民政治》，载强世功《超越法学的视界》，北京大学出版社 2006 年版。

一种思考方式”[1]。然而，尽管司法技术性的强化源自司法过程专业化的趋向，但司法活动不能脱离常识常理，因此司法技术在一定程度上也具有世俗化的面向。司法的技术性与司法理性相关，所以司法技术之机理可以从三种理性的角度来认知。

其一，司法技术是形式理性的体现。法律与习俗、道德、宗教相比具有高度形式主义的色彩。从内容看，法律是一个逻辑明确、严密、可预测的规范体系，而司法就是将抽象的法律适用于需要法律调整的具体社会关系的逻辑推演过程。因此，司法过程具有强烈的形式主义和程序化色彩。程序化的司法过程，一般包括发现、认定案件事实和法律选择适用两个环节，每一个环节都有相应的司法技术要求。在事实发现、认定环节，需要通过事实采证、事实判断、事实解释等司法技术还原案件事实真相；在法律适用环节，需要借助法律选择、解释、推理等司法技术准确适用法律。

其二，司法技术是技艺理性的体现。司法是一门实践技艺，司法过程是一种基于经验的观察、分析、判断的过程。[2]正如美国的霍姆斯大法官所言，法律的生命不是逻辑而是经验。1608年，英国国王詹姆斯一世欲以“国王的身份”对一些案件进行裁决时，大法官科克说道：“法官处理的案件……只有自然理性是不可能处理好的，更需要技艺理性。法律是一门艺术，在一个人能够获得对它的认识之前，需要长期的学习和实践。”所以，司法技术不仅体现为形式理性的逻辑推演技能，还表现为在司法实践中不断积累的智慧和经验。

其三，司法技术是世俗理性的体现。究其本质，法律不过是一种生活规则，所以法律的运作即司法必须面向生活世界，必须以人世生活的常态、常规与常例为原型，紧扣一般常态下的常识、常理与常情，

〔1〕王申：《法官的思维理性依托于司法审判之既有理念》，载《法学》，2009年第12期。
〔2〕贺卫方：《司法的理念与制度》，中国政法大学出版社1998年版，第247—248页。

于“一碗水端平”的运作中，将人间事打理清楚。[1] 司法过程不仅是法律加事实的简单逻辑涵摄过程，也不仅是运用司法技艺和经验的过程[2]，它更是将法律世界与生活世界相连接的过程。从这个意义上说，司法技术不仅体现为一种专业的技能，还表现为一种世俗的智慧，一种对人世生活常情、常理、常识的洞悉和把握。

（三）司法技术之意义

司法技术的运用可以提高司法质量。具体来说，其作用表现在以下三个方面。

其一，司法技术不但维护了司法运行的相对自主，而且还是司法行为合法性和合理性的依据之一。此外，成熟的司法技术能够约束法官的自由裁量权，是法律目的实现的途径，更是法院化解困境的首要之选。如在遇到社会影响较大的案件时，通过运用延期审理、提高管辖级别等司法技术，便可避免民意一时的情绪化，使其逐渐理智，进而避免舆情对案件审理造成的压力。

其二，司法技术有助于司法结果的可接受性。社会对司法结果的接受主要体现为对司法判决的接受，而司法判决的社会接受度又与判决本身的正当性相关。因而司法过程中不仅需要依靠司法技术保障判决的合法性、合理性，从而奠定正当性的基础，还需要通过司法技术向人们展示判决的过程和依据，从而进行判决正当性的说明和论证。

其三，司法技术有助于提高司法效率。究其概念而言，司法效率意味着司法资源的投入与产出（涵盖数量和质量两个指标）之间的比

〔1〕许章润：《以法律为业——关于近代中国语境下的法律公民与法律理性的思考》，载《金陵法律评论》，2003 年第 1 期。
〔2〕王彬：《司法理性的多维关注》，载《人民法院报》，2010 年 9 月 8 日第 5 版。

例关系，其核心在于司法资源的配置。在司法投入维持不变的情况下，有效运用司法技术可以优化资源配置进而提高司法效率。尤其是在诉讼日益增长的背景下，法院面临着沉重的诉讼负担，司法技术的运用可以减少错判，提高司法的工作效率，降低司法成本，使当事人免受诉累。

二　司法政治：司法过程的主观构造

在古典主义者看来，法官是“活着的圣谕”，法院是一种“正义的自动售货机”。这一规则主义立场背后所隐含的理念，是司法应该远离政治：（1）基于“三权分立”的原则，司法与立法、行政相互独立，司法无权干涉立法及行政活动；（2）基于公正中立的要求，司法与政治必须保持一定的隔绝。[1] 然而司法与政治却无法完全分离，“政治和每个人都有千丝万缕的联系。尽管有些人一听到‘政治’二字，便怒发冲冠。尽管有人庄严地宣布：‘远离政治！’可笑的是，当他慷慨陈词的时候，他已经沦为某种政治的奴婢”[2]。司法之中有政治，无政治即无司法。尽管政治的东西未必都是司法的，但司法的东西大多有政治的意味；没有司法的政治是可以存在的，但没有政治的司法却是不可想象的。苏力曾说：“司法确实不等于政治，但也不可能脱离政治，不可能完全独立于政治；完全独立于政治的司法本身就是一种没有现实根基的政治主张，不仅在中国如此，在世界各国都如此。”[3] 因此，政治性是司法固有的属性，司法本身就构成一种政治类别，即司法政治。司法政治不仅是一种政治哲学，更是一种司法哲学。

---

〔1〕顾培东：《能动司法若干问题研究》，载《中国法学》，2010 年第 4 期。

〔2〕沈德咏主编：《中国特色社会主义司法制度论纲》，人民法院出版社 2009 年版，第 429 页。

〔3〕苏力：《关于能动司法》，载《法律适用》，2010 年第 2、3 期。

（一）司法政治之法理

司法何以不能脱离政治？窃以为，这一问题可以从司法的本质、司法的功能、司法的发展动因三个方面予以说明。

其一，司法的政治本质体现了司法与政治的密切关系。当下，我们的法律越来越被理解为一种具有普遍性的社会规则，其目的在于约束国家权力以保护个人权利[1]，而司法则被认为是具有社会属性的裁判活动，进而出现了所谓“越权司法”的理念——司法绝非一种简单的权力，更是一套技巧术和一门知识学。[2]诚然，这种理性主义的司法观于一定程度上揭示了司法的社会本源——一种理性化的社会纠纷解决机制。然而，回溯司法发展的历史，我们可以清晰地发现，社会化的司法在国家建构、发展的过程中已然逐步趋向国家化。以下三个事实是无法回避的：（1）司法权主要是由作为国家机关的法院行使，法院始终是国家政权组织形式的重要组成部分，与其他国家机构的权力行使方式不同，法院通过法律适用来解决纠纷，维护社会秩序；（2）国家权力创制法律，提供司法运作的依据，而司法在一定程度上不过是实现法律所蕴含的国家意志；（3）国家权力为人们对司法运作产生心理认同和强制服从提供保障，司法运作离不开国家权力的支撑。[3]所以，司法并非一种无涉国家权力的力量，国家权力贯穿于司法过程的始终。但凡政治，都与国家权力有关；反过来，但凡国家权力，都是政治的：没有国家权力的政治与不含政治的国家权力都是不可想象的。因此，司法的政治本质无可否认。

其二，司法的政治功能体现了司法与政治的密切关系。司法固然

〔1〕强世功：《法制与治理》，中国政法大学出版社 2003 年版，第 4 页。
〔2〕廖奕：《司法本质的理论评思与实践探原》，载《上海交通大学学报》，2002 年第 4 期。
〔3〕沈德咏主编：《中国特色社会主义司法制度论纲》，人民法院出版社 2009 年版，第 427 页。

要追求法治功能，但同时也承载着重要的政治功能。在现代社会，随着政治法治化程度的提升，越来越多的政治问题进入司法视野，转化为司法问题，即所谓政治司法化，司法政治功能呈强化之趋势。以美国法院的司法审查为例，这一职能的产生与其说是司法权力扩张的结果，毋宁说是政治斗争的产物，其目的在于满足政治的需要。尽管在司法自制理念的影响下，司法审查中存在所谓的“政治问题”理论，然而这一理论的实质并非要求法院回避政治问题，而是要求不能以政治的方式、只能以法律的方式处理政治问题。正如沃尔夫所说：“司法审查的历史就是法院面对那个时代的中心政治问题，并且总结出自己对宪法、先例和某些自己的政治观点之间关系看法的历史。”〔1〕由此，在以分权制衡为立国之基的美国，法院也无法回避政治问题，以至于托克维尔认为：“尽管它的组织完全是司法性的，但它的职权却差不多完全是政治性的。”〔2〕司法的政治功能可见一斑。

其三，司法发展的政治动因体现了司法与政治之间的密切关系。从宏观上看，司法发展的历程是从非理性化向理性化变迁的过程。这一转变不仅是人们理性设计的产物和社会发展、分化程度提高的结果，更是司法或者法律之外的政治力量推动而就的。因为在本质上，法律并不是我们书本上或条文中所说的那样，是超验正义或公平的化身和体现，而是国家治理的工具，构成国家治理技术的一部分。〔3〕司法在本质上也不是适用法律、解决纠纷的活动，而是以定纷止争的方式来行使国家权力。是故，政治乃是一个社会或者国家法律的制度及其实践运作、法律的思想观念与精神原则发展的促动、制约与控制因素。〔4〕司法理性化的变迁，从根本上来说是国家政治转型的产物。

---

〔1〕转引自顾培东：《能动司法若干问题研究》，载《中国法学》，2010年第4期。

〔2〕[法] 托克维尔：《论美国的民主》（上卷），董果良译，商务印书馆1997年版，第168页。

〔3〕强世功：《法制与治理》，中国政法大学出版社2003年版，第236页。

〔4〕姚建宗：《法律的政治逻辑阐释》，载《政治学研究》，2010年第2期。

（二）司法政治之机理

司法政治意味着司法是一种特殊形态的政治。然而，一方面，司法政治并非以政治取代司法，也不是将政治与司法直接等同，而是强调司法不能脱离政治，要适应和满足政治的需要；另一方面，司法政治与政党政治、议会政治等政治形态是有区别的，它是通过司法自身特有的运作方式与政治相关联。具体而言，司法政治之机理有三。

其一，忠诚乃司法政治的首要命题。这种忠诚并非对政治的忠诚，并非在司法与政治之间建立起控制—服从的关系，而是强调司法必须忠诚于法律。因为立法本质上是对有限社会资源进行分配的政治过程，而法律不过是以规范形式表现的各种政治力量之间冲突、妥协的结果。在这一前提下，司法与政治的关联性就不是将政治的运作直接延伸到司法过程当中，而是强调司法忠诚于法律，通过理性的、技术化的法律运作来满足政治的需求。所以，司法政治首先必须“依法”，以规则治理的方式承担起政治责任。[1] 然而，忠诚于法律并非机械地适用法律，规则主义的司法立场不仅是理论的空想，更被实践所证伪。司法过程需要依据法律，还需要在法律基础上的政治判断和考量。

其二，公正乃司法政治学中第二等重要的命题。其重要性之所以屈居第二，是因为在逻辑上它包含于忠诚之中。罗尔斯在《正义论》开篇说道：正义是社会制度的首要美德，正如真理之于思想体系。一种理论不管多么雅致和简洁，如果不是真的，就必须被抛弃或修正；同样，法律和制度不管如何高效和有序，如果不正义，就必须被改革或废除。[2]

---

〔1〕苏力：《经验地理解法官的思维和行为——波斯纳〈法官如何思考〉译后》，载《北方法学》，2009 年第 1 期。

〔2〕[美] 罗尔斯：《正义论》，何怀宏等译，中国社会科学出版社 1998 年版，第 3 页。

公平正义不仅是法律的核心价值，更是社会所追求的崇高目标。所以，司法过程就是将公正的价值传达给公众的过程。公正司法是法律公正的象征，也是社会公正的最后屏障。一次不公正的裁判所侵蚀的不仅有个案的公正，还有整个社会公正与政治公正之根基。“千里之堤，毁于蚁穴”，无数次不公的裁判，势必摧毁任何公正的防堤与信心。

其三，实效乃司法政治学的第三个重要命题。其重要性之所以屈居第三，是因为在逻辑上它包含于公正之中。尽管公正之于司法如此重要，它的实现却依赖于一个高效率的司法过程。正如有学者指出，“包括拖延在内的司法效率低下乃是司法公正之大敌”[1]，所以，司法必须讲究实效，如同“纸上公正不是公正”一样，迟到的公正也不是公正。

（三）中国司法政治之病理

在现代社会，司法构成了政治过程的一个基本环节，并承载着直接或者间接的政治功能。故此，司法过程不仅需要讲究法律技术，更需要讲究政治智慧。但在中国，人们对于司法与政治的关系，似乎总存在着某种程度的病态的认识，要么泛政治化，要么去政治化。究其病理，大致有三。

其一，泛政治化（pan-politicalization）。这种认识的直观表现有：将司法政治化，将司法与政治等同，使司法成为直接的政治体现形式；滥用政治意识形态，无视司法规律与法治原则，以牺牲司法公正来迎合政治干预；司法机关在组织上以及具体案件的处理上，都受到政治的直接控制。司法具有政治属性无可否认，但司法的政治性并不等同于司法的政治化。波斯纳虽然将美国联邦最高法院定义为一个政

〔1〕贺卫方：《具体法治》，法律出版社 2002 年版，第 114—115 页。

治的法院，但他并不认为司法是随机的、任性的或是党派政治的，司法的政治性不等于党派政治或意识形态。[1]尽管中美两国司法与政治的关系因国情差异而不尽相同，然而这一观点仍应引起我们对“文化大革命”时期司法政治化现象的反思。

其二，去政治化（depoliticization）。[2]这种认识谋求远离政治的“纯粹司法”，所谓“司法的归司法，政治的归政治”，司法不干预政治，政治也不干预司法。正如笔者前文所说，司法的政治性与技术性一样，均为司法本身所固有，具有必然性。至于是政治性多一点，抑或技术性多一点，并不关涉司法之本质与功能，它仅仅关涉司法的发展阶段。所以，司法与政治相关联并非“是否应当”的价值判断，而是“不可避免”的事实存在。

其三，去生活化，即生活疏离症。这种认识导致的问题主要是司法官员的“官僚化”与“精英化”并存，司法过程的僵化与腐化同在，司法远离生活和疏离公民。但任何政治都是具体的，一个远离公民生活世界的、官僚化的司法，是断无可能对公民所关心的柴米油盐式的公正作出合乎情理的判断的。

三　司法的政治性与技术性何以兼容

法院必然会遇到一些案件，即使司法技术发挥重要的作用，但政治性的考量不可避免，如多年前的许霆案。同样，虽然这些案件具有较强的政治性，但其处理过程和形式是技术性的，换言之，案件中的政治考量和判断依赖于司法解释等技术。胡伟教授曾指出：“解释法律

---

〔1〕苏力：《经验地理解法官的思维和行为——波斯纳〈法官如何思考〉译后》，载《北方法学》，2009年第1期。

〔2〕虽然司法的政治性并不应等同于司法的政治化，所以司法“去政治化”的表述本身是值得提倡的，然而仔细分析其主要观点，“去政治化”在这里更多具有“去政治性”的意味。

和创造判例一般来说虽是法院普通司法职能，但如果这种功能与立法机关的功能相冲突，具有了明显的立法和政策功能，那就超出了纯司法功能的范畴，而演变为一种政治功能。”[1] 然而司法过程中的政治考量和判断不等于唯政治是从，否则法院的独立性、合法性和权威性就不复存在。司法过程的政治性不等于追求司法政治化；相反，在一定程度上是为了避免司法政治化，其本身也是一种司法技术。因此，司法的政治性与技术性一样，乃司法之内在属性，具有客观必然性，二者并非对立关系，而是统一关系。未来司法改革应妥善处理二者关系。窃以为，在这一过程中我们应秉持的原则是：以政治性引领技术性，使司法承担起责无旁贷的政治责任；以技术性谋求政治性，使司法的政治责任隐含在司法技术当中，并通过司法技术的运用予以实现。具体而言，我们应该从以下三个方面着手。

（一）司法需要获得更多的政治支持

司法权是国家政治权力的一部分，司法权的运作必须有政治的保障和支撑。一个获得国家政治支持的司法才能够更好地发挥其功能，无论是法律功能还是政治功能。换言之，司法功能的实现需要优化司法环境，尤其是优化司法运行的政治环境。除了其他国家机关的支持外，更重要的是提高法院的政治地位，构筑防范干预法院独立审判的政治制度，以及增强法院特别是高级法院和最高法院按照司法本质实施政治功能的政治判断能力。目前至少要从以下几个方面入手：（1）提升法院的政治地位。根据宪法，各级法院应与同级政府具有平等的地位，然而在实践中，法院在整个政治权力的结构中还是相当边缘化的。为此，可行的改良措施是提高法院院长在党内的地位。（2）为司法免于

---

〔1〕胡伟：《司法政治》，三联书店（香港）有限公司 1994 年版，第 156—176 页。

非法干预构设政治性保障。（3）不要让法院承载不能承载的“政治任务”——司法政治是一种有限的政治，它只能承载有限的责任，而不是无所不能的。

（二）司法乃化解政治问题之基本方法

法治本身就是法律之治，法治社会的基本特征便是司法承担着裁决的职能，加之当今各国法律体系日益健全，政治体制及政治行为也是法律规范的对象之一，故用司法化解政治问题是历史必然。美国法院在司法审查中遵循“政治问题回避”原则，但托克维尔曾尖锐地指出：在美国，大多政治问题是转化为法律问题由法院解决的。[1] 换言之，托克维尔认为美国是将政治争端转化为具体案件来加以处理的。英国法院一般也不干涉政府的政策问题，但可以通过审查程序来控制，最终使司法成为制衡权力、监护国家民主体制的一极。中华人民共和国成立初始，由于特殊的社会形势，法律的阶级性特征显著，政策和党的纲领等成为法律的渊源，司法扮演着阶级专政工具的角色，承担着较为重大的政治使命，如对敌专政、执行政策等。[2] 但由于司法本身的技术性和价值性考量缺位，司法成了政治的工具，即司法政治化——在中国，司法政治化通常意味着以政治的有色眼镜审视司法问题，动辄上纲上线、扣帽子瞎指挥，是一种“文革”遗风。要使我国司法成为解决政治问题的方法，需要做到以下几个方面：（1）认清形

〔1〕[法] 托克维尔：《论美国的民主》（上），董果良译，商务印书馆1997年版，第301页。

〔2〕如董必武认为：“司法工作是国家政权的重要组成部分，是镇压反动、保护人民的直接工具，是组织与教育人民群众作阶级斗争的有力武器。”董必武：《关于改革司法机关及政法干部补充、训练诸问题》，载《董必武政治法律文集》，法律出版社1986年版，第234页。另如时任最高人民法院院长的民主人士沈钧儒指出：“法院的宣传教育工作，是帮助法令政策推行的一个重要的环节。”沈钧儒：《最高人民法院工作报告》，1950年6月17日。

势，服务经济社会发展大局，即“司法权作为至关重要的执政权，是党领导人民管理国家与社会事务的重要方式，必须服务于党在不同历史时期所确立的根本任务和发展目标”[1]。(2)政治问题司法化必须立足于司法审判职能，符合司法本质，运用司法技术。(3)实现政治和法治的共同成熟，唯有成熟的政治才有可能走向司法化，正如同唯有成熟的司法才有可能承载起司法化的政治。

(三)技术性与政治性乃司法的一体两面

司法过程中政治性和技术性的统一需要相应的技能，否则可能致使政治和司法错位。亚里士多德曾指出，“受理有关政治性案件的法庭应该特别重视，这些判决如果裁判失当，往往会引起社会内讧或政治骚乱”[2]。基于此，我国司法改革目前至少要从以下几个方面入手。

其一，厘定法院审级职能区别，即初审法院应更多关注事实问题，二审法院则应主要关注法律问题。我国实行二审终审制，但二审法院和初审法院功能基本相同，都既对事实进行审查又对法律适用进行审查。这虽然符合我国有错必纠等司法原则，但也致使二审法院的职责过重，功能定位不清。从司法实践来看，大多数国家法院上诉审阶段只审查法律适用，尤其是对一些“非例行案件”来说。这种分工不仅可以减少初审法院的政治压力，而且可以使二审法院在上诉审阶段更多地关注法律问题及其背后的政治问题，进而通过高超的司法技术，以规则治理的方式承担起相应的政治责任。

其二，提高政治意识，考量判决后果。法院并非“正义的自动售

---

〔1〕王胜俊：《能动司法更符合当代中国经济社会发展的现实需求》，载《光明日报》，2009年9月15日第4版。

〔2〕[古希腊] 亚里士多德：《政治学》，吴寿彭译，商务印书馆1965年版，第228—229页。

货机”，法官也非“活着的圣谕”，其在司法过程中必定受各种因素影响，所以法官判案并非遵循机械主义的司法模式，而是充满了政治考量和判断。不仅如此，如果司法判决直接与社会基本道德或社会主流价值观等社会共识相抵触，即使严格按照法律办案仍可能会遭受抨击，如曾经轰动一时的刘涌案。所以，随着我国社会价值观日益多元化，一起案件特别是社会敏感度较高的案件，无论怎么判都可能引起非议，但只要基于社会的主流价值观，作出一些包含有限政治意味的判决，就可实现法律规定与社会共识之间的平衡。

其三，协同其他部门。在司法实践中，一些特殊案件可能不是法院单独能够解决的，如果法院超越职权，甚至需要同其他机关进行对抗，可能会带来其他的抵制，最终反而损害了司法的权威性，如洛阳种子案中的李慧娟法官直接宣布省种子条例无效，以及齐玉苓案中最高院颁布司法解释等举动。在任何时候，法院都应当相信“它不是一个人在战斗”，法院应当摆正自身的位置，要有所为、有所不为。现代社会既要有分工，更要有协作；最好的法院不是自己最能干的法院，而是最能够懂得如何跟其他职能机关协作的法院。司法的实际效果，通常不取决于法官多么勇敢，而是取决于法官如何智慧。

第十章　司法规律与司法改革*

［**观点提示**］司法是解决社会纠纷最后的也是最重要的途径，但不是唯一的途径。作为社会正义的最后屏障，司法发挥作用的程度通常受制于行政和社会自身之解纷机能的出色作为。故此，中国司法改革应当理性地正视司法的有限性，并树立“综合司法改革”理念，在定位于最后屏障的前提下，将司法改革置于整个社会改革体系之中，正视并充分整合行政与社会自身之纠纷调处资源，以促成社会矛盾解决机制的多元化格局。

传统上，司法被认为是社会纠纷解决的最后途径，因而也是社会正义的最后一道防线。[1] 但有些地方法院曾经出台的一些改革措施，有将法院推向社会纠纷解决前线之虞。[2] 故此，法院定位问题再次为各界所瞩目，并成为当下中国司法改革所必须面对的基础性问题之一。窃以为，固守“最后防线”之定位，乃中国司法改革不容跌破之底线；将法院推向前线，让法官去冲锋陷阵，有违司法的一般规律。

---

* 本章核心观点曾以《常识与理性（四）：走向综合的司法改革》为题，刊发于《河南财经政法大学学报》2012 年第 2 期。

〔1〕在此意义上，“司法”这一概念具有法院审判的指向性，这也符合一般社会公众的潜在认知。实际上，法院及其承担的审判职能无疑是最具有司法的典型特征和标本意义的；正因为如此，学界多从法院和审判的角度观察和研究司法制度，本书也是如此，因而对检察实务等着墨甚少。

〔2〕譬如河南的“社会法庭”、陕西陇县法院“能动主义八四司法模式”等，均有此种倾向。

目前，面对社会矛盾累积叠加并呈井喷式爆发之现实，努力提升法院化解社会矛盾与纠纷之能力固然是必要的，但法院不是万能的，它无力承担所有社会纠纷的解决任务，那种指望将社会矛盾引入司法单一管道的改革思路有悖于社会运行的基本常识。从现实情况看，在深化司法改革的同时，当务之急在于激活社会自身纠纷解决机能，整合社会纠纷的其他解决机制，以促成社会矛盾解决机制的多元化格局[1]——此即综合的司法改革之基本内核。

一　司法不是唯一的

在现代社会，司法不过是社会纠纷多元解决机制中的一元而已，它不是全部，也不是唯一。唯其如此，转型时期的矛盾井喷现象，不宜仅仅归责于法院或者司法之懈怠与不作为；优化社会纠纷解决效能之路径，也不能仅仅盯着法院或司法机制的修修补补，而是应当运用系统思维，着意于多元纠纷解决机制的培育与建构。所谓多元纠纷解决机制，是指“在一个社会中，多种多样的纠纷解决方式以其特定的功能和运作方式互相协调地共同存在，所结成的一种互补的、满足社会主体多样性需求的程序体系和动态体系”[2]。就此而言，要明确“司法是什么”，有必要在纠纷解决机制的多元格局中予以观察。

（一）社会本身具有纠纷消解机能

人类社会有其与生俱来的纠纷消解机能，如人体有其固有的免

〔1〕《人民法院第三个五年改革纲要（2009—2013）》第 26 条明确提出：“建立健全多元纠纷解决机制。按照‘党委领导、政府支持、多方参与、司法推动’的多元纠纷解决机制的要求，配合有关部门大力发展替代性纠纷解决机制。”

〔2〕范愉：《非诉讼纠纷解决机制研究》，中国政法大学出版社 2000 年版，第 33 页。

疫机能一样。对于社会而言，司法之类的纠纷解决机制有似药物之于人体：唯有在人体自身免疫机能失灵的情况下，药物的干预才是必要的；同理，唯有在社会自身免疫机能失灵的前提下，司法的干预才是必要的。从这个意义上说，发生于社会之中的纠纷，首先应当由社会本身来消解。其要义有四：（1）矛盾与冲突乃社会运行之常态。对于一个健康的社会而言，其中的绝大部分矛盾或者纠纷都是通过其自身的免疫系统予以消解的。（2）人类社会天然地具有调处冲突之机能，正是这种机能，使得人类社会之赓续成为可能。社会秩序常常是自发产生的，这种自发生成的秩序，决定了一个社会的性质和文化特质，并构成了一个社会赖以赓续的基础性条件。在现实中，“社会生活有很大部分都位于法律影响之外”〔1〕，故此，法律秩序在本质上只是一种附加秩序。〔2〕（3）当今中国社会矛盾叠加井喷的一个根本原因，是社会自身纠纷解决机能运行不畅。传统的乡土社会已不复存在，几经变革之后，在乡土社会厉行数代的诸如家庭、族群乃至村社之类的民间解纷机能近乎衰竭。随着人口流动规模与频率的加剧，传统的“熟人社会”渐被“陌生人社会”所取代，建立在“熟人社会”基础之上的诸如人民调解之类的解纷机制，在“陌生人社会”的作为大为受限。（4）解决社会矛盾的首要思路应当着眼于如何激活社会自身的纠纷化解机能，正如同要提升人体之健康指数应首先着眼于提高其免疫力一样。诸如如何完善人民调解制度，激活家庭、社群以及各种社会组织的消解社会纠纷之机能等等，都应当纳入社会整体改革之议程——这实际上就是一个市民社会建设问题。〔3〕一般而言，市民社会发育越健

---

〔1〕［美］罗伯特·C·埃里克森：《无需法律的秩序——邻人如何解决纠纷》，苏力译，中国政法大学出版社2003年版，第5页。

〔2〕尹伊君：《社会变迁的法律解释》，商务印书馆2003年版，第284页。

〔3〕刘峥：《司法改革的困境突围——以社会司法需求的多层次性为基点》，载《山东审判》，2009年第5期。

全的国家，其自身消解冲突的能力就越强。当今非诉讼纠纷解决程序（ADR）[1]在西方的兴起，调解在我国的经久不衰，以及司法救济的私人色彩的增加（如刑事和解），也说明社会自身纠纷解决机制为法治国家所普遍关注[2]。正是从这个意义上说，"社会的非法律化可能是现代法制发展的一个方向"[3]。

（二）行政既是司法的，又是政府的

美国学者古德诺曾言："行政既是司法的，又是政府的。"[4]化解社会冲突行政有责，行政解纷机制是整个社会纠纷处理系统不可或缺的重要组成部分。在一国宪政体制中，行政不仅应当分担化解社会纠纷之责任，甚至在许多领域应当担负化解社会纠纷之先锋者角色。长久以来，我们似乎就认定消解社会矛盾是司法的责任，与行政无涉；但迄今为止的事实表明，那些社会矛盾解决比较好的国家，大多有一套行之有效的行政解纷机制，譬如英国的行政裁判所、美国的独立控制

---

〔1〕非诉讼纠纷解决程序（Alternative Dispute Resolution，ADR）意为"解决争议的替代方式"。由于它没有复杂的程序，且不伤当事人之间的合作关系，这种起源于美国的解决争议的新方式被很多西方国家采用。其表现形式主要有三：（1）Negotiation，即双方当事人之间进行的协商谈判；（2）Mediation or Conciliation，即由双方当事人共同选择的第三者进行的调解；（3）Minitrial 与 Arbitration，即模拟法庭与仲裁。其基本特性有三：（1）它是当事人之间达成的自愿的解决争议的方法；（2）通过此方式达成的解决争议的方案没有法律上强制执行的效力；（3）此方式既可以单独适用，也可适用于诉讼程序和仲裁程序中。Lynch, J., "ADR and Beyond: A Systems Approach to Conflict Management", *Negotiation Journal*, 2001, 17 (3), p. 213.

〔2〕以日本为例，据其全国性的统计，民事调停案件新受理的件数在平成二年为 32424 件，占 203506 件诉讼新受理案件数的 15.9%，但到平成七年就有 129136 件，占该年度 389344 件诉讼新受理案件数的 33.1%，大约是 1/3。从各类案件增长比率来看，从平成二年到平成七年，诉讼新受理案件数的增长率是 191.3%，不到 2 倍，而民事调停案件的增长率竟达到 398.2%，约为 4 倍。另外，民事调停案件中调停成立的比率在平成二年地方法院和简易程序法院的总和为 54.3%，平成七年则达到了 49.9%。[日] 小岛武司、伊藤真编：《诉讼外纠纷解决法》，丁婕译，向宇校，中国政法大学出版社 2005 年版，第 61 页。

〔3〕[美] 唐 · 布莱克：《社会学视野中的司法》，郭星华译，法律出版社 2002 年版，第 84—96 页。

〔4〕[美] 弗兰克 · J · 古德诺：《政治与行政》，王元、杨百朋译，华夏出版社 1987 年版，第 41 页。

机构以及德法诸国的行政法院等。从某种意义上说，当今中国社会的许多矛盾都与行政权的极度膨胀存在着直接或者间接的关联[1]，而且社会矛盾叠加井喷现象也与行政的纠纷化解机能运行不畅存在着或近或远的因果关系。这就意味着，当前行政一方面制造了大量的社会矛盾，另一方面又没有发挥其应有的解纷机能，最终导致大多纠纷都涌向法院，令法院不堪重负。[2]

行政的主要职责是对社会进行组织和管理，“从本质上来看，行政是对公共利益的集合、维护和分配活动”[3]，其对社会矛盾的解决有着法院无可比拟的优势，“直接、迅捷，符合当时的大众意向，不受传统规则的束缚，不受专门证据规则的束缚，而且还可以根据普通人的日常直觉行事”[4]。故此，盘活行政的纠纷解决机能，当成为社会综合治理的一项基本方略。如此，被学界所忽视的行政解纷机制当重新为各界所重视。目前，行政调解、行政复议、行政仲裁乃至行政申诉、行政信访等均是具有中国特色的行政解纷机制，并构成中国行政解纷

〔1〕这可以从近年来法院受理或者审结的行政诉讼案件的增加体现出来：2007 年审结行政案件 100683 件，2008 年为 109085 件；2009 年行政案件数量继续上升且增长幅度较大，各级法院共新收一审、二审和再审行政案件 154313 件，审结 154916 件，同比分别上升 8.02% 和 9.12%。其中，新收一审案件 120312 件，审结 120530 件，同比分别上升 10.99%和 10.49%；2010 年受理行政案件 135679 件，审结 129806 件，同比分别上升 6.77% 和 7.70%。以上数据可参考最高人民法院 2007 年到 2011 年工作报告。

〔2〕2011 年 1 月颁布的《国有土地上房屋征收与补偿条例》将“行政强拆”转变为“司法强拆”，反映了社会对司法的一种普遍心态：将司法视为消解社会麻烦的大熔炉，但凡矛盾比较多的问题，都倾向于交由法院解决。但法院不是垃圾桶，我们不能将所有麻烦都推给法院。行政解决不了的问题，未必交给司法就迎刃而解。同一个问题，交给行政处置，行政就成为矛盾的焦点；交给法院处置，法院同样也会成为矛盾的焦点。譬如强拆之类的纠纷，原本就是社会转型时期所特有的纠纷，它不仅是一个纯粹的法律问题，还是一个社会问题，一个政治问题。法院所能够解决的，仅仅是其中的法律问题，对于其中的社会问题、政治问题显然是无能为力的。如果勉强而为之，非但无助于问题的解决，相反，法院本身亦有陷入是非旋涡之中而无力自拔之危险。

〔3〕叶必丰：《行政法的人文精神》，湖北人民出版社 1999 年版，第 142 页。

〔4〕[美] 罗斯科 · 庞德：《法理学》（第二卷），邓正来译，中国政法大学出版社 2007 年版，第 429 页。

机制之基本内核。

（三）法院仅仅是规则的适用者

司法机关是国家权力与公民权利最平等的交汇点，借助于这个交汇点，司法机关能够有效地运用权力来调整各种社会关系。[1] 但法院仅仅是规则的适用者，而不是规则的创制者，这是由法院在我国宪政体系中的地位所决定的。我国《宪法》第 123 条规定“中华人民共和国人民法院是国家的审判机关”，《中华人民共和国人民法院组织法》第 1 条又重申了前述规定，并在第 4 条重申宪法第 126 条之规定——“人民法院依照法律规定独立行使审判权，不受行政机关、社会团体和个人的干涉”，其第 33 条规定“最高人民法院对于在审判过程中如何具体应用法律、法令的问题，进行解释”。以上这些都对人民法院在我国权力体系中的地位作了一个明确的界定——法院只有法律适用权，不能创制法律。

法院自由裁量的范围仅限于对既定规则的选择或者解释，它无权废除既定规则，亦无权置已定规则于不顾而另立规则。即便是在有违宪审查的国家中，司法对立法的作用空间也是相当有限的，它充其量只能对具体个案所涉及的某部法案的某个条款作出违宪性裁判，但相对于整个法律体系而言，可供司法尽情演绎的机会并不太多。如在美国，其“违宪审查标准方面，根据 Harlan F. Stone 大法官在 1938 年的 United States v. Carolene Products Co. 案中所提出的‘双重基准’审查标准，即在说明法院何时能以违宪审查介入，以协调司法违宪审查权与民主政治间的紧张关系。换言之，只有在立法与行政部门的决定会影响民主程序时，法院才应予介入导致民主程序本

〔1〕胡弘弘、邓晓静：《公民的司法参与权研究》，载《现代法学》，2007 年第 6 期。

身的不公与不健康，否则，原则上即应尊重立法及行政部门依民主程序所为之决定”[1]。

正因如此，当前中国社会矛盾井喷的根源不在于司法，甚至司法社会效果之不尽如人意也非司法单独之过。巧妇难为无米之炊，法律缺位或者法律存在明显瑕疵等等，都是影响司法效果的基本因素。从这个意义上说，社会纠纷解决的终极责任者在于立法，而非司法——法院只应承担法律适用方面的责任，但它实在不宜对于其所适用的法律本身是否制定得良好承载任何实体性责任。[2]

二 法院不是万能的

法院不是万能的，我们不能指望法院解决所有的社会纠纷；法院也不应当将所有的社会纠纷纳入自己的管辖范围，特别应当慎重对待法律规定的模糊地带或开放领域。[3]故此，要有效化解社会矛盾，单靠法院是远远不够的，还必须改进立法，着力培育和发展多元的解纷机制[4]——“司法资源与司法能力具有有限性，依法治国意味着司法

---

〔1〕陈怡如：《司法院大法官平等原则违宪审查标准之探究》，载《静宜人文社会学报》，2006 年第 1 卷第 1 期。

〔2〕马克思强调：“自由的公开审判程序，是那种本质上公开的、受自由支配而不受私人利益支配的内容所具有的必然属性。”（《马克思恩格斯全集》，第 1 卷，第 178 页）如果以为不自由的法律套上自由的公开审判程序就会得出公正的判决，这只能是一种幻想。公丕祥：《传统东方社会司法的特殊机理——马克思的理论阐释》，载《法商研究》，2001 年第 5 期。

〔3〕Dennis J. Hutchinson, “Source: Felix Frankfurter and the Business of the Supreme Court”, *The Supreme Court Review*, Vol.1980, p.144.

〔4〕过度仰赖司法解决社会纠纷，将会带来严重的操作困难，进而导致现实中纠纷解决机制困境的产生……司法是纠纷解决的重要途径，但司法不是万能的，司法的限度是客观存在的。纠纷解决实践中非诉讼纠纷解决机制以其特有的优势，发挥着重要功能。在现代法治社会中，多元化的纠纷解决方式更加灵活且能满足不同当事人的需求，也能最大限度减少司法的限度带来的弊端。赵高旺：《司法的限度与多元纠纷解决机制的建构》，载《理论月刊》，2008 年第 4 期。

功能的强化，必然要求贯彻‘司法最终解决’而非行政最终解决或政治最终解决的原则。然而，我们也要承认转型期法治的有限性，首先这意味着法的资源与法的能力有限，因此，我们不得不较多地利用政治与行政的手段去解决社会冲突”[1]。

（一）社会的归社会

人类社会存在着一种固有的矛盾消解机能，正是这种机能，而不是其他的任何因素，构成了社会有序运转的基本条件。法律是社会规范体系中的一种，它“是从社会群体的博弈互动中产生的，最好的法律说到底不过是对这种社会群体长期反复博弈中产生的规范之承认和演化”[2]。由此可见，一个社会的健康水平是由其自身矛盾消解机能的发育状况与运行效果所决定的，正如同人体健康水平是由其免疫机能的发育状况与运行水平所决定的一样。外在的诸如司法的、行政的等等之类的解纷机制，只有在社会自身这种矛盾消解机能失灵或者失调的情况下，才是必要的[3]，其意义正在于修复失灵的社会自身矛盾消解机能，正如同药之于人体的意义不在于其本身会有多大的功效，而仅仅在于其能够帮助人体自身的免疫体系恢复功能。所以，行政的也罢，司法的也罢，对社会纠纷的介入必须控制在必要的限度之内，倘若超越了这种必要的限度，就可能非但无法达到化解社会冲突、构筑社会秩序的目的，反而会破坏社会本身的免疫功能，从而打乱社会的自发秩序。法院不应再以鼓励公民诉

〔1〕龙宗智：《转型期的法治与司法政策》，载《法商研究》，2007 年第 2 期。

〔2〕[美] 罗伯特 · C · 埃里克森：《无需法律的秩序——邻人如何解决纠纷》，苏力译，中国政法大学出版社 2003 年版，第 7 页。

〔3〕Antonin Scalia, “Judicial Deference to Administrative Interpretations of Law”, *Duke Law Journal*, 1989 (3), p. 511.

讼为导向，而应该超越自我利益，引导社会诉诸其自身的纠纷化解系统，让社会纠纷为社会本身的免疫机能所消化。

（二）行政的归行政

行政是行政主体对国家事务和社会事务以决策、组织、管理和调控等特定手段发生作用的活动。基于“三权分立”之僵化逻辑，一般观点不太赞成行政介入社会纠纷之调处。但窃以为，调处纠纷不仅是现代行政的基本方式，也是行政职权的有机成分。原因有三：（1）行政有处置纠纷的职责与便利。调处纠纷、化解矛盾乃行政的当然职责。尽管在不同的发展阶段，其职能的侧重点有所差异，但维护社会秩序乃其恒久不易的职责。行政原本是与社会接触最为密切并且最为频繁的机构，社会冲突一旦发生，最早出现在现场的往往就是行政。依据“最先接触原则”，行政调处纠纷不仅是职责所在，而且兼具廉价与便利双重特质。〔1〕随着社会分工日益精细化，行政的专业化和技术化程度进一步加强，涉及行政技术或者专业领域的纠纷也随之大增。相对于司法而言，调处这些具有较强专业性或技术性的纠纷，行政更为“在行”。（2）在中国的传统社会，行政的解纷机能是相当发达的，甚至在相当长的历史时期内，远远胜过了司法。当今司法改革应当借鉴传统，让行政来消化一部分社会纠纷，这不仅能减轻司法之负担或压力，更能推动统治型政府向服务型政府之转变。（3）一般而言，应由行政干预的纠纷，司法就应当

〔1〕“政府作为公权的行使者，在行政纠纷中，要确保行政纠纷解决机制的有效性。要加强机构独立性或中立性，增强其解决纠纷的可信任度和权威性。在程序方面，完善纠纷解决程序的启动机制，使之成为个案投诉制度，从而降低纠纷解决成本，简化纠纷解决程序，及时高效地解决纠纷冲突。”胡新艳：《完善我国多元纠纷解决机制的几点思考》，载《理论月刊》，2008 年第 4 期。

保持必要的谦抑；正如同应当由行政提供的服务，司法就不应该代劳一样。故此，当下某些地方法院所热衷的所谓送法下乡、送法入户、送法到企业以及法制教育之类的举措，本质上都是属于行政事务之范畴——根据相关法律的规定，我国司法行政部门的职能具体有十二项，其中就有制定全国法制宣传教育和普及法律常识规划，组织实施、指导和检查各地区、各行业的依法治理工作，指导对外法制宣传工作等职能要求。[1]法院热衷于此，有越位或者不务正业之嫌，应当及时调整。法院固然有法制教育之职责，但法院永远只能通过个案的方式来履行这种职责，抽象的普法教育本属于司法行政部门之法定职责，由法院来越俎代庖，终归是有瑕疵的。[2]

（三）司法的归司法

一般观点认为，中国司法的最大问题在于受行政等方面的干预太多，独立性不够。但窃以为，中国法院的根本问题在于干得太多，专业性不够。所谓“司法的归司法”，意在让法院回缚于“常识”。从审判独立的层面而言，法院应当有抵抗外来非法干预之能力；归法院管辖的事情，其他机关不得染指。从法院自律的层面而言，法院应当“干好分内事”，不要自我膨胀，并非所有纠纷都适合法院管辖，而且法院也没有能力解决所有纠纷，它只应且只能干好法律明文规定归它干的事情。如在美国的沃尔士起诉权案（Warth V. Seldin）中，联邦最高法院拒绝了原告的申请，其理由就在于此案所涉及的行政区划分和土地利用等问题更适合由立法机关

〔1〕具体职能参见司法部网站 http://www.moj.gov.cn/fzxcs/node_223.htm，最后访问时间为 2015 年 12 月 27 日。

〔2〕陈道英：《浅议司法尊重（judicial deference）原则——兼论与司法谦抑（judicial passivism）的关系》，载《湖北社会科学》，2009 年第 3 期。

和行政机关来解决。[1]

司法乃专业的纠纷解决机制，维持其应有的权威性与严肃性，是保障司法解纷实效的基本因素。故此，司法应当有所为有所不为，即法院不是做得越多越好，越有权威；相反，法院只应当做好应该由它做的事务，不做不应当由它做的事务——但凡不可司法的事项，均不是法院可以染指的空间。

三　综合的司法改革理念

毋庸置疑，包括司法在内的法治的最终目的在于实现社会正义。西方先哲柏拉图提出了“分工明确、各司其职”的正义观，这与中国先圣孔子提出的“礼”的思想不谋而合。就此而言，在行政纠纷的多元解决机制中，只有社会、行政和司法各安其位、各司其职，方有可能实现社会正义。以此视角观之，在司法改革过程中，万不可忽视在司法之外下工夫。说到底，中国司法领域的种种问题不过是“社会问题”在司法领域中的反映，不是简单的几项司法改革措施就可以轻易解决的；相反，它必须依靠社会综合改革才有可能取得成效。在纠纷解决机制上，应当将司法改革看成一项综合的社会改革。[2]

---

〔1〕Richard J. Pierce, *Administrative Law Treaties* (fourth edition), Vol. 2, Aspen Law & Business，2002, pp. 1108-1109.

〔2〕随着中国法制现代化的不断深入，乡土逻辑和法律逻辑在乡土社会的艰难对接，使基层法院的司法实践不断徘徊于纠纷解决和规则之治的理念之间，正如日本法学家高见泽磨所说：“中国的纠纷解决制度，一方面要满足双方当事人的复仇感情，另一方面又要满足合法性这一国家正义，于是被迫在这二者之间走钢丝。”（[日] 高见泽磨：《现代中国的纠纷与法》，何勤华等译，法律出版社 2003 年版，第 211 页。）乡土社会的法律人成为“钢丝上的舞者”不断经受着哈姆雷特式的拷问，在情感导向的礼治逻辑和规则导向的法治逻辑的夹缝中艰难抉择。王彬：《司法能动主义视野下的乡土司法模式》，载《山东大学学报（哲学社会科学版）》，2010 年第 5 期。

（一）社会优先

社会自身的矛盾消化机制乃纠纷解决的第一道防线，这道防线基本上属于社会自治的范畴，有其自身的成长规律与运行法则。社会的存在无须法律的秩序，“倘若具有实现权利和维持秩序更便捷的替代性手段，人们往往会有意规避或不理睬法律，或者令法律规则变得毫无意义，或者使政府干预变得无功而返”[1]，社会纠纷的自治性解决机制便是这种秩序的“润滑剂”。[2] 纠纷的司法解决应当遵循社会优先之原则——那种主张法院应当“主动出击、变后防为前线”的观点，不仅有违社会优先之原则，而且势必破坏社会自身免疫系统。“私人争执本质上属于私人之事，私人之间无法解决的纠纷才有明显的诉诸国家之需要”[3]，司法过早和过度的干预对解决矛盾无甚裨益，相反，还可能带来资源的浪费，助长官僚主义歪风等，进而影响司法权威。正如同“法律制定者如果对那些促进非正式合作的社会条件缺乏眼力，他们就可能造就一个法律更多但秩序更少的世界”，司法如果对社会自身救济机能缺乏判断，它也可能造就一个诉讼更多、纠纷更多而秩序更少的世界。

（二）行政先行

社会纠纷的行政解决属于社会矛盾化解的第二道防线。相对于司法而言，这道防线有其自身的优越性。其优越性具体有三：（1）纠纷的行政解决通常不需要经过烦琐的程序，也省去了公式化的举证质证

---

〔1〕徐昕：《论私力救济》，中国政法大学出版社 2005 年版，第 388—389 页。

〔2〕曾旻：《当前人民调解制度功能的科学定位》，载《法治论坛》，2009 年第 2 期。

〔3〕[美] 罗伯特 · C · 埃里克森：《无需法律的秩序——邻人如何解决纠纷》，苏力译，中国政法大学出版社 2003 年版，第 354 页。

之类的麻烦，既简单又方便；而且其受时效拘束的程度要小得多，许多纠纷均可以现场裁判、即刻解决，既直接又现实。它没有给任何纠纷留下发酵膨胀的机会，每个机关的工作人员都拥有处理专业工作的综合技能和经验，具有处理某一领域纠纷的专长。（2）纠纷的行政解决成本要小得多。司法服务通常是最昂贵的公共服务，因此，司法的滥用不仅让诉讼当事人付出高昂的诉讼成本，而且也会造成本就稀缺的国家司法资源的浪费。[1]（3）纠纷的行政解决对争议双方“情感伤害”更小，使后续救济的空间更大。中国人讲面子，所谓“一场官司十年冤仇”，一旦闹上法庭，无论纠纷是否得到最终解决，都会伤了和气；所以，在未穷尽其他纠纷解决途径的条件下，一个负责任的代理人一般不会鼓励当事人径行“对簿公堂”。

（三）司法殿后

社会纠纷的司法解决，是社会矛盾化解的第三道防线，也是法治社会的最后一道防线。[2]理性的司法是不会将自身置于第一线的，成熟的社会也不会将司法作为前锋。社会纠纷不经过其他防线过滤就径行涌入法院，就如同足球绕过中场与后卫而直接飞向球门一样，势必导致守门员“防不胜防”；法院绕过其他防线径行干预“不成熟”案件，就如同足球守门员绕开后卫与中场，把自己当成前锋，跑到对方

〔1〕司法资源本身并不是司法成本，但将这些资源进行配置之后进入司法的“市场”则变为成本。目前看来，我国的司法资源相当紧缺，所有可利用的司法资源均已投放“市场”，因此司法资源在另一种意义上成了司法成本的代名词。蒋惠岭：《司法成本与司法收益的构成》，载《人民法院报》，2010年12月1日第8版。

〔2〕当然，在特定社会，司法未必是最后防线。比如在当今之中国，社会纠纷解决的最后途径似乎可称为“社会纠纷的政治解决”，即在司法解决失灵的条件下，政治有条件地干预社会矛盾，促使纠纷的化解。

半场去拿球一样，容易自毁长城[1]；当事人不穷尽其他纠纷解决途径，却径行诉诸法院，就如同后卫拿球后不传前锋与中场，而是亲自去射门一样，其成本与效益之比殊难平衡。[2]概括而言，司法的殿后性之法理有三：（1）它是以国家名义对社会纠纷所作出的最终的、最权威的裁判，没有比司法更高的裁判者，也没有人可以变更这种裁判。美国联邦法院杰克逊大法官说过："我作的判决之所以是终极性的、不可推翻的，并不是因为我作的判决正确，恰恰相反，我之所以判决正确，是因为我的判决是不可推翻的。"[3]（2）它是以国家强制力保证实现的解纷模式，司法裁判一旦作出，当事人就必须履行，否则必受到法律相应的制裁。（3）它是一种高度专业化的解纷模式，其运行过程必须遵循严密的司法逻辑——判决的结果实际上就是司法逻辑推演的结果。判断这种结果正确性之标准正在于逻辑形式和推理过程的正确性，而不在于结果本身。正因如此，司法的判决通常是硬邦邦的，丁是丁，卯是卯，对就是对，错就是错，毫无温情可言，所以提起诉讼往往是一种无奈之举。[4]

总而言之，司法生成于社会，而不是真空。因此，社会的任何变

---

〔1〕Frankfurter & Hart, "The Business of the Supreme Court at October Term, 1934", *Harvard Law Review*, Vol.49, 1935, p. 107.

〔2〕游劝荣：《司法成本及其节约与控制》，载《福州大学学报（哲学社会科学版）》，2006 年第 3 期。

〔3〕Cass R. Sunstein, "Law and Administration after 'Chevron'", *Columbia Law Review*, 1990, Vol. 90, No. 8.

〔4〕现实中无奈起诉或者应诉的情况屡见不鲜，文学作品中也对此有不少描述。如在描述法院权力生态的文学作品《权力：法院院长》（江苏文艺出版社 2009 年版）一书中，第 85 页就有这么一段对话：

方晓频（女老板）干脆单刀直入说："最近我还有一件麻烦事，真的想请你关照一下。当然不是让你办昧心案，那也不是我的性格。现在我只是想请你提供一些方便就知足了。"

白天（男法官，院长）："你还真要打官司？"

"不是我要打官司，是人家逼着我，我没有退路。"

白天劝导说："晓频，你的官司是不是太多了，这样不利于经营。"

"法律上的事总是很无奈。"

迁都难免要反应到司法之中去。与此相关联，任何司法问题，归根结底，都是社会问题或其变种，唯有在社会之中才有可能寻得正解。当今中国司法所遭遇的种种困厄，正是社会转型所引发的各种社会问题在司法领域中的反应，具有某种程度的历史必然性。欲化解这些困厄，无法一蹴而就，亦非司法自身的修修补补所能达成。它是要借由整个社会的综合改革方可渐次成就的事业——唯有置身于整个社会综合改革的大视野之中，司法改革才有可能成就自身。

代结语　转型中国的司法价值观*

价值观是人们基于社会生活实践，通过对各种各样的价值进行评价而形成的思想观念。价值观一旦形成，就渗入到人们的一切价值活动之中，是人们进行价值评价、选择、创造的导向和依据。价值观对人们现实行为所产生的重要指导作用，启示我们在司法活动中亦需要有合理之司法价值观的指引。司法改革不仅是司法领域的改革，更是一项社会变革；司法改革不只是需要实体制度构建，更需要司法理念、价值观的革命。唯有如此，司法改革之道路才会畅通，司法改革之效果才能圆满实现。

一般而言，司法价值观或有两重解读：一则意指国家之于司法的定位，即国家对于司法的总体认识和期待；二则意指主流社会和司法职业群体之于司法的意义、地位和重要性的总体评价或看法。它通常有两种表现形式，一是表现为司法评价的尺度和准则，一是表现为司法过程的价值取向、追求或者目标。

作为法律价值观的一种形态，司法价值观不仅深受传统政法思想、主流意识形态之影响；而且就整个历史进程而言，经济形态之转型、社会结构之变迁、思想文化之演变都会对其产生影响。[1] 正因

---

* 本章的核心观点曾以《转型中国的司法价值观》为题，刊发于《法学研究》2014 年第 1 期。感谢谢海定博士对本文所提出的建设性修改意见。

〔1〕Joel B. Grossman, "Social Backgrounds and Judicial Decisions: Notes for a Theory", *The Journal of Politics*, 1967, Vol. 29, No. 2, p. 334.

如此，中国的司法价值观伴随着社会转型而不断嬗变。新中国成立六十多年来，先后发生过四次不同程度的社会转型，每一次转型都有与之相对应的一种司法价值观存在。如表 3 所示，与第一次社会转型期（1949—1978）相对应的是政治司法价值观，强调司法必须为阶级斗争服务；与第二次社会转型期（1978—2004）相对应的是经济司法价值观，强调司法必须为经济建设保驾护航；与第三次社会转型期（2004—2010）相对应的是社会司法价值观，强调司法必须为和谐社会建设服务；与正在发生的第四次社会转型（2010— ）相对应的是衡平司法价值观，强调司法必须为法治文明注译导航[1]。

表 3 新中国司法价值观的历史流变

第一次社会转型期	（1949—1978）	政治司法价值观	为阶级斗争冲锋陷阵
第二次社会转型期	（1978—2004）	经济司法价值观	为经济建设保驾护航
第三次社会转型期	（2004—2010）	社会司法价值观	为社会稳定排忧解难
第四次社会转型期	（2010— ）	衡平司法价值观	为法治文明注译导航

从本质上说，不论是政治司法价值观，还是经济司法价值观，抑或社会司法价值观，都是“司法工具论”的产物。司法工具论乃法律工具论的变种，是一种披着法律外衣的人治，从根本上让司法屈膝为政治与政策的奴婢。故此，有必要对这些形形色色的司法价值观作历史性清算。唯此，重塑中国司法价值观，即树立以“公正、廉洁、为民”为基本内核的多元衡平的司法价值观，才成其为可能。事实上，进入第四次转型阶段之后，我们已经意识到任何有关司法的定位，都应当以尊重司法常识与规律为基本前提。在这个前提之下，司法应当

〔1〕2004 年中国共产党第十六届四中全会提出将“和谐社会”作为执政的战略任务，维护社会稳定于是乎又成了司法的重要价值目标。

"循天道、因民情、随时变"[1]：所谓"循天道"，即司法价值观应遵循天时、地利等客观规律的内在要求；所谓"因民情"，即司法价值观的追求应立基于广大民众的利益诉求；所谓"随时变"，即司法价值观应把握时代潮流和社会变迁的脉动。

一 政治司法价值观：为阶级斗争冲锋陷阵

新中国成立以后，伴随着剧烈的社会变革，中国的司法制度得以历史性地重构。[2]鉴于政权刚刚建立，百废待兴，此时的中国司法被要求为"巩固政权"等直接政治目的服务，并被定位为"实行阶级统治"即无产阶级专政的工具。[3]正是立基于此，在这个历史阶段，中国司法的价值主要体现为"为阶级斗争服务"，故可将其称为政治司法价值观。

（一）解释性背景

新中国成立伊始，在摒弃国民党"六法全书"[4]的同时，颁布了一系列旨在巩固政权、维护社会秩序方面的法律法规。据相关统计，自1949年9月到1954年8月，由中央人民政府委员会、政务院以及所属各部门先后颁布并在全国范围内施行的重要法律、法令等达到506件。[5]这些法律、法令和法规的出台，一方面填补了废除国民党"六

〔1〕《商君书·更法》。

〔2〕Lung Sheng Tao, " Politics and Law Enforcement in China:1949-1970" , *The American Journal of Comparative Law,* 1974, Autumn, Vol.22, No.4.

〔3〕王圣诵、王成儒：《中国司法制度研究》，人民出版社 2006 年版，第 379 页。

〔4〕董必武：《董必武政治法律文集》，法律出版社 1986 年版，第 45 页。

〔5〕资金星：《论建国以来中国法价值取向的历史流变与发展趋势》，载《中共成都市委党校学报》，2009 年第 4 期。

法全书”之后的法制真空，为社会运转提供了基本的法制保障；另一方面也揭开了新中国法制建设（包括司法制度建设）的序幕——后人称之为“新中国法制建设的首个黄金期”。[1] 由此，为阶级斗争服务的政治司法价值观形成之背景，可作如下几点解释。

其一，鉴于新中国刚刚成立，“巩固新生的人民民主政权”被认为是这一历史时期的“核心任务”，一切立法、行政与司法工作，均必须围绕这个核心任务而展开。具体而言，国家的立法主要为“巩固政权”服务，因此“专政性立法”成为这个阶段的主流。比如 1951 年的《中华人民共和国禁止国家货币出入国境办法》《妨害国家货币治罪暂行条例》《中华人民共和国惩治反革命条例》《保守国家机密暂行条例》等，1952 年的《中华人民共和国惩治贪污条例》《管制反革命分子暂行办法》等，1954 年的《逮捕拘留条例》《中华人民共和国劳动改造条例》等，均带有强烈的专政色彩。

其二，毛泽东曾经指出，阶级斗争是一个阶级推翻一个阶级的生死斗争，它决定了无产阶级专政的必要性。因此，只有承认阶级斗争，同时也承认无产阶级专政的人，才是马克思主义者[2]；而且，只要承认这种斗争的存在，就会自觉地将其置于一切工作“重中之重”的地位。[3] 唯其如此，这一时期司法工作的主要任务被定格为“惩治反革命、地方土匪，恢复城市和农村地区的社会稳定”，其中“司法改革的一项重要任务就是要在检察院和法院系统确立起政法部门就是阶级斗争工具、无产阶级专政工具的观念”[4]。按照最高人民法院首任院长沈钧儒的说法：“我们人民司法工作必须积极地为政治

〔1〕卞建林：《现代司法理念研究》，中国人民公安大学出版社 2012 年版，第 52 页。

〔2〕《列宁选集》第 3 卷，人民出版社 1960 年版，第 199 页。

〔3〕王也扬：《“以阶级斗争为纲”理论考》，载《近代史研究》，2011 年第 1 期。

〔4〕俞荣根：《毛泽东阶级论法学观的变化与价值重估》，载《四川师范大学学报（社科版）》，1995 年第 2 期。

服务，必须与当前的政治中心任务与群众运动相结合。在各种中心任务与运动中，各地领导机关应注意运用司法这一武器，使中心工作做得更好。司法机关本身尤应积极主动配合中心任务与运动，充分发挥人民司法的作用。”[1]

其三，基于历史的惯性，新中国成立初期的这种司法工具主义定位，伴随着法律虚无主义的政治狂热症，居然不经意间滑行了三十余年……在这个过程中，司法始终充当着“无产阶级专政”的工具，为阶级斗争冲锋陷阵。

（二）分析性促因

在发生学意义上，促成政治司法价值观的因素是多方面的（如图 1 所示）。但就学术研究而言，我们不妨从如下几方面进行分析。

其一，巩固政治合法性乃促成政治司法价值观的政治动因。众所周知，新中国成立初期，执政者所面对的是一个“千疮百孔、百废待兴”的社会，国家建设的压力十分巨大；而且新生的“人民民主专政”的政权被国内外“反动派”所包围，反颠覆、反侵略的斗争十分紧迫。中共七届二中全会就指出：中国革命在全国胜利，并且解决了土地问题以后，中国还存在着两种基本的矛盾：第一种是国内的，即工人阶级和资产阶级的矛盾；第二种是国外的，即中国和帝国主义国家的矛盾。[2] 唯其如此，保卫新生的人民民主政权、维护政权的稳定和安全，被认为是顺利进行社会主义建设的前提条件。它意味着，阶级斗争实际上摆在了国家建设任务之前。为此，调动包括司法机关在内的各种国家机器，围绕阶级斗争这个“纲”

〔1〕沈钧儒：《加强人民司法建设　巩固人民民主专政》，载《人民日报》，1951 年 10 月 30 日。
〔2〕《毛泽东选集》第 4 卷，人民出版社 1991 年版，第 1433 页。

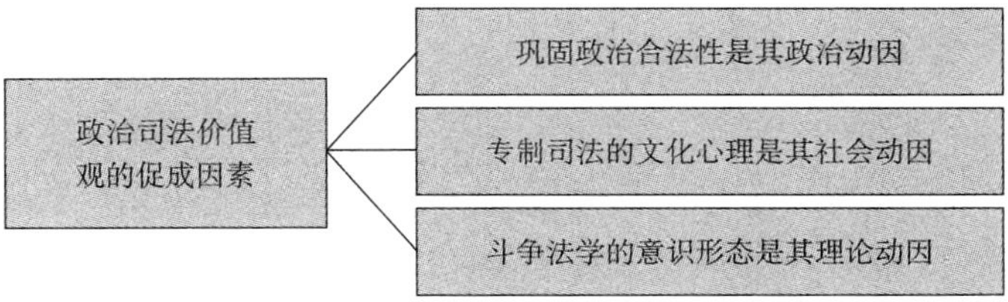

图 1　政治司法价值观的促成因素

而运转，便成为时势之必然。按照罗瑞卿当年的说法："公安、检察、法院都是党的工具，是党保卫社会主义建设、镇压敌人的工具，这点必须明确。"[1]

其二，专制司法的文化心理乃促成政治司法价值观的社会动因。在相当长的历史时期，中国司法基本上可以划归为"专制司法"的范畴：在近代之前，司法被普遍地认为是帝王将相统治草民臣子的手段；近代以来，包括整个民国时期，司法也多被认为是政府官僚控制平民百姓、打压异己的工具；新中国成立之后，司法亦理所当然地被定位为无产阶级专政的"暴力机器"。与此同时，古往今来的中国社会对于司法最朴素的印象多与刑罚或惩戒有关[2]，并有意无意地将司法涂染上某种程度的暴虐和血腥色彩。正因如此，司法在中国民间社会仍然没有蜕除"刀把子"的名号——它形象地描绘出中国民间社会对于司法机关和司法权的朴素认识和情感。而社会这种朴素的认识或情感，又恰好迎合了"阶级专政理论"之需要，进而成为暴力司法论和政治司法观的文化酵素。

其三，以阶级斗争为基本内核的斗争法学乃促成政治司法价值观的理论动因。斗争法学乃苏俄产物。20 世纪 30 年代，为适应政

〔1〕1955 年 9 月 19 日，罗瑞卿（时任公安部部长）在全国 21 省市公安厅局长会议上讲话。于一夫：《"以党治国"面面观》，载《炎黄春秋》，2010 年第 7 期。

〔2〕武树臣：《从"阶级本位 · 政策法"时代到"国、民本位 · 混合法"时代》，载《法学杂志》，2009 年第 9 期。

治斗争的需要，以维辛斯基为代表的官方法学家对“法”的定义为：“法是以立法形式规定的表现统治阶级意志的行为规则和为国家政权认可的风俗习惯和公共生活规则的总和，国家为保护、巩固和发展对于统治阶级有利的和惬意的社会关系和社会秩序，以强制力量保证它的实施。”这个定义后来成了苏联法学关于法的“标准的”“官方的”定义，整个苏联法学理论即奠基于这个定义之上。新中国成立之初，我们全盘照搬苏联法学，维辛斯基的法学理论自然成为占主导地位的法学意识形态。50 年代中期以后，为适应“以阶级斗争为纲、无产阶级专政下继续革命”的需要，维辛斯基法学意识形态在中国被推上神坛，并成为垄断和支配中国法学界思维方法和理论建构的基本范式与唯一范式。[1] 在这种法学意识形态支配下，包括法院在内的“政法机关最重要的、最根本的任务还是处理敌我矛盾，对人民的敌人实行专政”[2]，法律“是当权的阶级统治被它推翻了的阶级的工具”[3]。在这个意义上说，斗争法学实际上构成了政治司法价值观的理论根基。

（三）描述性表征

如果司法制度与司法观念可以解释为司法价值观的一种表征，那么，为阶级斗争服务的政治司法价值观的表征可作如下梳理（如图 2 所示）。

其一，政法合一体制。政法体制形成的一个基本标志就是“政

---

〔1〕张文显、于宁：《当代中国法哲学研究范式的转换——从阶级斗争范式到权利本位范式》，载《中国法学》，2001 年第 1 期。

〔2〕《在全国政法工作会议上的讲话纪要（1962 年 11 月 12 日）》，载彭真《论新中国的政法工作》，中央文献出版社 1992 年版，第 132 页。

〔3〕谢觉哉：《谢觉哉文集》，人民出版社 1989 年版，第 773 页。

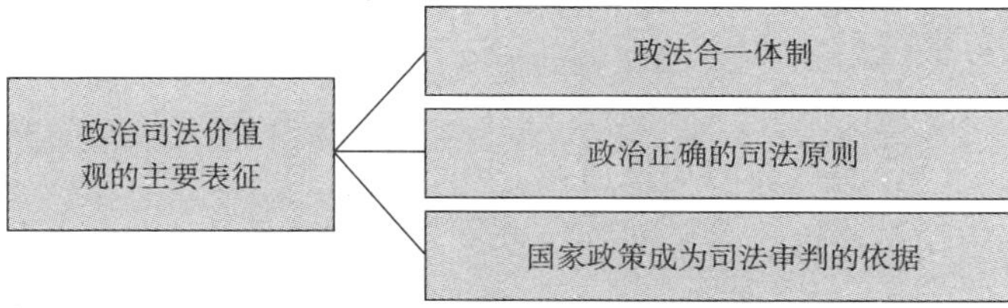

图2　政治司法价值观的主要表征

法委”的设立。1949年10月，中央人民政府在设立最高人民法院、最高人民检察署的同时，在中央人民政府委员会政务院内设立了公安部、司法部、监察部、法制委员会以及“指导各个政法部门工作”的政治法律委员会。政治法律委员会不仅领导政务院下设的公安、内务、民主、司法行政、法制等部门的工作，而且实际上还领导与政务院法律地位平等的最高人民法院、最高人民检察署的工作，其任务“就是帮助行政首长解决政法部门的具体问题，它和政法部门是‘指导与联系’的关系”〔1〕。1954年宪法出台之后，政务院改组为国务院，政治法律委员会为国务院政法办公室所取代。1958年，为适应新的政治性需要，毛泽东多次强调要“加强党的领导”和“书记挂帅”，中共开始采取“分线领导”“分兵把口”的领导方式，在每一条路线上设一名主管书记，成立了很多“组”或“口”，直接对应政府的职能部门。同年6月，中共中央决定设立以彭真为组长的“政法领导小组”，“协调”公、检、法的关系，并逐渐形成了重大案件要由党委审批的习惯〔2〕——政法小组“直属中央政治局和书记处，向他们直接做报告。大政方针在政治局，具体部署在书记处”。1960年中共中央根据中央政法小组提交的“关于中央政法机关精简机构和改变管理体制”的报告决定，最高人民法院、最高人民检察院和

〔1〕刘煜、张玉龙：《新中国法治历程的史学视角分析》，载《齐鲁学刊》，2002年第5期。
〔2〕周永坤：《政法委的历史与演变》，载《炎黄春秋》，2012年第9期。

公安部合署办公，并由公安部统一领导。[1] 至此，与政治司法价值观相互映衬的政法体制渐成雏形。

其二，政治正确的司法原则。1950 年 7 月 26 日中央召开了第一届全国司法会议。董必武在这次会议的开幕式上指出："在司法工作初建之际，思想建设特别重要，必须把它视为司法工作建设的前提。……显然，对于一些基本问题在思想上如没有一致的认识，则工作是做不出好结果来的，只有认识上一致以后，我们的工作才有做好的可能。"[2] 他在闭幕式上进一步指明："人民司法的基本精神，是要把马、恩、列、斯的观点和毛泽东思想贯彻到司法工作中去。旧司法人员固然不能做到这一点，我们党内一些同志恐怕也还是成问题吧！……如果这个问题不能解决，其他的问题解决了也不能称作人民司法工作。"[3] 1950 年 11 月 3 日发布的《中央人民政府政务院关于加强人民司法工作的指示》中明确提出：人民的司法工作如同人民军队和人民警察一样，是人民政权的重要工具之一；司法工作被定性为"政治性最强的工作"[4]。1952 年 8 月 30 日，中共中央发布了《关于进行司法改革工作应注意的几个问题的指示》(简称《司法改革指示》)，由此掀开了在全国范围内开展以反对旧司法观点和改革整个司法机关为主要内容的司法改革运动。这一改革运动的目的是"彻底改造和整顿各级人民司法机关，使它从政治上、组织上和思想作风上纯洁起来，使人民司法制度在全国范围内能够有系统地有步骤地建立和健全起来，以便完全符合国家建设的需要"[5]；其主要内容是"贯彻思

〔1〕尹曙生：《安徽特殊案件的原始记录》，载《炎黄春秋》，2009 年第 10 期。
〔2〕董必武：《董必武政治法律文集》，法律出版社 1986 年版，第 102 页。
〔3〕同上书，第 117 页。
〔4〕同上书，第 239 页。
〔5〕《人民日报》社论：《必须彻底改革司法工作》，载《人民日报》，1952 年 8 月 17 日。

想改造和组织整顿相结合的方针”，有针对性地对全国的司法机关（重点是各级人民法院）进行思想上的改造和组织上的整顿，以解决司法机关存在的思想不纯、作风不纯、组织不纯及政治不纯等问题，是司法改革运动的中心内容。〔1〕其中所要改造的旧思想主要包括“法律超阶级、超政治论”“司法独立论”“程序法定论”及法律“技术论”等等。〔2〕与此同时，我们又参照苏联教育模式，大规模拆并政法院校，改造法学教育。截止到1953年，为期近两年的司法改革运动尽管未能彻底“肃清国民党反动和旧法思想和旧司法作风残余的问题”〔3〕，却确立了马克思列宁主义、毛泽东思想关于国家和法律的理论在司法领域中的绝对权威，“政治正确”顺理成章地成为中国司法的首要原则。

其三，国家政策成为司法审判的依据。中共中央于1949年2月22日发出的《中共中央关于废除国民党的六法全书与确定解放区的司法原则的指示》（通称“二月指示”）指出：“在无产阶级领导的工农联盟为主体的人民民主专政政权下，国民党的六法全书应该废除。人民的司法工作，不能再以国民党的六法全书为依据，而应该以人民的新的法律作依据。在人民新的法律还没有系统地发布以前，应该以共产党政策以及人民政府与人民解放军所已发布的各种纲领、法律、条例、决议作依据。目前在人民的法律还不完备的情况下，司法机关的办事原则应是：有纲领、法律、命令、条例、决议规定者，从纲领、法律、命令、条例、决议之规定；无纲领、法律、

〔1〕侯松涛：《建国初期的司法改革运动：回顾与思考》，载《中国特色社会主义研究》，2008年第1期。

〔2〕陈光中、曾新华：《建国初期司法改革运动述评》，载《法学家》，2009年第6期。

〔3〕董必武：《董必武政治法律文集》，法律出版社1986年版，第371页。

命令、条例、决议规定者，从新民主主义的政策。”[1] 1956 年 3 月 31 日，彭真在第三次全国检察工作会议上做报告，他说：“我们现在的法律还很不完备，大家全说无完备的法律很麻烦，但也有便利之处。我们办案时，只要站稳阶级立场，根据政策，按照阶级利益来办事就可以了。……我提议大家不要死抠法律条文，主要应把法律的基本精神和主要内容搞熟一点，当然能记住法律条文更好了。”1958 年 8 月，最高人民法院党组向中央报送的《关于第四届全国司法工作会议的情况报告》中特别强调：“人民法院必须绝对服从党的领导，成为党的驯服工具……法院工作服从党的领导，不仅要坚决服从党中央的领导，而且要坚决服从地方党委的领导；不仅要坚决服从党的方针、政策的领导，而且要坚决服从党对审判具体案件以及其他一切方面的指示和监督。”毛泽东 1958 年 8 月 24 日在北戴河发表谈话，他说：“不能靠法律治多数人……我们基本上不靠那些，主要靠决议、开会，一年搞四次，不能靠民法、刑法来维持秩序。我们每次的决议都是法，开一个会也是一个法。”当时刘少奇也有“法律只能做办事参考”“党的决议就是法”等论述。[2] 其后的 1958 年，由彭真领导的中央政法小组在《关于人民公社化后政法工作一些问题向主席、中央的报告》中指出：“刑法、民法、诉讼法根据我国实际情况看，已经没有必要制定了。”由此，在这一时期，依照政策办事的司法原则确立了。在以党治国、政策为上的背景下，法律成为可有可无的东西，法制受到普遍蔑视，法治观念和宪法原则受到全面批判，法治被人治取代，我国走上了“领袖崇拜”和“运动治国”的道路。人为扩大的阶级斗争取代了法治建设，法治理念被作为反动的资产

---

〔1〕韩延龙、常兆儒编：《中共中央关于废除国民党的六法全书与确定解放区的司法原则的指示》（1949 年 2 月），载《中国新民主主义革命时期根据地法制文献选编》（第一卷），中国社会科学出版社 1981 年版，第 86 页。

〔2〕于一夫：《“以党治国”面面观》，载《炎黄春秋》，2010 年第 7 期。

阶级的东西加以严厉地批判。[1]

（四）逻辑性反思

就其本质而言，为阶级斗争服务的政治司法价值观乃司法工具主义的一种表现形式，而司法工具主义又是法律虚无主义的变种。在司法工具主义价值观的指引之下，人们所关注的往往是司法运作过程中的工具价值，却忽视了司法本身所具有的诸如秩序、正义、法治、人权等具有普世意义的目的价值。当司法价值观的导向完全被扭曲之后，自然难以逃离以领导个人意志、政党政策及纪律替代法律的宿命。长此恶性循环，司法自身内在的目的价值被逐渐弱化，其对于人们行为的指引和评价功能进而降低，自然也就难逃司法虚无的宿命。[2]

其一，既然司法是阶级专政的工具，那么它就得服务于统治阶级的目的——巩固人民民主专政。在这种逻辑之下，司法不是一种技术性活动，而是一项政治任务[3]（如表 4 所示）。国家对司法人员的要求，重点不在于其技术性和专业性，而在于其政治性和阶级性。政治正确成为司法工作人员的首要追求，这完全偏离了司法居中、专业裁断的价值导向，司法自然也就逐渐失去了最终裁断各种社会法律关系的权威性。司法一旦失去其权威性，便沦落为可有可无的工具，最终我们便走向了“运动治国”的歧途。当司法彻底沦为政治的附庸，充当“刀把子”而成为阶级专政的工具时，它自己离厄运也就仅有一步之遥了。

---

〔1〕卞建林：《现代司法理念研究》，中国人民公安大学出版社 2012 年版，第 54 页。

〔2〕谢晖：《法律工具主义评析》，载《中国法学》，1994 年第 1 期。

〔3〕侯猛：《经济体制变迁中的最高人民法院（1949—1978 年）》，载《政法论坛》，2005 年第 2 期。

表 4　1950—1978 年最高人民法院工作报告中有关国家司法工作的基本政策动向表述简表

时间	主要内容
1950-07	与旧司法制度划清界限，明确了人民司法工作的主要任务是镇压反革命活动；逐步建立和健全法院组织结构体系。
1953-04	总结新中国成立以来司法工作和司法改革运动的经验。
1956-02	总结 1955 年“肃反”斗争中的审判工作经验。
1958-06	检查宪法和人民法院组织法公布实施以来的工作，其中着重检查了最高人民法院和司法部的工作。
1960-02	肯定 1959 年法院系统“反右倾”斗争的成绩，提出审判工作要更好地保卫党的总路线、“大跃进”、人民公社；要求人民法院与公安、检察机关大搞协作办案。
1962-10	通过《关于在当前对敌斗争中审判工作的任务》《关于人民法院工作若干问题的规定》《人民法院工作试行办法》等多个文件。
1965-12	通过学习毛泽东思想，交流经验，促进法院工作革命化，全面地正确地贯彻执行中共中央依靠群众实行专政、少捕、矛盾不上交的方针。
1978-04	联系司法战线的实际，深入揭露林彪、“四人帮”破坏人民法院的反革命罪行，分清路线是非；确定新时期人民司法工作的任务。

其二，既然司法是阶级专政的工具，那么司法就必须完全服从党的领导。诚如时任公安部部长的罗瑞卿 1957 年 9 月 4 日在中央法律委员会扩大会议上所强调的那样：政法机关这个专政的武器必须牢固地掌握在党的手里。党委应当领导政法机关的全部工作（包括所有案件），各级政法部门必须无条件地服从党委（包括中共中央和地方各级党委）的绝对领导，加强向党委的请示报告。[1] 既然“人民法院必须绝对服从党的领导，成为党的驯服工具”，那么一切主张审判独立的观点都是“反对党的领导，是以法抗党，是资产阶级旧法观点借尸还魂”。

其三，既然司法是党的驯服工具，那么党的意志便具有高于法律的权威。1955 年，当时的国家重要领导人刘少奇先后两次明确指示：

〔1〕于一夫：《“以党治国”面面观》，载《炎黄春秋》，2010 年第 7 期。

“我们的法律不是为了约束自己，而是用来约束敌人，打击和消灭敌人的”；“我们的法律是要保护人民去同敌人斗争，而不能约束革命人民的手足。如果哪条法律束缚了我们自己的手足，就要考虑废除这条法律”。这种主张使党权无限膨胀，法制遭到任意毁弃，最终导致滥施专政，政治清洗不断，国无宁日，亿万人民身受其害。[1]

二　经济司法价值观：为经济建设保驾护航

1978年的十一届三中全会之后，我们“重新确立了马克思主义实事求是的路线方针，果断地停止使用‘以阶级斗争为纲’的口号，并做出了把工作重点转移到经济建设上来的战略决策”[2]。“司法（和法律）为经济建设保驾护航”则成为“以经济建设为中心”这一主导理念的具体表达：改革开放以来，中国司法被定位为“为经济建设服务”[3]；“为经济建设保驾护航”成为该时期司法的重要甚至首要目标。[4] 因此，这一历史阶段的司法价值观可称为经济司法价值观。

（一）描述性背景

与政治司法价值观的形成一样，经济司法价值观的产生也有其特定的历史背景。

其一，中共十一届三中全会召开之后，“以阶级斗争为纲”的方针路线被抛弃，党和国家的工作中心转移到经济建设上来——实现了

---

〔1〕于一夫：《“以党治国”面面观》，载《炎黄春秋》，2010年第7期。

〔2〕《十一届三中全会公报》，载《十一届三中全会以来重要文献选编》，中共中央党校出版社1981年版，第10页。

〔3〕王圣诵、王成儒：《中国司法制度研究》，人民出版社2006年版，第379页。

〔4〕卢荣荣、徐昕：《中国司法建设三十年：1978—2008》，载《法治论坛》，2010年第2期。

从“以阶级斗争为纲”到以经济建设为中心、从封闭半封闭到改革开放、从计划经济到市场经济的深刻转变。此后的26年间（1978—2004），中共所召开的五次全国代表大会，即从中共十二大到中共十六大，都将经济作为首要议题，并用大量篇幅阐述其经济建设的方针、原则和目标任务（如表5所示）。

表5　中共十二大至十六大（1982—2002）报告中有关经济发展方针和原则阐述之简表

时间	经济发展方针	经济原则、目标
十二大 1982-09	“促进社会主义经济的全面高涨”；“在全面开创新局面的各项任务中，首要的任务是把社会主义现代化经济建设继续推向前进”。	以计划经济为主，以市场调节为辅
十三大 1987-10	“我们紧紧把握住经济建设这个中心，使国民经济持续稳定增长”；“为了保证经济建设和改革开放的顺利进行，我们党领导人民在政治、思想、文化、国防、外交等领域，进行了大量工作，取得了显著成效”。	国家调节市场，市场引导企业
十四大 1992-10	“经济体制改革的目标，是在坚持公有制和按劳分配为主体、其他经济成分和分配方式为补充的基础上，建立和完善社会主义市场经济体制”；“坚持党的基本路线不动摇，关键是坚持以经济建设为中心不动摇”；“我国经济能不能加快发展，不仅是重大的经济问题，而且是重大的政治问题”。	建立社会主义市场经济体制
十五大 1997-09	“建设有中国特色社会主义的经济，就是在社会主义条件下发展市场经济，不断解放和发展生产力。这就要坚持和完善社会主义公有制为主体、多种所有制经济共同发展的基本经济制度；坚持和完善社会主义市场经济体制，使市场在国家宏观调控下对资源配置起基础性作用。”	形成比较完善的社会主义市场经济体制
十六大 2002-11	“全面建设小康社会，最根本的是坚持以经济建设为中心，不断解放和发展社会生产力”；“必须毫不动摇地鼓励、支持和引导非公有制经济发展。个体、私营等各种形式的非公有制经济是社会主义市场经济的重要组成部分”；“各种所有制经济完全可以在市场竞争中发挥各自优势，相互促进，共同发展”。	建成完善的社会主义市场经济体制和更具活力、更加开放的经济体系

其二，中共十一届六中全会通过了《关于建国以来党的若干历史问题的决议》（以下简称《决议》），首次明确指出：“在社会主义改造

基本完成以后，我国所要解决的主要矛盾，是人民日益增长的物质文化需要同落后的社会生产之间的矛盾。”这一论断为“党和国家工作的重点必须转移到以经济建设为中心的社会主义现代化建设上来”提供了理论支撑。[1]具体而言，主要矛盾和主要任务是一致的，界定了国家的主要矛盾，也就规定了国家的主要任务。国家任务由阶级斗争转向经济建设，正是立基于《决议》将国家主要矛盾由阶级矛盾转变为生产矛盾的历史性论断——就其本质而言，人民日益增长的物质文化需要同落后的社会生产之间的矛盾，乃社会主义生产关系和生产力矛盾的具体表现，因而也是生产与需要矛盾的基本反映。为解决这个矛盾，根本之法是发展生产，或者说集中力量搞建设。集中力量搞建设这个任务，不能建立在阶级矛盾的基点上，认为主要矛盾还是无产阶级与资产阶级的矛盾，也就不可能集中力量搞建设。[2]

其三，颁布新宪法，将以经济建设为基本内核的“现代化建设”作为国家根本任务写进宪法，并规定了多种经济成分共存的经济制度。宪法序言第七段规定国家的根本任务是集中力量进行社会主义现代化建设，其意旨有如 1982 年 11 月彭真同志在宪法修改草案报告中所指出的那样：拨乱反正的一项重大战略方针，就是把国家工作重点坚决转移到社会主义现代化经济建设上来，一切工作都要围绕这个重点，为这个重点服务。国家的巩固强盛，社会的安定繁荣，人民物质文化生活的改善提高，最终都取决于生产的发展，取决于现代化建设的成功。[3]宪法在总纲中规定了以公有制为主体的多种经济形式——除全民所有制、集体所有制外，还有个体经济等形式——的法律地位和国

---

〔1〕杨伯安：《经济建设是党和国家的中心任务——学习〈关于建国以来党的若干历史问题的决议〉》，载《四川师院学报（社会科学版）》，1981 年第 4 期。

〔2〕李克清：《浅论社会主义社会的主要矛盾——学习〈关于建国以来党的若干历史问题的决议〉的体会》，载《财经研究》，1981 年第 3 期。

〔3〕彭真：《关于中华人民共和国宪法修改草案的报告》（1982 年 11 月 26 日）。

家对它们的政策，从而否定了那种认为所有制越单一越好、越大越公越好的错误观点；规定中外合资、合作企业和外国独资企业在我国可依法经营，以根本法的形式向全世界明确宣告了我国的对外开放政策。此外，宪法明确提出了实行承包责任制和其他各项经济体制改革的政策，提出了社会主义建设的根本任务，从而否定了“以阶级斗争为纲”和“吃大锅饭”的平均主义观点。宪法还初步承认市场的作用，否定了单纯强调计划经济而不承认市场作用的观点，规定要保护公共财产和私人合法财产所有权。以上这些规定都说明宪法对经济建设的高度重视，体现了以经济建设为中心与实行改革开放的政策。〔1〕

其四，1987 年的中共十三大首次明确将国家发展阶段定位为“社会主义初级阶段”，并确立了“一个中心，两个基本点”的路线方针。社会主义初级阶段论为“经济建设中心论”提供了现实基础——因为“我国社会主义初级阶段，是逐步摆脱贫穷、摆脱落后的阶段；是由农业人口占多数的手工劳动为基础的农业国，逐步变为非农产业人口占多数的现代化的工业国的阶段；是由自然经济半自然经济占很大比重，变为商品经济高度发达的阶段；是通过改革和探索，建立和发展充满活力的社会主义经济、政治、文化体制的阶段；是全民奋起，艰苦创业，实现中华民族伟大复兴的阶段”〔2〕。“一个中心，两个基本点”的基本路线，即“以经济建设为中心，坚持四项基本原则，坚持改革开放”。其中，以经济建设为中心，是指在社会主义现代化经济建设、民主建设和精神文明建设三项建设中，把经济建设作为中心任务，其他各项建设都要围绕这个中心，并为它服务。改革开放是发展生产力的必由之路，为了大力发展生产力，

---

〔1〕肖蔚云：《宪法在经济建设和改革开放中的作用——纪念宪法颁布十周年》，载《中外法学》，1993 年第 1 期。

〔2〕赵紫阳在中国共产党第十三次全国代表大会上的报告《沿着有中国特色的社会主义道路前进》（1987 年 10 月 25 日）。

搞好经济建设，必须调整生产关系和上层建筑中某些不适应生产力发展的部分和环节，进行经济体制改革和政治体制改革。四项基本原则是发展生产力的根本前提，它规定了经济建设的社会主义性质和方向，规定了我们国家必须走社会主义道路，必须坚持人民民主专政，必须坚持共产党的领导，必须以马列主义、毛泽东思想作为我们的根本指导思想。[1]

（二）分析性促因

在经济建设被设定为国家根本任务的大背景之下，政治、社会和学术等都在不同层面对经济司法价值观的形成产生过助推作用。具体可作如下分析：

其一，维护执政党绩效合法性是经济司法价值观形成的政治动因。所谓绩效合法性，也就是政治统治的有效性，是指通过发展经济，改善人民的生活水平，满足人民的基本需求而获得大多数公众对政治体系的认同，至少是对这种政治秩序持默认的态度。[2] 众所周知，以改革开放为标志的新时期，党的合法性基础主要建构在执政的经济效果之上[3]——统治绩效对于一个在经济文化落后的国度里建立起来的社会主义政权来说，具有重要的意义，是其合法性最为有力的支持和证明。[4] 正是在这个意义上，邓小平一针见血地指出“经济工作是当前最大的政治，经济问题是压倒一切的政治问题”，肯定“政治工作要

---

〔1〕李清泉：《正确把握一个中心两个基本点的关系》，载《思想政治工作研究》，1992 年第 2 期。

〔2〕何显明：《绩效合法性的困境及其超越》，载《浙江行政学院学报》，2004 年第 5 期。

〔3〕王孝鸣、黄卫平：《论新世纪中国共产党的执政基础》，载《深圳大学学报（人文社会科学版）》，2001 年第 5 期。

〔4〕郝宇青：《合法性：苏联剧变的一种解读》，载《华东师范大学学报（哲学社会科学版）》，2002 年第 5 期。

落实到经济上面，政治问题要从经济的角度来解决”。[1] 因此，经济司法价值观名义上是“为经济建设保驾护航”，实质则在于“为政治的合法性保驾护航”。

其二，以“猫论”[2] 为标准的司法文化乃促成经济司法价值观的社会动因。“文革”结束之后，面对积贫积乱多年而濒临崩溃的国民经济，整个社会蕴藏着一股巨大的乱极求治、穷则思变的冲动，但僵化而强大的体制及理论体系仍极具统治力，由此，求变急富的社会心理与僵而不死的思想体系尖锐对立、势同水火。在此背景下，“猫论”再度流行，并成为中国社会工作重心转移到经济发展上的一个理论标志和各项工作的核心评价标准。对司法而言，“猫论”产生了两方面的影响：（1）在法院内部，改变了过去凡事都要先以意识形态考量、凡事都要先从政治着眼、凡事都要先问问教条的评价模式，法院由过去的为“政治”服务向为“经济”服务转变；（2）在法院外部，人们对于司法的评价已经逐渐地由“理想主义”转向“实用主义”，这意味着只有能够有效地解决人们所急需解决之问题的法院，才有可能获得社会的认可与褒扬。在改革开放后的相当一段时间，压抑已久的社会在短时间内呈井喷式地爆发出来的求变急富诉求，在摧毁旧的意识形态和僵化体制的同时，又为社会治理（特别是国家立法和司法方面）带来巨大压力。在这样的情势下，法院只有将主要精力转向社会最迫切需要服务的经济领域。

其三，“市场经济就是法治经济”的论断为经济司法价值观提供了学理支撑。自 1993 年修宪之后，法理学和部门法学都从各自的研究领域，就建立社会主义市场经济过程中法律应当怎样发展的问题作了

[1]《邓小平文选》第 2 卷，人民出版社 1994 年版，第 98 页。

[2]《邓小平文选》第 1 卷，人民出版社 1994 年版，第 323 页。

大量精辟的阐述，提出了“社会主义市场经济是法治经济”的命题。[1]学者们认为：以法律为主要调整手段的市场制度系统，在实现市场经济的高速度和高效益的运行中具有极其重要的作用。从这一意义上讲，市场经济实质上就是法治经济，它的发育程度决定了社会现代化（包括法治现代化）进程的状况。[2]社会主义市场经济客观上要求制定适合于自身需要的法律体系，以法律的形式规范社会经济活动中的各主体行为（包括政府引导、干预、调整市场活动的行为），维护自由、公平的市场竞争秩序[3]，促进社会生产力的发展[4]。对此，司法显然不能缺位。因为，市场经济供给与需求二者之间的矛盾，以及市场参与主体间的相互博弈规律，都内在地要求司法制度为市场经济保驾护航。[5]具体而言，市场主体独立自主平等的地位需要司法体系来确认和保障；市场竞争中的规则需要司法理念来确立；市场交易活动和交易中的诚实信用需要司法实践来维系；开放统一的市场体系需要司法制度来规范；社会秩序需要司法价值来指引；国家对经济的宏观调控也离不开司法的保障。[6]因此，“市场经济实质上就是法治经济”的学理判断，构成了司法活动为经济建设服务的逻辑起点。

---

〔1〕石泰峰：《市场经济与法律发展——一种法社会学思考》，载《中外法学》，1993 年第 5 期。

〔2〕林喆：《树立市场经济观念，推进法制现代化进程——“法律与社会发展”学术研讨会综述》。由上海社会科学院法学研究所、北京大学、中国人民大学、吉林大学和《法学》月刊社联合发起的“法律与社会发展”学术研讨会于 1992 年 9 月 21 日召开，本文是此次研讨会的观点综述。

〔3〕Wu Xiaochen, “Overview of China's 10 Years of Antidumping Law and Practice”, *Global Trade and Customs Journal*, Vol.3 (2008) , p.239.

〔4〕Daniel M. Klerman, “Legal Infrastructure,Judicial Independence, and Economic Development”, *Pacific McGeorge Global Business & Development Law Journal*, Vol. 19, Issue 2 (2007) , p.427.

〔5〕[美] P. 诺内特、P. 塞尔兹尼克：《转变中的法律与社会：迈向回应型法》，季卫东、张志铭译，中国政法大学出版社 1994 年版，第 32 页。

〔6〕Pitman B. Potter, “Legal Reform in China: Institutions, Culture, and Selective Adaptation”, *Law & Social Inquiry*, 2004, Spring, Vol.29, No.2.

（三）解释性表征

在实践中，经济司法价值观之表征可以从不同侧面作多重解释。比如，在组织机构上，法院设立了专门的经济审判庭（2000 年取消，为民商事审判庭所取代）；审判重心由刑事审判向经济审判漂移；自我定位开始由政治角色向经济角色转变，等等。

其一，经济审判机构的设立。1979 年通过的《人民法院组织法》规定：最高人民法院，高级人民法院，直辖市的中级人民法院和省、自治区辖的市中级人民法院应设经济审判庭，以专门担负经济审判工作。随之最高人民法院、各高级人民法院以及部分市中级人民法院于 1979 年底以前，相继建立了经济审判庭。1983 年第六届全国人大常委会根据形势的发展，对《人民法院组织法》作了修改，决定全国各级人民法院应普遍设置经济审判庭，据此，全国各基层法院也相继设立了专门的经济审判庭。〔1〕根据《最高人民法院经济审判庭关于人民法院经济审判庭受案范围的初步意见》（1980），经济审判工作的任务，就是通过处理经济纠纷、经济犯罪和涉外经济案件，保障社会主义现代化建设事业的顺利进行；其受案范围包括经济纠纷案件、经济犯罪案件和涉外经济案件等。根据第二次全国经济审判工作会议报告，截至 1991 年 5 月，全国从事经济审判业务的人数达到 2.4 万余人。至此，一套与刑事审判、民事审判并存的完整的经济审判体系基本形成。

其二，法院审判重心由刑事审判向经济审判漂移。1982 年伊始，中共中央便提出开展打击经济领域中严重犯罪活动的斗争，并把它列为当年全国的中心任务之一。随后的 3 月 8 日，第五届全国人大常委会第 22 次会议通过《关于严惩破坏经济的罪犯的决定》，3 月 15 日最

〔1〕岳志强、强钧：《我国经济审判工作在开拓中前进》，载《瞭望周刊》，1986 年第 34 期。

高人民法院发出关于坚决执行全国人大常委会《关于严惩破坏经济的罪犯的决定》的通知，要求各级人民法院认真学习和坚决执行《关于严惩破坏经济的罪犯的决定》，把审判经济犯罪案件作为头等重要任务抓紧抓好。7 月召开的全国高级人民法院和专门人民法院院长座谈会，对打击经济领域中严重犯罪活动的问题又作了研究部署。4 月 13 日，中共中央、国务院发布《关于打击经济领域中严重犯罪活动的决定》。1982 年 12 月 6 日在第五届全国人民代表大会第五次会议上，时任最高人民法院院长江华专门就经济审判问题向大会做报告，其篇幅超过整个工作报告的百分之六十。[1] 其后，最高人民法院每年的工作报告中均以重要篇幅，就经济审判情况做专门报告，直至经济庭被撤销。有学者指出：从人民法院受案来看，如果刑事案件上升，说明社会治安不好，犯罪增加；民事案件，如婚姻、继承等案件上升，说明人民内部矛盾突出，人心不太安定团结。经济纠纷案件数量逐年上升，说明过去长期习惯于用行政手段解决的经济纠纷，现在用经济的和法律的手段来解决了。随着经济立法的日趋完备，今后用法律手段解决经济纠纷的范围会越来越广。随着人们法制观念的增强，要求法院解决的经济纠纷案件也会越来越多（如表 6 所示）。[2]

表 6　1986—2000 年全国经济审判受案情况简表

年份	经济犯罪案件		经济纠纷案件	
	受案总数	同比增长	受案总数	同比增长
1986	78133	55.52%	322000	42.11%
1987	60691	-28.73%	365848	18.63%

〔1〕整个报告共 4953 个字，其中经济审判的专门汇报占 2988 个字，在剩余的 1965 个字中，也有不少涉及经济审判的内容。

〔2〕沈关生：《经济纠纷案件何以上升》，载《瞭望周刊》，1986 年第 34 期。

续表

年份	经济犯罪案件		经济纠纷案件	
	受案总数	同比增长	受案总数	同比增长
1988	55180	-9.98%	513615	39.90%
1989	76758	39.10%	694907	35.45%
1990	88184	14.89%	588143	-14.68%
1991	40366	-54.23%	587148	-0.16%
1992	37825	6.51%	650601	12.2%
1993	27463	-27.39%	894410	37.15%
1994	30793	12.12%	1043301	18.31%
1995	45496	47.74%	1278806	22.75%
1996	65424	4.38%	1500647	17.34%
1997	27481	-46.78%	1483356	-2.4%
1998	32572	13.3%	1455215	-1.9%
1999	38092	14.44%	1535613	5.52%
2000	44052	15.66%	1297843	-15.48%

其三，在自我定位上，人民法院已经完成了由一个纯粹的政治角色向一个经济角色的转变。这一点，可以从历届（1980—2004）最高人民法院的工作报告中找到印证（如表 7 所示）。

表 7　1980—2004 年最高人民法院工作报告中有关人民法院自我定位表述简表

时间	最高人民法院工作报告摘要
1980-09-02	高级人民法院和大多数中级人民法院都建立了经济审判庭。
1981-12-07	适应社会主义现代化建设事业的需要，开展经济审判工作，是新的历史时期赋予人民法院的一项重要任务，也是人民法院的一项新课题。
1982-12-06	坚决打击经济领域中的严重犯罪活动，是一项长期的重大任务。它是我们坚持社会主义道路，进行现代化建设的一项重要保证，也是坚持实行对外开放、对内搞活经济政策的重要措施。

续表

时间	最高人民法院工作报告摘要
1983-06-07	严惩严重破坏经济的罪犯，保障社会主义经济建设的顺利进行；积极开展经济纠纷案件审判工作，调整经济关系，维护经济秩序。
1984-05-26	随着全党工作重点的转移和社会主义现代化建设事业的发展，迫切需要积极开展经济立法和经济司法工作，加强经济领域的社会主义法制，保障经济建设的顺利进行。
1985-04-03	最高人民法院召开了全国法院院长会议，就审判工作如何更好地为经济体制改革和社会主义现代化建设服务作了部署。
1986-04-08	根据经济体制改革的深入进行和国民经济的进一步发展的新形势，人民法院必须把经济审判工作放到调节社会主义经济关系和经济活动的高度上来予以重视和加强。
1987-04-06	打击严重经济犯罪活动的斗争对经济体制改革和开放政策沿着社会主义轨道胜利前进，起了有力的保障和促进作用。
1988-04-01	全国各级法院将努力通过自己的工作，为发展社会主义民主，加强社会主义法制做出更多的贡献，更好地为经济建设，为坚持四项基本原则，为坚持改革开放服务。
1989-03-29	进一步努力做好审判工作，积极为治理经济环境、整顿经济秩序和全面深化改革服务，为建设社会主义物质文明和精神文明服务。
1990-03-29	牢固树立一切审判工作都要为保障和促进国家的政治、经济和社会进一步稳定服务的观念。
1991-04-03	经济审判是人民法院运用法律手段调节经济关系、直接为经济建设服务的。
1992-03-28	运用审判职能，调整经济关系，积极为加快改革开放和发展经济服务。
1993-03-22	各级人民法院通过审判活动，调节经济关系，维护经济秩序，积极参与治理整顿，努力为搞好国有大中型企业和发展农村经济服务，为加快改革开放和经济建设服务。
1994-03-15	人民法院要通过审判活动，为规范市场行为、维护市场秩序、促进市场发育，积极发挥司法保障作用。
1995-03-13	人民法院要运用司法手段，处理好与深化企业改革有关的案件，促进现代企业制度的建立；处理好涉及农村经济发展的各类案件，促进农村经济体制改革的深化和经济的发展。
1996-03-12	进一步加强经济审判工作，依法调节经济关系，维护社会主义市场经济秩序，促进改革开放和经济发展……通过审判活动，促进依法治国，保证国家长治久安和经济繁荣发展。
1997-03-11	要大力加强经济审判工作和执行工作……规范市场行为，维护社会主义市场经济新秩序，推进现代企业制度的建立，保障和促进国民经济的持续快速健康发展。

续表

时间	最高人民法院工作报告摘要
1998-03-10	各级人民法院要全面发挥惩治犯罪、调节经济关系、保护合法权益的职能作用，促进经济发展和社会全面进步。
1999-03-10	积极为改革开放和经济建设服务；充分发挥各项审判职能，保障国家各项改革措施的落实。
2000-03-10	按照国家对经济工作的重大部署，充分发挥人民法院依法调节、保护、规范经济活动的职能，依法保障国有企业的改革和发展，依法保护非国有企业的合法权益，积极化解和防范金融风险。
2001-03-10	加强审判和执行工作，为社会稳定和经济发展提供司法保障；调节民商事和行政关系，化解社会矛盾，促进国民经济和社会发展。
2002-03-11	依法调节经济关系和其他社会关系；依法审理涉及企业改制、购销、借贷、农业和农村经济发展、金融以及海事海商纠纷等案件，有利于市场经济活动健康有序进行和市场信用的建立。
2003-03-11	继续全力维护社会稳定；依法严厉打击危害国家安全和危害社会治安犯罪、破坏市场经济秩序犯罪和贪污贿赂犯罪，为经济发展和社会进步创造良好法制环境。
2004-03-10	为完善社会主义市场经济体制提供司法保障，依法保障国有企业股份制改造，促进社会主义市场经济体制的完善。

（四）逻辑性反思

在经济建设就是最高政治的大前提下，为经济建设保驾护航的经济司法价值观显然可以解释为政治司法价值观的变种。但是，相对于“为阶级斗争服务”的旧的政治司法价值观而言，为经济服务的司法价值观显然是一种历史性进步。从功能视角而言，经济司法价值观带有某种程度的实用主义司法意味；1978 年之后二十余年的经济改革之所以功效卓著，正是得益于这种带有实用主义意味的司法之保驾护航。但绩效不能改变本质，经济司法价值观所内嵌的工具司法之本质并不会因保驾护航之功效而改变，因而仍有必要对其作逻辑性反思。

其一，经济司法价值观有导致司法权角色错位之虞。在学理上，司法所扮演的角色应当是纠纷的裁断者，并以专业技能为依托，独立地处理社会纠纷，维护社会公平正义，修复受损的社会关系。因此，经济的发展固然是司法积极追求的社会效果，却不应当被拔高为它的核心使命。但是，在经济司法价值观的支配下，司法机关在漫无边际的经济建设大海中反而忘却了自身的应有使命——诚如有学者指出的那样，“经济建设”的内涵实在太广，且大部分需要主动而为，消极被动自然难以体现“保驾护航”的积极性与力度，这与司法的被动性不相容。[1] 实践中，法院通过积极主动地发挥司法审判职能，防范金融风险，维护国家宏观经济稳定，全面介入到国有企业改革、金融体制改革、住房制度改革、粮食流通体制改革、社会保障体制改革、农用土地纠纷以及制度改革等重大的、涉及全局性的国家经济稳定和社会政治稳定的领域，以司法确认的方式维持相关领域的改革的宏观动态稳定，其结果是迫使司法角色错位，并最终牺牲了司法权被动性、中立性的特征和正常的司法工作秩序。也许，角色的一时错位并不可怕，怕就怕这种错位成为习惯——一旦形成习惯性错位，再好的纠错机制恐怕都难以让其复归原位。

其二，经济司法价值观有导致司法权地方化之惑。有学者指出，在“司法为经济建设保驾护航”的口号下，地方党政部门心中的“经济”自然是“地方经济”，本来属于全社会或属于国家的司法也就顺理成章地成了“地方的司法”，“地方司法为地方经济建设保驾护航”成了这个命题的实质内涵。中国司法领域中存在的诸如“封锁市场”“垄断资源和生产服务”“纵假护假”“以邻为壑、消极执法”“干预执法、设置障碍”等各种地方保护主义痼疾，与经济司法价值观均存在或近或远的关联性。

〔1〕韦群林：《从“经济”到“秩序”：论司法对市场经济秩序的保障作用》，载《中国市场》，2007 年第 40 期。

其三，经济司法价值观有导致司法沦为党政官员“保绩护官”工具之嫌。在“以经济建设为中心”与“发展才是硬道理”的指挥棒下，经济的发展成为各级党政的核心任务，经济指标由此成为官员升迁的垫脚石。[1]为此，各级党政官员千方百计调动一切可以调动的资源和力量，为其所管辖范围的经济建设服务。于是，国家党政强调各级司法要为国家宏观调控、全国经济建设之大局服务；地方党政则要求其所辖区的司法为地方经济保驾护航。在中国现有的政法体制之下，各级党政很难抑制“要求司法护航的冲动”，因为现实摆在这儿：护住了“经济”，就意味着护住了“政绩”；护住了政绩，就意味着护住了“职务晋升的康庄大道”。同理，司法也很难拒绝这种护航“要求”，因为现实也摆在这儿：护住了“经济”，就意味着护住了“党政领导”；护住了“党政领导”，就意味着护住了“自身的位子”，也护住了法院的福利。[2]

三　社会司法价值观：为社会稳定排忧解难

2004 年 3 月 14 日第十届全国人民代表大会第二次会议，通过了对“八二宪法”的第四次修正草案，共涉及 14 条修正案，为历次修改量之冠。鉴于此次修宪的内容多涉及社会领域，可视为中国宪法由政治宪法向社会宪法转型的标志。[3]随后，中共中央于 9 月 19 日召开的

---

〔1〕Li Lin, “The Comprehensive Development of Rule of Law in China: On the 30th Anniversary of Reform and Opening”, *China Legal Development Yearbook*, 2010, Vol.4, p.1.

〔2〕He, Weifang, “China's Legal Profession: The Nascence and Growing Pains of a Professionalized Legal Class”, *Colum. J. Asian L.* (2005-2006), p.138.

〔3〕陈瀚博士曾专门撰文对此作了阐述，并明确提出“2004 年修宪标志着我国法制由阶级性向社会性的转变”的论断。陈瀚：《社会性：由 2004 年修宪论中国当代法律的本质》，载《集美大学学报（哲学社会科学版）》，2004 年第 4 期。

第十六届四中全会正式提出了“构建社会主义和谐社会”的概念[1]，并将其设定为中国共产党今后执政的战略任务（2005 年）。从这个意义上说，中国已经开启了第三次社会转型——国家的注意力开始由经济领域向社会领域转移，社会建设成为这个历史阶段的基本议题。与此相对应，中国司法也被随之定位为“和谐社会的建设者”——必须为社会稳定排忧解难，为建设和谐社会添砖加瓦。至此，“为经济建设保驾护航”的经济司法价值观已经转向“为社会稳定排忧解难”的社会司法价值观。

（一）解释性背景

历史地看，2004 年的第四次修宪和“建设和谐社会”执政战略任务的提出，是社会司法价值观形成的基本背景。

其一，2004 年 3 月 14 日，第十届全国人大二次会议以高票通过《中华人民共和国宪法修正案》，共涉及 14 条修正案，为历次修改量之冠，其中的“三个代表”条款、“社会主义事业的建设者”条款、“国家尊重和保障人权”条款、“公民的合法的私有财产不受侵犯”条款以及“建立健全同经济发展水平相适应的社会保障制度”条款等等，均关涉社会领域。比如，“三个代表”条款扩大了执政党的社会基础，有弥合因利益多元化所带来的社会分割或断裂之意图；“社会主义事业的建设者”条款扩大了统一战线的社会基础，有强化社会团结之意味；“社会保障制度条款”则直接课以国家加快社会建设、强化公民社会权益保障之责任，为国家重心向社会领域倾斜或者分流提供宪法依

〔1〕按照中央的解释，所谓和谐社会，指的是一种和睦、融洽并且各阶层齐心协力的社会状态；其主要特征和总体要求是“民主法治、公平正义、诚信友爱、充满活力、安定有序、人与自然和谐相处”。《中共十六届四中全会在北京举行》，载《人民日报》，2004 年 9 月 20 日第 1 版。

据——中国宪法也因此被赋予了更为鲜明的社会宪法[1]之意蕴，它意味着国家宪法演变的步履已经从经济立宪阶段转向了社会立宪阶段。

其二，为了落实中共十六大关于"推进司法体制改革"的战略部署，2003 年 4 月，中央政法委员会向中央提出了《关于进一步推进司法体制改革的建议的请示》。同年 5 月，中央对司法体制改革的指导思想、原则、目标、重点及工作方法作了重要指示，并决定在中央直接领导下，成立由中央政法委员会、全国人大内务司法委员会、政法各部门、国务院法制办及中央编制办的负责人组成的中央司法体制改革领导小组，全面领导司法体制改革工作。[2]中央司法体制改革领导小组于 2004 年底形成了《中央司法体制改革领导小组关于司法体制和工作机制改革的初步意见》，提出了改革和完善诉讼制度、诉讼收费制度等一系列改革任务。在该文件基础上，最高人民法院出台了《人民法院第二个五年改革纲要》，对落实中央司法改革任务的具体措施和步骤作出安排部署。2004 年 8 月 28 日，第十届全国人大常委会第十一次会议通过了《关于完善人民陪审员制度的决定》，对我国人民陪审员制度进行了重大改革，进一步完善了该项制度。

其三，中国社会进入矛盾高发期，执政党提出建设社会主义和谐社会的战略决策。自改革开放以来，我国的经济建设尽管取得了显著成就，但社会建设却相当滞后——基于社会参与主体的多元化以及各参与主体立场视角的差异性，社会断裂、矛盾凸显、冲突升级等成了社会转型期不得不面对的现实境遇。调和各个主体间的冲突，促进各个主体达成共识，这显然成为当下社会最紧迫的需求。[3]为了更好地应对社会转型当中凸现的问题，党的十六届四中全会依据现实国情提

〔1〕任喜荣：《"社会宪法"及其制度性保障功能》，载《法学评论》，2013 年第 1 期。
〔2〕沈德咏主编：《中国特色社会主义司法制度论纲》，人民法院出版社 2009 年版，第 136 页。
〔3〕谭世贵：《中国司法改革的回顾与反思》，载《法治研究》，2010 年第 9 期。

出了构建社会主义和谐社会的战略构想，执政党提出将“和谐社会”作为执政的战略任务，“和谐”的理念成为建设“中国特色的社会主义”过程中的价值取向。“民主法治、公平正义、诚信友爱、充满活力、安定有序、人与自然和谐相处”成为和谐社会的主要内容。但是，社会转型期的现实境遇与“构建和谐社会”的总体目标相距甚远，而司法修复受损社会关系、维护社会公平正义的内在特质，恰恰弥合了二者之间的紧张关系。故此，正是二者间的紧张博弈关系催生了“为社会稳定排忧解难”的社会司法价值观。

（二）分析性促因

社会司法价值观的形成有其政治、社会以及学理等多方面的原因。

其一，“维稳政治”乃促成社会司法价值观的政治动因。中共十六届四中全会以后，继续维持社会稳定成为中央各项工作的重中之重。至此，“维稳”已经上升为与“发展”并重的核心任务（如图 3 所示），因此，它也顺理成章地被设定为考核各级党政官员的核心指标，许多地方甚至对“维稳”出台“一票否决制”——将维护社会稳定设定为各级党委、政府和各部门各单位的重大政治责任，对发生影响稳定的重大问题的地方，要坚决实行一票否决警示，直至一票否决。在这样的背景下，司法的定位从“为经济建设保驾护航”转向“为社会稳定排忧解难”也就顺理成章。维护社会稳定，司法责无旁贷；在其成为政治任务的条件下，“维稳”也当然地成为政法体制之下中国司法的基本政治使命，毕竟国家与社会的稳定离不开司法的保障。[1]

〔1〕Pitman B. Potter，“Legal Reform in China: Institutions, Culture, and Selective Adaptation”，*Law & Social Inquiry*, 2004, Spring, Vol.29, No.2.

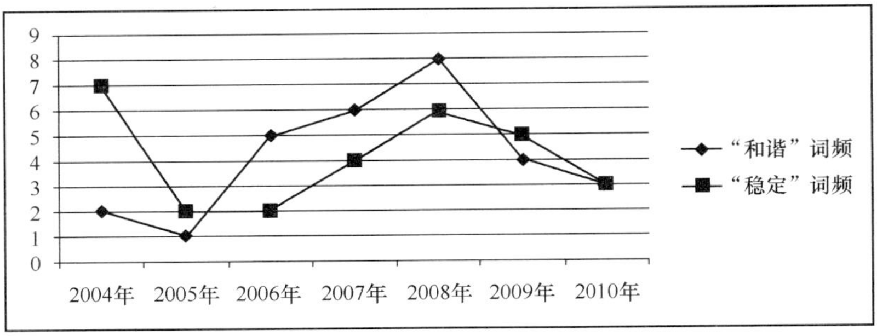

图3　2004—2010 年最高人民法院工作报告中

“和谐”与“稳定”两个词的出现频率

其二，“维权诉求”乃促成社会司法价值观的社会动因。进入 21 世纪，公民的维权诉求变得更为迫切，相应地，各种维权现象也较之过往更为频发。据统计，仅 2003 年至 2005 年，三年内发生群发性事件达二十余万起，涉及民众一千余万；如果加上零散上访的请愿者，人数就更多了。[1] 维权诉求一方面给包括法院在内的各公权机构制造了巨大压力，它使得通过法律的社会控制面临越来越严峻的考验[2]，迫使政府将注意力向社会领域分流；另一方面又暴露了社会迫切需要司法介入维权的大众心理——事实上，自 2004 年之后，大量维权事件中多有法律人士的身影，他们或直接或间接地参与到维权事件之中，并将大量的维权议题直接转变为司法议题，进一步促使政治维权向司法维权转变。由此，司法在应对“由总体性社会向分化性社会转变”[3] 的历史境遇中所产生的维权诉求的过程中，也历

〔1〕杜光：《应当正确认识维权运动》，http://www.aisixiang.com/data/10995.html，最后访问时间为 2013 年 5 月 20 日。

〔2〕Jacques Delisle，“Security First-Patterns and Lessons from China's Use of Law to Address National Security Threats”，*Journal of National Security Law & Policy*, Vol. 4, Issue 2 (2010) , p.397.

〔3〕同上。

史性地实现了自身定位的转变。

其三，和谐社会乃宪政国家建设之基础等学术论断是促成社会司法价值观的学术动因。基于公民社会与宪政国家的二元关系，学者们出于将和谐社会建设的议题纳入宪政论域的考量，意欲挖掘和谐社会的建设与宪政国家建设之内在关联性，提出和谐社会宪政价值之命题，并论证和谐社会的建构有助于宪政国家所必需的社会基础和社会环境等核心议题。构建和谐社会，就是要促使社会各阶层融合与团结，就是要推动社会与政府之间的良性互动与合作，就是要塑造公平与正义的公民文化，就是要构建规范、民主与法治的社会机制。而所有这些，都是宪政国家建设不可或缺的基本条件。[1] 这些学术观点也在某种程度上为社会司法价值观提供了合法性辩护——司法为和谐社会建设服务不仅不是在“不务正业”，而且是在“曲线建设宪政国家”。

（三）解释性表征

在实践中，社会司法价值观呈诸多表征：在司法理念上，明确提出司法为民等司法政策；在自我定位上，逐渐由纯粹的裁判者向社会治理者角色转变；在司法评价上，逐渐重视司法判决的社会效果，等等。这些均展示出当时中国的社会司法价值观。

其一，力塑司法为民的司法理念。2003 年，最高人民法院提出司法为民的要求，并制定 10 项制度，实施 23 项具体措施。地方各级人民法院结合工作实际，出台了一系列司法便民、利民、护民具体措施并狠抓落实，全心全意为人民服务。具体措施有五：（1）建立涉诉信访摘报等制度，关注申诉来访中的热点问题；改善接访立案

〔1〕江国华：《和谐社会的宪政价值》，载《法学论坛》，2005 年第 4 期。

条件，为当事人提供良好的诉讼环境；改变审判作风，进一步克服“门难进、脸难看、事难办”的状况。（2）完善司法救助制度，保障经济确有困难的群众平等参与诉讼；各级法院根据实际情况，扩大司法救助范围，完善司法救助办法。（3）不断提高法官的司法水平和审判质量，正确处理好客观事实与法律事实的关系、实体公正与程序公正的关系、法律效果与社会效果的关系；全面落实公开审判制度，方便人民群众旁听案件审判、查阅裁判文书，以公开促公正。（4）继续推广适用刑事普通程序简化审理被告人认罪案件的做法，建立和完善民事案件繁简分流机制；提高司法效率，使当事人尽快获得公平裁判的结果。（5）加强基础建设，把矛盾纠纷化解在基层；司法为民，重点在基层；最高法院要求基层人民法院充分发挥贴近群众的优势，设立巡回法庭，采取就地立案、就地开庭等方式，及时解决普通民事纠纷；加强诉讼调解，充分发挥调解解决纠纷的职能作用；加强对人民调解组织的指导，不断提高人民调解工作水平，维护社会的和谐稳定。〔1〕

其二，法院的自我定位从裁判者向治理者转变。畸形的政绩观和片面的经济增长方式给中国社会带来诸多困境，对此，中共中央提出“坚持以人为本，树立全面、协调、可持续的发展观，促进经济社会和人的全面发展”，即“科学发展观”。其中，“以人为本”是逻辑起点，“促进经济社会和人的全面发展”是逻辑终点，“树立全面、协调、可持续的发展观”是逻辑中项。基于此，为回应政治和社会发展的需求，司法角色自觉不自觉地由纠纷裁断者转向社会治理者。作为社会管理机构，法院具有社会治理方面的功能〔2〕，但

〔1〕肖扬：《最高人民法院工作报告——2004 年 3 月 10 日在第十届全国人民代表大会第二次会议上》。
〔2〕江必新：《能动司法：依据、空间和限度》，载《人民司法》，2010 年第 1 期。

人民法院还是一种特殊的治理机关，它是通过审判的社会治理者[1]——关注2004—2010年最高人民法院工作报告，大致可以追踪这种转向的轨迹（如表8所示）。另者，社会之于司法的期望和评价，也逐渐从“经济标准”转向“社会标准”——从《人民日报》发表的相关论文摘要可略见一斑（如表9所示）。

表8 2004—2010年最高人民法院工作报告中有关人民法院自我定位表述之简表

年份	报告内容摘要
2004	加强审理刑事犯罪案件适用法律的司法解释，维护社会稳定；为全面建设小康社会营造长期稳定的社会环境，为维护国家安全和社会稳定，全面建设小康社会做出更大的贡献。
2005	依法严惩严重刑事犯罪，维护国家安全和社会安定；加强审判和执行工作，维护社会稳定。
2006	发扬人民司法的优良传统，继续贯彻“能调则调，当判则判，调判结合，案结事了”的原则，大力加强司法调解工作，促进和谐社会建设。
2007	依法惩罚刑事犯罪，努力维护国家安全和社会稳定；进一步增强司法能力，提高司法水平，为构建社会主义和谐社会、推进社会主义现代化建设事业，提供更加有力的司法保障。
2008	发挥审判职能作用，促进社会和谐稳定；必须坚持“宽严相济”“调判结合”“监督与支持并重”的刑事、民事和行政审判政策，力求案结事了，促进和谐社会建设。
2009	最高人民法院更加注重推动科学发展、维护社会稳定、促进社会和谐；高度重视运用调解手段化解矛盾纠纷，着眼于促进社会和谐。
2010	加强审判工作，维护国家安全，保障社会和谐稳定。

〔1〕强世功：《法制与治理——国家转型中的法律》，中国政法大学出版社2003年版，第144页；刘风景：《“刀把子”的隐喻学阐释——分析人民法院性质与职能的新进路》，载《清华法学》，2008年第1期。

表9　2004—2010年《人民日报》有关司法社会期望或评价文章摘要之简表

发表时间	核心内容
2005-04-17	我们要维护社会稳定，实现社会和谐，一个重要问题是依法有序地看待和处理面对的问题。依法治国这句话，大家都拥护，这就意味着必须健全社会主义法制，充分发挥法治在促进、实现、保障社会和谐方面的重要作用。
2005-05- 24	没有社会稳定，构建社会主义和谐社会就无从谈起；推进和谐社会建设，要求我们必须做好社会治安综合治理工作。我们要站在全面建设小康社会、推进和谐社会建设的战略高度，充分认识做好社会治安综合治理工作的重要性和必要性。
2005-06-01	保持安定有序、维护社会稳定，是法院的重要职能。在社会转轨时期，运用审判职能严厉打击各类犯罪、维护稳定的社会秩序，法院义不容辞。
2006-10-25	政法机关的性质、特点和担负的职责、任务，决定了必须紧紧围绕构建社会主义和谐社会的总目标，深化维护稳定工作认识，完善维护稳定工作思路，创新维护稳定工作机制，加强维护稳定工作薄弱环节，努力促进社会和谐。
2006-11-08	要按照构建社会主义和谐社会的要求，进一步加强刑事审判工作，全面发挥刑事审判职能，依法严厉打击严重刑事犯罪，加强人权司法保护，确保社会治安大局稳定，为全面建设小康社会创造稳定和谐的社会环境。
2008-12-18	政法机关要认真贯彻落实党的十七大、十七届三中全会和中央经济工作会议精神，坚持以邓小平理论和“三个代表”重要思想为指导，深入贯彻落实科学发展观，着力促进经济平稳较快发展，着力推进司法体制和工作机制改革，着力保障社会公平正义，着力加强政法队伍思想政治建设，着力维护国家安全与社会和谐稳定。
2009-07-08	安定有序的社会秩序是广大人民群众的工作和生活所必需的。只有维护正常的社会秩序，然后才谈得上解决其他问题。
2009-10-21	基层政府和党政干部要认真领会中央精神，在果断处置各种突发事件、保一方平安时，朝夕厉惕，奋发有为，在把握社情民意、进行舆论引导、响应民众诉求等方面，推进观念创新和制度创新，更好地履行维护社会和谐、促进科学发展的职责。
2010-12-21	围绕科学发展这个主题和加快转变经济发展方式这条主线，以深化司法体制机制改革为动力，以加强政法机关党的建设为保证，推动政法事业全面发展进步，为维护我国发展的重要战略机遇期、实现“十二五”时期经济社会又好又快发展，创造和谐稳定的社会环境、公平正义的法治环境、优质高效的服务环境。

其三，逐渐重视审判的社会效果，提出“两个效果相统一”的司法政策。早在2002年召开的全国民商事审判工作会议上，时任最高人民法院副院长的李国光首次提出“两个效果相统一”的原则，他指出：“衡量人民法院审理民商事案件质量好坏的重要标准，就是看在办

案中能否从党和国家大局出发始终坚持法律效果与社会效果的统一”，“审判的法律效果是通过严格适用法律来发挥依法审判的作用和效果；审判的社会效果则是通过审判活动来实现法律的秩序、公正、效益等基本价值的效果”。[1] 2004 年，时任最高人民法院院长肖扬在耶鲁大学的演讲中提出：“法律不可能成为解决所有纠纷的‘灵丹妙药’，法律以外的因素如道德、情理也是司法过程中不可忽略的。判决不仅是单纯的法律责任的判断，更重要的，它是一个可能造成一系列社会影响的司法决策。为此，中国司法机构提出了审判的法律效果与社会效果的有机统一问题。”[2] 至此，“法律效果和社会效果相统一”正式成为中国司法的一项基本政策。

（四）逻辑性反思

在稳定压倒一切的思维框架里，为社会稳定排忧解难的社会司法价值观仍未跳出政治司法观的窠臼。但是，相对于庸俗的经济司法价值观而言，为和谐社会服务的社会司法价值观又是一种历史性的进步——就其功能而言，司法定位由狭隘的经济领域转向更为广阔的社会领域，其眼界和视域均得到拓展或广延，并让司法逐渐回缚于其所赖以存在和运行的社会。但社会司法价值观本质上仍然是一种司法工具主义价值观，因而，仍有必要对其作历史性反省。

其一，庸俗的结果正义导向。社会司法价值观有将中国司法导向“庸俗的结果正义论”之虞。庸俗的结果正义论是以结果为评判标准的逆向评价机理——若结果正义，则意味着过程正义、手段正义、目的

〔1〕参见李国光 2002 年 12 月 9 日在全国民商事审判工作会议上的讲话——《认清形势，统一认识，开拓创新，努力开创民商事审判工作新局面，为全面建设小康社会提供司法保障》。

〔2〕肖扬：《中国司法：挑战与改革》，载《人民司法》，2005 年第 1 期。

正义。在这种评价机理支配下，为了得到一个所谓“正义的结果”，可以不问手段、不问动机、不问过程……而判断正义结果的根本依据，从大的方面来说，就是人民满意，从小的方面来说，就是当事人满意；从抽象层面来说，就是“社会和谐”，从具体层面来说，就是当事人息诉或息访。正是在这样的背景下，中国司法界流传着这样几句亘古未有的名言：搞定就是稳定——把事情解决了；摆平就是水平——把各方面的诉求照顾到，减少信访；没事就是本事——稳定了和谐了，天下就太平了。

其二，助长法律虚无主义。司法的过程应当是法律实现的过程，也是法治教育的过程。但是，在庸俗的社会司法价值观的主导下，社会效果等同于社会稳定，等同于国家大局，等同于党和国家领导人的最高指示。在这样的逻辑下，社会效果实际上成了判断司法政治正确的根本指标，进而成为束缚法院依法独立行使审判权、作出公正裁判的紧箍咒——社会效果标准的引入，使法官不得不关注法律之外的价值目标，势必分散法官寻求法律价值目标的专注力。[1] 事实上，不少法官为了避免当事人申诉上访，为了避免公众的批评，或者为了迎合个别领导担心出现不安定因素的想法，无端放弃法律原则，漠视法律的公平正义，仅仅寻求眼下的、暂时的稳定。这种做法的结果是：一方面，法院放弃了自身职守——法律不再是判案的唯一依据，甚至仅仅是一种摆设；另一方面，当事人放弃了对法律和司法的有限信任，返璞到“自力救济”的原始心理——不怕事大，就怕不闹大，闹得越大，胜算越大。由此，法律很可能变成一纸空文。

其三，助长民粹主义。在庸俗的社会司法价值观主导下，不少法官将服从民意、社会舆论作为追求社会效果的重要手段，甚至是唯一

〔1〕戴乾涨：《契合与冲突：社会效果司法标准之于司法公正——一个关于法律至上司法理念的话题》，载《法律适用》，2005年第5期。

手段。有的法官认为社会公众关注的案件如果处理不好，不仅当事人不满意，还可能成为媒体口诛笔伐的对象；在社会舆论呈一边倒的情况下，法官顺应民意进行裁判，可以平息民怨，避免给法院或法官个人带来各种困扰。的确，民意和社会舆论是裁判不可忽视的重要因素，司法尊重民意在一定程度上体现了司法民主，也贯彻了司法为民的宗旨。但是对民意不加分析、不加引导地一味迁就、服从，则超出了民主范畴，并有将司法审判陷入民粹主义陷阱之危险。[1] 社会舆论并非一种规范化或制度化的司法评价机制，若过分迁就，中国司法将不可避免地陷入两重困境：一是娇纵舆论干预司法的恶习，二是积患司法之舆论恐惧症。

四　走向衡平司法价值观：为法治文明注译导航

2010 年 3 月 10 日，时任全国人大常委会委员长的吴邦国在十一届全国人大四次会议上宣布：一个立足中国国情和实际、适应改革开放和社会主义现代化建设需要、集中体现党和人民意志的，以宪法为统帅，以宪法相关法、民法商法等多个法律部门的法律为主干，由法律、行政法规、地方性法规等多个层次的法律规范构成的中国特色社会主义法律体系已经形成。10 月 18 日，中共中央第十七届五中全会通过了《关于制定国民经济和社会发展第十二个五年规划的建议》，要求“以科学发展为主题，以加快转变经济发展方式为主线，深化改革开放，保障和改善民生”。以上述两个事件为标志，中国社会已悄然进行着第四次转型：在国家法治建设上，由“立法主导”转向“司法主导”；在经济发展方式上，从粗放式增长转向集约型增长，从投资推动

〔1〕钱海玲、李杰：《论司法效果及其实现》，http://tjfy.chinacourt.org/public/detail.php?id=9800，最后访问时间为 2013 年 5 月 20 日。

型增长转向创新推动和消费投资协调型增长，从外向主导型转向内需主导型——实现更有效率、更有质量、更加环保的科学发展和包容性增长。这些转变，客观上为中国司法回归目的价值并实现多元衡平提供了现实基础。与此相对应，中国司法从单一价值观向多元衡平价值观演进也呈必然趋势。

（一）解释性背景

欲更多了解中国司法从单一价值观向多元衡平价值观演变的趋向，可以对下列相关事实作背景式解读。

其一，社会主义法律体系的初步建成。中国特色社会主义法律体系的初步建成，标志着社会主义法治建设已经进入了由“立法主导”向“司法主导”转变的历史时期。迄今为止的经验表明，一个国家在法治发展初期基本上都是由议会主导的；但法律体系逐步成型之后，立法权便历史性地让出了国家宪政体制的核心地位，渐次隐于法治建设的幕后，行政权乘势崛起，并将整个国家带入行政集权的时代——但行政通常不是引领国家法治的适格主体，国家法治通常是以行政的有效规控为条件的。因此，主导国家法治进程的任务便别无选择地落到了司法机关身上。从这个意义来说，走向司法法治主义，乃现代法治发展之必然。[1] 在司法主导法治的时代，社会治理依赖司法的时代也随之到来。[2] 这或将有助于国家与社会正视司法的应然地位和权威。

其二，深入落实科学发展观。2010 年 4 月 6 日，胡锦涛在《全党

〔1〕江国华：《常识与理性（十）：司法技术与司法政治之法理及其兼容》，载《河北法学》，2011 年第 12 期。

〔2〕江国华：《通过审判的社会治理——法院性质再审视》，载《中州学刊》，2012 年第 1 期。

深入学习实践科学发展观活动总结大会上的重要讲话》一文中指出："全党同志要充分认识贯彻落实科学发展观的重要性和紧迫性，继续把学习实践科学发展观引向深入，切实把科学发展观贯彻落实到社会发展的各个方面。"[1] 对于司法而言，科学发展观的要义就是尊重司法规律；而尊重司法规律的要义，即在于尊重司法工作的特殊性和司法运行过程的自主性。

其三，加强司法伦理建设。2010 年 8 月，最高人民法院公布了《关于进一步加强人民法院文化建设的意见》，首次提出"公正、廉洁、为民"的司法核心价值观[2]；随后又修订《法官职业道德基本准则》和《法官行为规范》，并制定《人民法院文明用语基本规范》。至此，可以说中国司法已开始着力于自身伦理的建设。如果说司法方法旨在求真，那么司法伦理则旨在求善。求善的"司法伦理体现为裁判过程和判决结果与社会主流价值观的嵌合度，它是一个判决能够成为好的判决的重要条件；而司法判决的技术性则是指判决适用程序法与实体法的精确度，它是一个好的判决的基础保证"[3]。司法伦理建设的深入，或有助于法院反省被给定的角色定位，并醒悟自身应然定位之所在。

（二）分析性促因

促成中国司法由单一价值观向衡平价值观转变，并最终促使中国法治由工具主义价值观向目的价值观演进的或有多重因素，但如下几

〔1〕胡锦涛：《在全党深入学习实践科学发展观活动总结大会上的重要讲话》，载《求是》，2010 年第 11 期。

〔2〕《最高人民法院关于进一步加强人民法院文化建设的意见》，载《人民法院报》，2010 年 8 月 5 日第 2 版。

〔3〕许建兵、薛忠勋：《谈司法伦理在司法方法中的实现》，载《人民法院报》，2012 年 10 月 12 日第 5 版。

个方面恐怕仍具有相当的代表性。

其一，重塑司法公信力的需要或成为催生衡平司法价值观的政治动因。当前我国正处于社会转型的关键期，同时又是社会矛盾的凸显期，司法部门自然会面临更大的挑战。由于在司法机关处理纠纷裁断、社会救济等诸多事项的过程中，人民群众的知情权、参与权、监督权、救济权得不到很好的保障，广大民众逐渐对司法部门产生疏落感甚至不信任感。微博、论坛等新兴网络媒介的推波助澜，也非理性地放大了司法部门的负面信息，进一步加剧了许多不明真相的群众对司法部门的不信任感，最终导致司法信任危机。司法信任危机进而异化为“信大不信小，信假不信真，信访不信法”的舆论导向，从而对司法权威提出了挑战，司法公信力也面临严峻的考验。正是在这样的情势之下，舆论导向与社会稳定问题被纳入司法裁断需要考量的因素。[1]铺天盖地的网络舆论，一方面增强了司法审判的透明度，便于广大群众对法院进行有效的监督；另一方面也给司法审判工作带来了极大的消极影响，甚至导致司法被社会舆论绑架，司法的独立裁断受到严重干涉。诸如此类的情况，或成为迫使当局重塑司法公信力的直接动因，为此，中国司法就必须要回归司法应有的思考和行为方式，回归司法的客观规律和特有属性，回归司法应然的理性裁断本色[2]，并最终迈向多元衡平价值观的时代。

其二，协调多元利益格局的需要或成为催生衡平司法价值观的社会动因。在社会急速转型的过程中，单位人转化为社会人，“熟人社会”走向“陌生人社会”[3]，原有的社会管理模式也由“命令—服从”模式转变为“服务—合作”模式。伴随着诸如此类的一系列转变，社

---

〔1〕这一现象在社会广泛关注的案件中表现尤甚，诸如 2012 年“平顶山天价过路费案件”“吴英案”“达芬奇家具造假案”等案件。

〔2〕江国华：《常识与理性（八）：司法理性之逻辑与悖论》，载《政法论丛》，2012 年第 3 期。

〔3〕祝华：《人民法院化解社会矛盾的几点思考》，载《人民司法》，2012 年第 23 期。

会整体利益格局也发生了显著的变化，利益关系和利益主体呈现多元化趋势。正如付子堂教授所言："利益就其本性而言是盲目的，它天然具有不法的禀性。"[1] 基于社会主体为了达至追逐利益的目的，存在盲目扩张的内在禀性，利益格局的多元化与复杂化也就成为不可避免的事实，反映在司法领域就是各类矛盾纠纷不断增多。[2]《人民日报》的评论员文章曾指出："随着经济社会发展，我国社会利益关系更加复杂，利益多元化、分层化现象日益突出，不同利益主体之间的矛盾明显增多。虽然不同利益主体之间存在一定的矛盾，但这些矛盾是可以减少和化解的。减少和化解利益矛盾，关键在于建立健全利益协调机制，实现利益分配的合理均衡。"[3] 基于司法固有的定纷止争禀性，司法手段也成为最为权威的利益协调机制。因应社会多元价值的需要，司法必须审慎地调适自身，积极地通过公正裁判，对利益进行再分配，实现价值整合，从而平衡与兼顾双方当事人的利益诉求，确保人民群众平等地共享改革发展的成果。[4] 如此，多元衡平价值观或不期而遇。

其三，法治文明的理论探讨或为衡平司法价值观提供了学理支撑。"法治文明是政治文明和法治两者相互融合的产物"[5]，它倡导公平、正义、民主、和谐等核心价值，着力推动多元社会主体之间的利益平衡，进而达至"良法善治"的目标。法治文明内在地要求社会主体之间通过平等对话机制，实现社会利益的合理配置。此外，法治文明的理念还主张私益与公益之间的协调平衡，不仅防止私益的过度张扬，也极力遏制公益过度扩张而排斥或挤压私益。从这个意义上说，

---

〔1〕付子堂：《法律功能论》，中国政法大学出版社1999年版，第91页。

〔2〕如2010年全国法院系统共受理案件1171.1126万件，2011年全国法院系统共受理案件1171.2349万件，2012年全国法院受理案件达到了1221.5867万件，这些数据不难看出社会转型期各类社会矛盾纠纷呈逐年上升之趋势。相关数据参见历年最高人民法院工作报告。

〔3〕裴建军：《我国社会利益分层化现象日益突出》，载《人民日报》，2012年6月19日第10版。

〔4〕崔永东：《司法价值论与司法平衡论》，载《法学杂志》，2012年第9期。

〔5〕汪习根、彭真明：《论法治文明》，载《社会主义研究》，2004年第2期。

法治文明的理念很可能成为衡平司法价值观的助产士——衡平司法价值观意在引导司法裁判者关注多元主体的多元价值，并竭力达成多元价值的衡平效果。“司法的衡平是司法公正的前提，只有通过司法价值谱系当中各要素的互相制约与平衡，才能减少司法当中的腐败，监督司法工作人员廉洁奉公，进而实现司法为民的宗旨。”[1]

（三）推断性表征

在实践中，2010年之后最高人民法院推行了一系列的改革，这些改革或可推断为中国司法走向衡平价值观的某种表征。

其一，最高人民法院推行了一系列完善法院审判制度的改革举措。（1）为规范和完善人民陪审员制度，颁行《关于人民陪审员参加审判活动若干问题的规定》和《关于人民陪审员工作若干问题的答复》，明确了陪审员参与审判的案件范围、具体流程、职责保障等内容，强化了陪审员的参审职权，并提供可操作的程序性保障；（2）为加强审判的监督指导并化解审判权运行的行政化问题，颁行了《关于进一步加强合议庭职责的若干规定》，明确了合议庭组成方式、职能分工、内部运作、考评机制和责任分配，理清了合议庭与审委会、院长、庭长、庭务会的关系；（3）为纠正长期以来上下级法院审判业务的非正常关系，颁行《关于规范上下级人民法院审判业务关系的若干意见》，规定了上级法院指导下级法院审判工作的范围与方式，明确了上级法院对特定类型案件的提级管辖，对案件请示的做法进行诉讼化改造，进一步规范了发回重审程序以及高级法院发布审判指导文件的程序和内容；（4）为加强上级法院对下级法院进行巡回检查监督，颁布了《人民法院司法巡查工作暂行规定》，正式建立司法巡查制度，并

[1] 崔永东：《司法价值论与司法平衡论》，载《法学杂志》，2012年第9期。

积极推动各高级、中级人民法院建立司法巡查制度，按照分级负责原则对所辖法院及法庭开展巡查工作；（5）为完善证据规则，遏制刑讯逼供等陋习，最高人民法院联合最高人民检察院、公安部、国家安全部和司法部颁行了《关于办理死刑案件审查判断证据若干问题的规定》和《关于办理刑事案件排除非法证据若干问题的规定》，2012年修改后的刑事诉讼法也极大地完善了证据审查和非法证据排除等规则，初步确认了证据裁判原则。

其二，司法政策重申“调解优先”。2010年最高人民法院颁布《关于进一步贯彻“调解优先、调判结合”工作原则的若干意见》，规定了法院调解工作的各个环节，包括增强贯彻原则的自觉性、完善调解工作制度、规范调解活动、创新调解机制、推动“大调解”网络体系建立等。时任最高人民法院院长的王胜俊强调：“司法工作要积极参与社会管理创新工作，切实维护良好的社会管理秩序，坚定不移地贯彻好调解优先、调判结合的工作原则，有效化解社会矛盾纠纷，维护社会和谐稳定。各级人民法院要不断增强调解意识，牢固树立调解优先理念，切实增强贯彻调解优先、调判结合的工作原则的自觉性、主动性和积极性。”〔1〕调解率的要求进一步提高，基层法院的调解率普遍要求达至百分之七十以上。〔2〕

其三，确立司法核心价值观。最高人民法院颁行《关于进一步加强人民法院文化建设的意见》，将弘扬公正、廉洁、为民的司法核心价值观作为法院文化建设的首要任务（如图4所示）。沈德咏副院长也曾强调：“司法公正是司法核心价值观的灵魂之所在，是实现司法廉洁和司法为民的价值导向的前提条件，又是实现二者的重要保障。司法廉

〔1〕王胜俊：《创新司法服务方式推动社会管理创新》，载《法制日报》，2010年7月1日第2版。

〔2〕徐昕、黄艳好、卢荣荣：《2010年中国司法改革年度报告》，载《中国检察官》，2011年第3期。

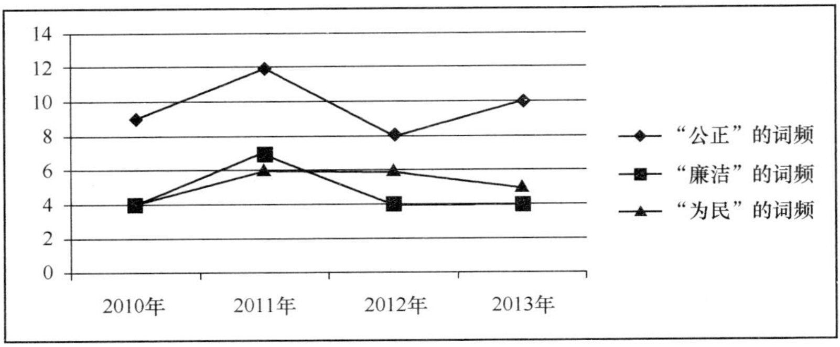

图 4　2010—2013 年最高人民法院工作报告中
“公正”“廉洁”“为民”三个词出现的频率

洁是司法核心价值观得以更好贯彻落实的根本保证，是实现司法公正和司法为民价值观的坚强后盾。司法为民是司法核心价值观的最终目标，是司法公正和司法廉洁的终极追求。”[1]

（四）阐释性衔接

最高人民法院所提出的“公正、廉洁、为民”的核心司法价值观一改过往司法价值单一化的定位，展示其多元化的禀性；而“三核”价值之中，任一单元均具有足够的包容性，可作多样性解读。正是这种多元化价值倾向及其单元本身的包容性，展示了中国司法走向衡平司法价值观的内在倾向。

其一，“三核”并存的多元价值定位体现了衡平司法价值观的内在规定性。就其本质而言，最高人民法院确立的“公正、廉洁、为民”的司法核心价值观，是对社会价值观趋向多元的一种理性回应，同时也是对司法本身多元目的价值的体认。“公正、廉洁、为民”作为司法

〔1〕沈德咏：《大力弘扬“公正、廉洁、为民”司法核心价值观》，载《求是》，2011 年第 11 期。

价值观的三个维度，代表了三种不同的司法目的价值。故此，在个案的司法裁断当中，三种司法目的价值的实现程度必然存在差异，这就客观需要在个案当中实现几者间的衡平，以应对司法价值取向无序化和司法行为失范的困局，进而摆脱社会群体对于司法公信力的认同危机。亚里士多德曾言："裁判官者，则公平人之化身耳。裁判官即在持平。"论者对此评说："裁判官应当适用自己的智慧，使得杀人者与被杀人者、行恶者与受害者之间平等，保持天平中庸，而不因个人的原因失去平衡。"[1] 在这个意义上说，衡平司法价值观通过多元价值间的调适所达成的动态平衡，来实现其之于法治文明的导引与注释功能。[2]

其二，"三核"价值之中的每一单元都具有足够包容性，可作多重解读，体现了司法价值的包容性和开放性。"公正"是司法工作的灵魂，是法院维护社会公平正义的生命线，是实现"为民"宗旨的保证；"廉洁"是司法行为的基本准则，是最基本的职业操守，是法官职业道德的基本内涵；"为民"反映了司法权的宗旨和本质属性，是法院工作的根本出发点和落脚点："三核"之间彼此包容，并具有足够的涵摄空间。正是"三核"司法价值观的这种包容性和开放性，为法官在个案裁判中吸纳多元价值并作出衡平抉择提供了正当性注释，从而接近诚如卡多佐所要求的"好法官"境界。[3]

其三，"三核"价值观包括衡平司法价值观的核心要素，具备为中国法治文明建设注译导航的资质。作为司法核心价值的"公正、廉洁、为民"，既可以解释为衡平司法价值观的核心要素，也可以解释为

---

〔1〕崔永东：《西方司法理念与司法制度》，载《中国刑事法杂志》，2010 年第 11 期。

〔2〕同上。

〔3〕卡多佐曾经说过，一个好的法官"要反省自己的思想，要追寻影响或引导他得出结论的那种影响力，要掂量各种可能冲突的考虑因素——逻辑的、历史的、习惯的、道德的、法律的确定性和灵活性、法律的形式和实质，等等"。[美] 本杰明 · 卡多佐：《司法过程的性质》，苏力译，商务印书馆 1997 年版，译者前言第 4 页。

中国法治文明建设的三个基本维度。(1)公正——无私谓公，无偏为正。[1]一切形式的司法不公，不管其产生的原因是什么，不仅意味着司法的堕落，也意味着法治的凋零。正是从这个意义上说，“公正”不仅是司法的生命线，也应当是法治文明的生命线。(2)廉洁——不受是廉，不污为洁。[2]司法是社会正义的象征，司法一旦腐败，就意味着整个社会失去了最后的守护者；只有廉洁的司法才有可能守住社会正义的最后一道防线，也只有廉洁的司法才有可能守住法治文明的底线。[3](3)为民——为民争得权利，为民博得公平，为民解除纠纷。这既是现代司法的基本使命，也是现代法治文明的基本标示。

总而言之，上述研究已经表明：无论是“为阶级斗争冲锋陷阵”的政治司法价值观，还是“为经济建设保驾护航”的经济司法价值观，抑或是“为社会稳定排忧解难”的社会司法价值观，都只不过是中国工具司法价值观演变过程中的一种历史形态，它们在本质上都是工具性的，都是达成政治效果的一种手段。但工具的意义有所不同，相对于“为阶级斗争服务”而言，“为经济建设服务”的司法工具主义更具实用主义价值；同理，相对于“为经济建设服务”而言，“为社会服务”的司法工具主义所持视野和境界更为高远。

司法是社会的，它不能脱离它所由以产生的社会，有怎样的社会就必然有怎样的司法；社会又是历史的，它总处于发展和演变的曲折历程中。因此，具有社会性的司法总是随着社会的变迁而不断地调适自身。它的发展与其母体社会一样，不可避免地带有阶段性痕迹。

司法价值观受制于特定之社会，也受制于司法发展的历史阶段，

[1] 沈德咏主编：《中国特色社会主义司法制度论纲》，人民法院出版社 2009 年版，第 99 页。

[2] 江国华：《人民法官核心价值观之解读》，载《人民法院报》，2010 年 5 月 6 日第 5 版。

[3] 江国华：《走向中庸主义的司法偏好》，载《当代法学》，2013 年第 4 期。

国家对于司法的定位，或者社会对于司法的评价，都不能超越其所处的社会和时代。归根结底，司法价值观不过是社会价值观在司法领域的反映而已。是故，司法工具价值盛行的社会，通常是一个功利至上的社会；要改变一个国家的司法价值观，首先必须扭转整个社会的价值观。所以，中国司法要实现从工具价值向目的价值的回归，最终走向多元衡平司法价值观，尚需诸多作为和努力。

参考文献

一　马克思主义经典著作与汉译西方经典著作

[1] 中共中央马克思恩格斯列宁斯大林著作编译局编译：《列宁全集》第55卷，人民出版社1990年版。

[2] 中共中央马克思恩格斯列宁斯大林著作编译局编译：《马克思恩格斯选集》第3卷，人民出版社1995年版。

[3] 于光远等译编：《恩格斯自然辩证法》，人民出版社1984年版。

[4] [古希腊] 亚里士多德：《政治学》，吴寿彭译，商务印书馆1965年版。

[5] [古希腊] 亚里士多德：《尼各马科伦理学》，苗力田译，中国社会科学出版社1990年版。

[6] [美] 罗斯科·庞德：《通过法律的社会控制　法律的任务》，沈宗灵、董世忠译，商务印书馆1984年版。

[7] [法] 勒内·达维德：《当代主要法律体系》，漆竹生译，上海译文出版社1984年版。

[8] [英] 梅因：《古代法》，沈景一译，商务印书馆1984年版。

[9] [英] A. J. 艾耶尔：《语言、逻辑与真理》，尹大贻译，上海译文出版社1981年版。

[10] [英] 彼得·斯坦、约翰·香德：《西方社会的法律价值》，王献平译，中国人民公安大学出版社1990年版。

[11] [美] 伯尔曼：《法律与宗教》，梁治平译，生活 · 读书 · 新知三联书店 1991 年版。

[12] [意] 桑德罗 · 斯奇巴尼：《民法大全选译 · 正义和法》，黄风译，中国政法大学出版社 1992 年版。

[13] [美] P. 诺内特、P. 塞尔兹尼克：《转变中的法律与社会：迈向回应型法》，季卫东、张志铭译，中国政法大学出版社 1994 年版。

[14] [法] 孟德斯鸠：《论法的精神》（上册），张雁深译，商务印书馆 1961 年版。

[15] [美] 汉密尔顿、杰伊、麦迪逊：《联邦党人文集》，程逢如等译，商务印书馆 1995 年版。

[16] [美] 罗纳德 · 德沃金：《法律帝国》，李长青译，中国大百科全书出版社 1996 年版。

[17] [日] 谷口安平：《程序的正义与诉讼》，王亚新、刘荣军译，中国政法大学出版社 1996 年版。

[18] [法] 托克维尔：《论美国的民主》，董果良译，商务印书馆 1997 年版。

[19] [意] 阿奎那：《阿奎那政治著作选》，马清槐译，商务印书馆 1997 年版。

[20] [英] 弗里德利希 · 冯 · 哈耶克：《自由秩序原理》，邓正来译，生活 · 读书 · 新知三联书店 1997 年版。

[21] [美] 迈克尔 · D · 贝勒斯：《法律的原则》，张文显等译，中国大百科全书出版社 1997 年版。

[22] [美] 理查德 · 波斯纳：《法律的经济分析》，蒋兆康译，中国大百科全书出版社 1997 年版。

[23] [美] 罗纳德 · 德沃金：《认真对待权力》，信春鹰、吴玉章译，中国大百科全书出版社 1998 年版。

[24] [美] 博登海默：《法理学：法律哲学与法律方法》，邓正来译，中国

政法大学出版社 1999 年版。

[25] [英] 卡尔 · 波普尔：《开放社会及其敌人》，陆衡等译，中国社会科学出版社 1999 年版。

[26] [美] 罗纳德 · 德沃金：《自由的法——对美国宪法的道德解读》，刘丽君译，上海人民出版社 2001 年版。

[27] [美] 本杰明 · 卡多佐：《司法过程的性质》，苏力译，商务印书馆 1997 年版。

[28] [美] 唐 · 布莱克：《社会学视野中的司法》，郭星华译，法律出版社 2002 年版。

[29] [美] 理查德 · A · 波斯纳：《联邦法院：挑战与改革》，苏力译，中国政法大学出版社 2002 年版。

[30] [美] 罗伯特 · C. 埃里克森：《无需法律的秩序——邻人如何解决纠纷》，苏力译，中国政法大学出版社 2003 年版。

[31] [德] 伯恩 · 魏德士：《法理学》，丁晓春等译，法律出版社 2003 年版。

[32] [德] 卡尔 · 拉伦茨：《法学方法论》，陈爱娥译，商务印书馆 2003 年版。

[33] [美] 约翰 · 罗尔斯：《正义论》，谢延光译，商务印书馆 2003 年版。

[34] [德] 罗伯特 · 阿列克西：《法律论证理论》，舒国滢译，中国法制出版社 2003 年版。

[35] [美] 本杰明 · 内森 · 卡多佐：《法律的生长》，刘培峰、刘骁军译，贵州人民出版社 2003 年版。

[36] [美] 杰罗姆 · 弗兰克：《初审法院——美国司法中的神话与现实》，赵承寿译，中国政法大学出版社 2006 年版。

[37] [日] 棚濑孝雄：《纠纷的解决和审判制度》，王亚新译，中国政法大学出版社 2004 年版。

[38] [美] 克里斯托弗 · 沃尔夫：《司法能动主义——自由的保障还是安

全的威胁？》，黄金荣译，中国政法大学出版社2010年版。

[39]［美］米尔伊安·R．达玛什卡：《司法和国家权力的多种面孔：比较视野中的法律程序》，郑戈译，中国政法大学出版社2015年版。

[40]［日］川岛武宜：《现代化与法》，申政武等译，中国政法大学出版社2004年版。

[41]［美］马丁·夏皮罗：《法院：比较法上和政治学上的分析》，张生、李彤译，中国政法大学出版社2005年版。

[42]［意］莫诺·卡佩莱蒂：《比较法视野中的司法程序》，徐昕、王奕译，清华大学出版社2005年版。

[43]［英］戴维·米勒：《社会正义原则》，应奇译，江苏人民出版社2005年版。

[44]［德］N．霍恩：《法律科学与法哲学导论》，罗莉译，法律出版社2005年版。

[45]［日］小岛武司、伊藤真编：《诉讼外纠纷解决法》，丁婕译，向宇校，中国政法大学出版社2005年版。

[46]［美］伯纳德·施瓦茨：《美国最高法院史》，毕洪海等译，中国政法大学出版社2005年版。

[47]［美］小詹姆斯·R．斯托纳：《普通法与自由主义理论》，姚中秋译，北京大学出版社2005年版。

[48]［法］皮埃尔·布迪厄、［美］华康德：《实践与反思：反思社会学导论》，李猛等译，中央编译出版社2004年版。

[49]［法］皮埃尔·布尔迪厄：《实践理性：关于行为理论》，谭立德译，生活·读书·新知三联书店2007年版。

[50]［美］拉尔夫·林顿：《人格的文化背景——文化、社会与个体关系之研究》，于闽梅、陈学晶译，广西师范大学出版社2007年版。

[51]［美］查尔斯·费瑞德：《何谓法律：美国最高法院中的宪法》，胡敏洁等译，北京大学出版社2008年版。

[52] [美] 欧文 · 费斯：《如法所能》，师帅译，中国政法大学出版社 2008 年版。

[53] [美] 亨利 · J. 亚伯拉罕：《司法的过程：美国、英国和法国法院评介》，泮伟江等译，北京大学出版社 2009 年版。

[54] [美] 理查德 · 波斯纳：《法官如何思考》，苏力译，北京大学出版社 2009 年版。

[55] [英] 洛克：《政府论》（下），瞿菊农、叶启芳译，商务印书馆 2009 年版。

[56] [法] 勒内 · 弗洛里奥：《错案》，赵淑美、张洪竹译，法律出版社 2013 年版。

[57] [法] 罗伯特 · 雅各布：《上天 · 审判：中国与欧洲司法观念历史的初步比较》，李滨译，上海交通大学出版社 2013 年版。

[58] [美] 理查德 · 波斯纳：《波斯纳法官司法反思录》，苏力译，北京大学出版社 2014 年版。

[59] [美] 罗伯特 · 邦纳、格特鲁德 · 斯密斯：《从荷马到亚里士多德时代的司法裁判》，刘会军、邱洋译，中国法制出版社 2015 年版。

二　中文著作

[1] 董必武：《董必武政治法律文集》，法律出版社 1986 年版。

[2] 沈宗灵：《现代西方法理学》，北京大学出版社 1992 年版。

[3] 胡伟：《司法政治》，三联书店（香港）有限公司 1994 年版。

[4] 王名扬：《美国行政法》（下），中国法制出版社 1995 年版。

[5] 周枏：《罗马法原论》（上册），商务印书馆 1996 年版。

[6] 李龙主编：《法理学》，武汉大学出版社 1996 年版。

[7] 徐显明：《司法权性质研究》，山东人民出版社 1998 年版。

[8] 贺卫方：《司法的理念与制度》，中国政法大学出版社 1998 年版。

[9] 张志铭：《法律解释操作分析》，中国政法大学出版社 1998 年版。

[10] 宋冰编：《程序、正义与现代化——外国法学家在华演讲录》，中国政法大学出版社 1998 年版。

[11] 程燎原：《从法制到法治》，法律出版社 1999 年版。

[12] 杨一平：《司法正义论》，法律出版社 1999 年版。

[13] 季卫东：《法治秩序的建构》，中国政法大学出版社 1999 年版。

[14] 付子堂：《法律功能论》，中国政法大学出版社 1999 年版。

[15] 中央党校教务部编：《五个当代讲稿选编》，中共中央党校出版社 2000 年版。

[16] 苏力：《送法下乡——中国基层司法制度研究》，中国政法大学出版社 2000 年版。

[17] 舒国滢：《在法律的边缘》，中国法制出版社 2000 年版。

[18] 范愉：《非诉讼纠纷解决机制研究》，中国政法大学出版社 2000 年版。

[19] 胡康生：《中华人民共和国〈法官法〉释义》，法律出版社 2001 年版。

[20] 王利明：《司法改革研究》，法律出版社 2000 年版。

[21] 陈兴良主编：《法治的使命》，法律出版社 2001 年版。

[22] 董必武：《董必武法学文集》，法律出版社 2001 年版。

[23] 谢佑平、万毅：《刑事诉讼原则：程序正义的基石》，法律出版社 2002 年版。

[24] 王洪：《司法判决与法律推理》，时事出版社 2002 年版。

[25] 孙万胜：《司法权的法理之维》，法律出版社 2002 年版。

[26] 左卫民：《在权利话语与权力技术之间——中国司法的新思考》，法律出版社 2002 年版。

[27] 韩波：《法院体制改革研究》，人民法院出版社 2003 年版。

[28] 吴卫军：《司法改革原理》，中国人民公安出版社 2003 年版。

[29] 陈弘毅：《法理学的世界》，中国政法大学出版社 2003 年版。

[30] 董茂云、潘伟杰、谢佑平、侯健：《宪政视野下的司法公正》，吉林

人民出版社 2003 年版。

[31] 强世功：《法制与治理——国家转型中的法律》，中国政法大学出版社 2003 年版。

[32] 刘作翔：《法理学视野中的司法问题》，上海人民出版社 2003 年版。

[33] 尹伊君：《社会变迁的法律解释》，商务印书馆 2003 年版。

[34] 季卫东：《法律程序的意义》，中国法制出版社 2004 年版。

[35] 苏力：《法治及其本土资源》，中国政法大学出版社 2004 年版。

[36] 孙晓楼：《法律教育》，中国政法大学出版社 2004 年版。

[37] 姜井水：《范畴结构论》，学林出版社 2005 年版。

[38] 林钰雄：《刑事诉讼法》（下册），中国人民大学出版社 2005 年版。

[39] 徐昕：《论私力救济》，中国政法大学出版社 2005 年版。

[40] 吴家友主编：《法官论司法理念》，法律出版社 2005 年版。

[41] 王圣诵、王成儒：《中国司法制度研究》，人民出版社 2006 年版。

[42] 怀效锋主编：《法官行为与职业伦理》，法律出版社 2006 年版。

[43] 齐树洁主编：《美国司法制度》，厦门大学出版社 2006 年版。

[44] 张文显：《二十世纪西方法哲学思潮研究》，法律出版社 2006 年版。

[45] 方立新：《传统与超越：中国司法变革源流》，法律出版社 2006 年版。

[46] 万毅：《底限正义论》，中国人民公安大学出版社 2006 年版。

[47] 顾元：《衡平司法与中国传统法律秩序：兼与英国衡平法相比较》，中国政法大学出版社 2006 年版。

[48] 陈慈阳：《宪法规范性与宪法现实性》，台北翰芦图书出版有限公司 2007 年版。

[49] 江国华：《宪法哲学导论》，商务印书馆 2007 年版。

[50] 孙正聿：《辩证法研究》，吉林人民出版社 2007 年版。

[51] 张文显主编：《法理学（第四版）》，高等教育出版社、北京大学出版社 2011 年版。

[52] 缪蒂生：《当代中国司法文明与司法改革：一种实证方法的研究》，

中央编译出版社 2007 年版。

[53] 吕忠梅主编：《法官论司法和谐》，法律出版社 2007 年版。

[54] 万鄂湘、王运声主编：《公正与和谐：司法理念的理论与实务》，人民法院出版社 2007 年版。

[55] 钱卫清：《法官决策论：影响司法过程的力量》，北京大学出版社 2008 年版。

[56] 郭云忠：《刑事诉讼谦抑论》，北京大学出版社 2008 年版。

[57] 袁贵仁：《当代中国的唯物辩证法：邓小平著作中的哲学思想》，北京师范大学出版社 2008 年版。

[58] 信春鹰、李林主编：《依法治国与司法改革》，社会科学文献出版社 2008 年版。

[59] 万毅：《超越当事人 / 职权主义——底限正义视野下的审判程序》，中国检察出版社 2008 年版。

[60] 江国华：《宪法与公民教育》，武汉大学出版社 2009 年版。

[61] 沈德咏主编：《中国特色社会主义司法制度论纲》，人民法院出版社 2009 年版。

[62] 韩铁：《美国宪政民主下的司法与资本主义经济发展》，上海三联书店 2009 年版。

[63] 程春明：《司法权及其配置——理论语境、中英法式样及国际趋势》，中国法制出版社 2009 年版。

[64] 高其才、左炬、黄宇宁：《政治司法——1949—1961 年的华县人民法院》，法律出版社 2009 年版。

[65] 高其才：《多元司法：中国社会的纠纷解决方式及其变革》，法律出版社 2009 年版。

[66] 罗昶：《伦理司法：中国古代司法的观念与制度》，法律出版社 2009 年版。

[67] 刘向文：《俄罗斯法学研究论丛》，中国检察出版社 2010 年版。

[68] 张坚主编：《法官论公正司法和行政审判》，法律出版社 2010 年版。

[69] 齐树洁：《程序正义与司法改革》，厦门大学出版社 2010 年版。

[70] 最高人民法院编写组：《当代中国能动司法》，人民法院出版社 2011 年版。

[71] 曹全来：《历史、理论与实践：中国国情与司法改革》，人民法院出版社 2011 年版。

[72] 卞建林：《现代司法理念研究》，中国人民公安大学出版社 2012 年版。

[73] 李西祥：《马克思历史辩证法研究：历史唯物主义的辩证法阐释》，中国社会科学出版社 2012 年版。

[74] 陈有西：《变革时代的法律秩序：当代中国重大立法司法问题探讨》，法律出版社 2012 年版。

[75] 蒋超：《变革时代的司法权威》，法律出版社 2012 年版。

[76] 公丕祥：《当代中国的司法改革》，法律出版社 2012 年版。

[77] 公丕祥：《当代中国能动司法的理论与实践》，法律出版社 2012 年版。

[78] 孙午生：《当代中国司法公开研究》，南开大学出版社 2013 年版。

[79] 陈世珍：《方法与智慧：〈实践论〉〈矛盾论〉新读》，机械工业出版社 2013 年版。

[80] 熊文：《马克思的实践辩证法思想研究》，中国社会科学出版社 2013 年版。

[81] 朱光磊：《服务型政府建设规律研究》，经济科学出版社 2013 年版。

[82] 徐昕主编：《调解：中国与世界》，中国政法大学出版社 2013 年版。

[83] 马皑主编：《法律实践中的心理学》，中国政法大学出版社 2013 年版。

[84] 江必新主编：《法治国家建设与司法公信：以贯彻十八大精神为背景》，人民法院出版社 2013 年版。

[85] 陈卫东主编：《建设公正高效权威的社会主义司法制度研究》，中国人民大学出版社 2013 年版。

[86] 刘作翔主编：《法治与改革》，方志出版社 2014 年版。

[87] 李可：《法学方法与现代司法》，知识产权出版社 2014 年版。

[88] 杨信礼：《重读〈实践论〉〈矛盾论〉》，人民出版社 2014 年版。

[89] 江必新：《辩证司法观及其应用》，中国法制出版社 2014 年版。

[90] 田成有：《法官的改革》，中国法制出版社 2014 年版。

[91] 何家弘主编：《迟到的正义：影响中国司法的十大冤案》，中国法制出版社 2014 年版。

[92] 李远明：《春秋时期司法研究：从纠纷解决的视角切入》，中国政法大学出版社 2014 年版。

[93] 钱跃君：《德国：法律精神与司法现实》，社会科学文献出版社 2014 年版。

[94] 陆而启：《法官事实认定的心理学分析》，法律出版社 2014 年版。

[95] 齐奇等主编：《法治中国与司法公开》，方志出版社 2014 年版。

[96] 胡玉鸿、庞凌主编：《东吴法学先贤文录、司法制度、法学教育卷》，中国政法大学出版社 2015 年版。

[97] 陈金钊主编：《法治与改革研究》，山东人民出版社 2015 年版。

[98] 孙海龙等：《审判权运行机制改革》，法律出版社 2015 年版。

三　期刊论文类

[1] 左卫民：《实体真实、价值观和诉讼程序——职权主义与当事人主义诉讼模式的法理分析》，载《学习与探索》，1992 年第 1 期。

[2] 谢晖：《法律工具主义评析》，载《中国法学》，1994 年第 1 期。

[3] 王云：《司法统一的一个途径》，载《法学研究》，1994 年第 3 期。

[4] 孙笑侠：《司法权的本质是判断权——司法权与行政权的十大区别》，载《法学》，1998 年第 8 期。

[5] 陈瑞华：《程序正义论纲》，载《诉讼法论丛》，1998 年第 1 卷。

[6] 舒国滢：《从司法的广场化到司法的剧场化：一个符号学的视角》，载《政法论坛》，1999 年第 3 期。

[7] 谢鹏程：《关于从制度上保证司法公正的几个问题》，载《政治与法律》，1999 年第 3 期。

[8] 韩大元：《论宪法规范的至上性》，载《法学评论》，1999 年第 4 期。

[9] 陈瑞华：《司法权的性质——以刑事司法为范例的分析》，载《法学研究》，2000 年第 5 期。

[10] 李文阁：《生成性思维：现代哲学的思维方式》，载《中国社会科学》，2000 年第 6 期。

[11] 汪建成、孙远：《论司法的权威与权威的司法》，载《法学评论》，2001 年第 4 期。

[12] 王旭：《论司法权的中央化》，载《战略与管理》，2001 年第 5 期。

[13] 谢佑平、万毅：《论司法改革与司法公正》，载《中国法学》，2002 年第 5 期。

[14] 苏晓宏：《法制转型与司法主导——中国社会主义法治的路径选择》，载《华东政法学院学报》，2003 年第 1 期。

[15] 刘作翔：《中国司法地方保护主义之批判——兼论“司法权国家化”的司法改革思路》，载《法学研究》，2003 年第 1 期。

[16] 许章润：《以法律为业——关于近代中国语境下的法律公民与法律理性的思考》，载《金陵法律评论》，2003 年第 1 期。

[17] 程竹汝：《社会控制：关于司法与社会最一般关系的理论分析》，载《文史哲》，2003 年第 5 期。

[18] 万毅：《程序法与实体法关系考辨——兼论程序优先理论》，载《政法论坛》，2003 年第 6 期。

[19] 赵旭东：《程序正义概念与标准的再认识》，载《法律科学》，2003 年第 6 期。

[20] 陈金钊：《作为方法的目的解释》，载《学习与探索》，2003 年第 6 期。

[21] 俞可平：《善政：走向善治的关键》，载《当代中国政治研究报告》，2004 年第 3 辑。

[22] 汪习根、彭真明：《论法治文明》，载《社会主义研究》，2004 年第 2 期。

[23] 陈朝阳：《法律方法之基础：司法能动性》，载《华东政法学院学报》，2004 年第 5 期。

[24] 胡玉鸿：《在政治、法律与社会之间——经典作家论法官的角色定位》，载《西南政法大学学报》，2004 年第 6 期。

[25] 李琦：《冲突解决的理想性状和目标——对司法正义的一种理解》，载《法律科学》，2005 年第 1 期。

[26] 郑家泰、司淑玉：《实现以正义为内核的秩序——论现阶段我国司法的目的》，载《山东审判》，2005 年第 1 期。

[27] 肖扬：《中国司法：挑战与改革》，载《人民司法》，2005 年第 1 期。

[28] 舒国滢：《法律原则适用的困境——方法论视角的四个追问》，载《苏州大学学报（哲学社会科学版）》，2005 年第 1 期。

[29] 江国华：《和谐社会的宪政价值》，载《法学论坛》，2005 年第 4 期。

[30] 何兵：《司法职业化与民主化》，载《法学研究》，2005 年第 4 期。

[31] 张榕、陈朝阳：《论作为司法能动性之核心的法官自由裁量权——以最高人民法院〈民事证据规定〉为中心》，载《河北法学》，2005 年第 4 期。

[32] 郝明金：《司法的目的与方法》，载《山东审判》，2005 年第 5 期。

[33] 童之伟：《宪法独立审判条款的完善及其配套改革》，载《江海学刊》，2005 年第 6 期。

[34] 徐鹏：《司法判决“终局性”问题研究——以内地司法判决在香港执行与承认为中心》，载《时代法学》，2006 年第 1 期。

[35] 赵谦：《论司法公正理念之漂移——程序正义与实体正义比较分析》，载《西南农业大学学报（社会科学版）》，2006 年第 1 期。

[36] 彭世忠、李秋成：《认真对待司法经验——兼论〈关于民事诉讼证据

的若干规定〉第64条》，载《政法论坛》，2006年第1期。

[37] 孙笑侠、郭春镇：《法律父爱主义在中国的适用》，载《中国社会科学》，2006年第1期。

[38] 汪海燕：《形式理性的误读缺失与缺陷——以刑事诉讼为视角》，载《法学研究》，2006年第2期。

[39] 傅达林：《关注司法改革的“顶层设计”》，载《中国改革》，2006年第2期。

[40] 姚莉：《司法效率：理论分析与制度构建》，载《法商研究》，2006年第3期。

[41] 陈林林：《基于法律原则的裁判》，载《法学研究》，2006年第3期。

[42] 游劝荣：《司法成本及其节约与控制》，载《福州大学学报（哲学社会科学版）》，2006年第3期。

[43] 黄学贤、邹焕聪：《职权主义与当事人主义模式融合背景下中国行政审判模式的重构》，载《江苏警官学院学报》，2006年第3期。

[44] 李静：《实体正义的困境》，载《求是学刊》，2006年第4期。

[45] 谢佑平、周颖：《冲突与协调：检察监督与审判独立》，载《法学家》，2006年第4期。

[46] 常明、张昌辉：《司法地方化透析》，载《理论观察》,2006年第5期。

[47] 汤维建、陈巍：《哲学范式转换视野下的司法价值观》，载《河南社会科学》，2007年第2期。

[48] 龙宗智：《转型期的法治与司法政策》，载《法商研究》，2007年第2期。

[49] 范纯：《当代日本司法制度改革评析》，载《日本学刊》，2007年第3期。

[50] 杨艺红：《论法官独立审判的制约性因素及其消解——对修改我国〈人民法院组织法〉第四条的思考》，载《中州学刊》，2007年第3期。

[51] 秦强、邸雅婧：《论司法权的国家性》，载《济南大学学报》，2007年

第 4 期。

[52] 李红海：《普通法的司法技艺及其在我国的尝试性运用》，载《法商研究》，2007 年第 5 期。

[53] 吕瑞萍：《当代中国司法运行的现状及推进思路》，载《中州学刊》，2007 年第 5 期。

[54] 胡弘弘、邓晓静：《公民的司法参与权研究》，载《现代法学》，2007 年第 6 期。

[55] 陈文兴：《论司法权国家化——以治理司法权地方化为视角》，载《河北法学》，2007 年第 9 期。

[56] 范愉：《诉前调解与法院的社会责任——从司法社会化到司法能动主义》，载《法律适用》，2007 年第 11 期。

[57] 韦群林：《从“经济”到“秩序”：论司法对市场经济秩序的保障作用》，载《中国市场》，2007 年第 40 期。

[58] 王建源：《司法能力建设的困境与突破——从司法合法性的角度切入》，载《司法改革论评》，2008 年第 1 期。

[59] 刘风景：《“刀把子”的隐喻学阐释——分析人民法院性质与职能的新进路》，载《清华法学》，2008 年第 1 期。

[60] 何海波：《行政行为对民事审判的拘束力》，载《中国法学》，2008 年第 2 期。

[61] 陈光中：《司法、司法机关的中国式解读》，载《中国法学》，2008 年第 2 期。

[62] 陈金钊：《法官司法的克制主义姿态及其范围》，载《法律方法》，2008 年第 4 期。

[63] 周赟：《法典的未来——论原则性法典》，载《现代法学》，2008 年第 5 期。

[64] 姚中秋：《技艺理性视角下的司法职业化》，载《华东政法大学学报》，2008 年第 6 期。

[65] 苏力：《经验地理解法官的思维和行为——波斯纳〈法官如何思考〉译后》，载《北方法学》，2009 年第 1 期。

[66] 左卫民：《职权主义：一种谱系性的“知识考古”》，载《比较法研究》，2009 年第 2 期。

[67] 李栋：《英国普通法的“技艺理性”》，载《环球法律评论》，2009 年第 2 期。

[68] 陈道英：《浅议司法尊重（judicial deference）原则——兼论与司法谦抑（judicial passivism）的关系》，载《湖北社会科学》，2009 年第 3 期。

[69] 易延友：《我国刑事审级制度的建构与反思》，载《法学研究》，2009 年第 3 期。

[70] 王建国：《司法能动的正当性分析》，载《河北法学》，2009 年第 5 期。

[71] 徐昕：《迈向司法统一的案例指导制度》，载《学习与探索》，2009 年第 5 期。

[72] 刘峥：《司法改革的困境突围——以社会司法需求的多层次性为基点》，载《山东审判》，2009 年第 5 期。

[73] 韩大元：《中国司法制度的宪法构造》，载《中国人民大学学报》，2009 年第 6 期。

[74] 陈光中、曾新华：《建国初期司法改革运动述评》，载《法学家》，2009 年第 6 期。

[75] 童之伟：《法院“依照法律”规定行使审判权释论——以我国法院与宪法之关系为重点的考察》，载《中国法学》，2009 年第 6 期。

[76] 李仕春：《案例指导制度的另一条思路——司法能动主义在中国的有限适用》，载《法学》，2009 年第 6 期。

[77] 何海波：《多数主义的法院：美国联邦最高法院司法审查的性质》，载《清华法学》，2009 年第 6 期。

[78] 公丕祥：《坚持能动司法，依法服务大局——对江苏法院金融危机司法应对工作的初步总结与思考》，载《法律适用》，2009 年第 11 期。

[79] 王申：《法官的思维理性依托于司法审判之既有理念》，载《法学》，2009 年第 12 期。

[80] 苏力：《关于能动司法》，载《法律适用》，2010 年第 2、3 期。

[81] 江必新：《能动司法：依据、空间和限度》，载《人民司法》，2010 年第 1 期。

[82] 苏力：《关于能动司法与大调解》，载《中国法学》，2010 年第 1 期。

[83] 张笑英、杨雄：《司法规律之诠释》，载《法学杂志》，2010 年第 2 期。

[84] 姚建宗：《法律的政治逻辑阐释》，载《政治学研究》，2010 年第 2 期。

[85] 卢荣荣、徐昕：《中国司法建设三十年：1978—2008》，载《法治论坛》，2010 年第 2 期。

[86] 胡大伟：《司法中庸主义：原则与妥协——对卡多佐〈司法过程的性质〉的解读》，载《西部法学评论》，2010 年第 3 期。

[87] 公丕祥：《当代中国的自主型司法改革道路——基于中国司法国情的初步分析》，载《法律科学》，2010 年第 3 期。

[88] 徐子良：《地方法院在司法改革中的能动性思考——兼论区域司法环境软实力之提升》，载《法学》，2010 年第 4 期。

[89] 顾培东：《能动司法若干问题研究》，载《中国法学》，2010 年第 4 期。

[90] 龙宗智：《关于"大调解"和"能动司法"的思考》，载《政法论坛》，2010 年第 4 期。

[91] 程曙明等：《我国司法规律的谦抑主义》，载《西南政法大学学报》，2010 年第 5 期。

[92] 姜小川：《司法统一问题研究》，载《时代法学》，2010 年第 5 期。

[93] 公丕祥：《当代中国能动司法的意义分析》，载《江苏社会科学》，2010 年第 5 期。

[94] 虞政平：《中国特色社会主义司法制度的"特色"研究》，载《中国法学》，2010 年第 5 期。

[95] 姚岳绒：《我国〈宪法〉第 126 条"法律"外延的界定》，载《政治

与法律》，2010 年第 7 期。

[96] 李传松：《法院审判活动行政化之克服》，载《法学》，2010 年第 8 期。

[97] 王建林：《司法能动的中国特色——兼与美国司法能动的比较》，载《政治与法律》，2010 年第 9 期。

[98] 谭世贵：《中国司法改革的回顾与反思》，载《法治研究》，2010 年第 9 期。

[99] 夏锦文：《当下能动司法亟待处理的六大关系及解决思路》，载《法律适用》，2010 年第 10 期。

[100] 崔永东：《西方司法理念与司法制度》，载《中国刑事法杂志》，2010 年第 11 期。

[101] 黄旭东：《关于〈检察监督法〉之立法构想》，载《求索》，2011 年第 2 期。

[102] 谢维雁：《"宪法间接适用论"质疑》，载《法商研究》，2011 年第 2 期。

[103] 韩大元、于文豪：《法院、检察院和公安机关的宪法关系》，载《法学研究》，2011 年第 3 期。

[104] 江国华：《常识与理性（二）：法官角色再审思》，载《政法论丛》，2011 年第 3 期。

[105] 江国华：《审判的社会效果寓于其法律效果之中》，载《湖南社会科学》，2011 年第 4 期。

[106] 周永坤：《中国司法概念史研究》，载《法治研究》，2011 年第 4 期。

[107] 杨建军：《法治国家中司法与政治的关系定位》，载《法制与社会发展》，2011 年第 5 期。

[108] 江国华：《常识与理性（十）：司法技术与司法政治之法理及其兼容》，载《河北法学》，2011 年第 12 期。

[109] 崔永东：《司法平衡与"中庸之道"》，载《传承》，2011 年第 13 期。

[110] 江国华：《通过审判的社会治理——法院性质再审视》，载《中州学

刊》，2012 年第 1 期。

[111] 王锴：《宪法解释的融贯性》，载《当代法学》，2012 年第 1 期。

[112] 江国华：《常识与理性（八）：司法理性之逻辑与悖论》，载《政法论丛》，2012 年第 3 期。

[113] 崔永东：《司法价值论与司法平衡论》，载《法学杂志》，2012 年第 9 期。

[114] 秦倩、李晓新：《国家结构形式中的司法权配置问题研究》，载《政治与法律》，2012 年第 10 期。

[115] 陆州、李华围：《通过法律论证的司法正义——两大法系之比较及其启示》，载《西北大学学报（哲学社会科学版）》，2013 年第 1 期。

[116] 刘练军：《民粹主义司法》，载《法律科学》，2013 年第 1 期。

[117] 陈国芳：《中国特色社会主义司法规律本质探究》，载《湖南社会科学》，2013 年第 2 期。

[118] 吴英姿：《司法的公共理性：超越政治理性与技艺理性》，载《中国法学》，2013 年第 3 期。

[119] 莫纪宏：《司法应当在宪法制度下合法运行》，载《河南工业大学学报》，2013 年第 3 期。

[120] 王晨：《司法公正的内涵及其实现路径选择》，载《中国法学》，2013 年第 3 期。

[121] 江国华：《走向中庸主义的司法偏好》，载《当代法学》，2013 年第 4 期。

[122] 曾祥生、胡志超：《裁判结果可预见性初探》，载《法律适用》，2013 年第 4 期。

[123] 冀祥德：《论司法权配置的两个要素》，载《中国刑事法杂志》，2013 年第 4 期。

[124] 陈光中、龙宗智：《关于深化司法改革若干问题的思考》，载《中国法学》，2013 年第 4 期。

[125] 江国华、周海源：《〈司法基本法〉与中国司法改革》，载《哈尔滨工业大学学报（社会科学版）》，2014 年第 1 期。

[126] 江国华：《转型中国的司法价值观》，载《法学研究》，2014 年第 1 期。

[127] 龙宗智、袁坚：《深化改革背景下对司法行政化的遏制》，载《法学研究》，2014 年第 1 期。

[128] 施鹏鹏：《为职权主义辩护》，载《中国法学》，2014 年第 2 期。

[129] 陈卫东：《司法机关依法独立行使职权研究》，载《中国法学》，2014 年第 2 期。

[130] 左卫民：《再论人民法院审判权运行机制的构建》，载《中国法学》，2014 年第 5 期。

[131] 徐昕：《司法改革的顶层设计及其推进策略》，载《上海大学学报（社会科学版）》，2014 年第 6 期。

[132] 陈光中、魏晓娜：《论我国司法体制的现代化改革》，载《中国法学》，2015 年第 1 期。

[133] 苗炎：《司法民主：完善人民陪审员制度的价值依归》，载《法商研究》，2015 年第 1 期。

[134] 樊崇义、张中：《论以审判为中心的诉讼制度改革》，载《中州学刊》，2015 年第 1 期。

[135] 陈光中、步洋洋：《审判中心与相关诉讼制度改革初探》，载《政法论坛》，2015 年第 2 期。

[136] 杨建军：《司法改革的理论论争及其启迪》，载《法商研究》，2015 年第 2 期。

[137] 张吉喜：《论以审判为中心的诉讼制度》，载《法律科学》，2015 年第 3 期。

[138] 江国华：《论司法改革的五个前提性问题》，载《政治与法律》，2015 年第 3 期。

[139] 龙宗智：《影响司法公正及司法公信力的现实因素及其对策》，载

《当代法学》，2015 年第 3 期。

[140] 胡铭：《司法公信力的理性解释与建构》，载《中国社会科学》，2015 年第 4 期。

[141] 徐汉明：《论司法权和司法行政事务管理权的分离》，载《中国法学》，2015 年第 4 期。

[142] 谢小剑：《论我国的慎诉制度及其完善——兼评以审判为中心的诉讼制度改革》，载《法商研究》，2015 年第 6 期。

[143] 梁亚、赵存耀：《司法克制主义的法哲学基础溯源——以产品责任案件审理中的法律适用为视角》，载《河北法学》，2016 年第 1 期。

四 外文文献

[1] David M. Walker, *The Oxford Companion to Law*, Clarrendon Press, 1980.

[2] Commission on Global Governance, *Our Global Neighborhood: The Report of the Commission on Global Governance*, Oxford University Press, 1995.

[3] Donald L. Horonitz, *The Courts and Social Policy*, The Brookings Institution, 1997.

[4] Brian Z. Tamanaha, *Beyond the Formalist-Realist Divide: The Role of Politics in Judging*, Princeton University Press, 1998.

[5] Chris Guthrie, Jeffrey J. Rachlinski, and Andrew J. Wistrich, "Blinking on the Bench: How Judges Decide Cases", *Cornell Law Review*, 2007, Vol.93.

[6] Walter Wheeler Cook, "Unpublished Chapter of the Logical and Legal Bases of the Conflict of Laws", *Illinois Law Review*, 1943, Vol. 37.

[7] Archibald Cox, "The Independence of the Judiciary: History and Purposes", *University of Dayton Law Review*, Vol. 21, 1996.

[8] Geoffrey Samuel, *The Foundations of Legal Reasoning,* MAKLU, 1994.

[9] Gordon Bermant & Russell R. Wheeler, "Federal Judges and the Judicial Branch:

Their Independence and Accountability", *Mercer Law Review*, Vol.46, 1995.

[10] John Brigham, "Judicial Impact upon Social Practices: A Perspective on Ideology", *Legal Studies Forum*, Vol. IX, No. I, 1985.

[11] The Honorable Alex Kozinski, "The Many Faces of Judicial Independence", *Ga. St. U. L. Rev*, Vol.14, 1998.

[12] Richard K. Vogler, *A World View of Criminal Justice*, Routledge, 2005.

[13] Alain Rey, *Dictionnaire Historique de la langue française*, Le Robert, 1992.

[14] Lon L. Fuller, "The Forms and Limits of Adjudication", *American Court System*, H. Freman & Company, 1978.

[15] John A. Ferejohn & Larry D. Kramer, "Independent Judges, Dependent Judiciary: Institutionalizing Judicial Restraint", *New York University Law Review*, 2002, Vol. 77.

[16] Mirjan R. Damaska,*The Faces of Justice and State Authority: A Comparative Approach to the Legal Process*, Yale University Press, 1991.

[17] Mario Chiavario, "Some Considerations on Faces of Justice by a 'Non-Specialist'", *Journal of International Criminal Justice*, 2008, 6 (1).

[18] Jenny Mcewan, *Evidence and the Adversarial Process*, Biackwall, 1992.

[19] Alexander Hamilton, James Madison, and John Jay, *The Federalist Papers*, Penguin Classics ,1987.

[20] Alan W. Shilston, "The Way Ahead – Adapting to Change", *Arbitration*, 1990, 56 (4) .

[21] Lynch, J ., "ADR and Beyond: A Systems Approach to Conflict Management", *Negotiation Journal*, 2001, 17 (3) .

[22] Dennis J. Hutchinson, "Source: Felix Frankfurter and the Business of the Supreme Court", *The Supreme Court Review*, Vol. 1980.

[23] Antonin Scalia, " Judicial Deference to Administrative Interpretations of Law", *Duke Law Journal*, 1989 (3) .

[24] Richard J. Pierce, *Administrative Law Treaties* (fourth edition), Vol. 2, Aspen Law & Business, 2002.

[25] Frankfurter & Hart, "The Business of the Supreme Court at October Term, 1934", *Harvard Law Review*, Vol. 49, 1935.

[26] Cass R. Sunstein, "Law and Administration after 'Chevron'", *Columbia Law Review*, Vol. 90, No. 8, Dec., 1990.

[27] Martin H. Redish, "Judicial Discipline, Judicial Independence, and The Constitution: A Textual and Structural Analysis", *Southern California Law Review,* Vol.72.

[28] Kent Greenawalt, *Law and Objectivity: How People Are Treated*, Oxford University Press, 1991.

[29] P. R. Barnett, *Res Judicata, Estoppel and Foreign Judgment: The Preclusive Effects of Foreign Judgments in Private International Law,* Oxford University Press, 2001.

[30] Lewis F. Powell, Jr., "Stare Decisis and Judicial Restraint", *Washington and Lee Law Review*, 1989, Vol. 47.

五　报纸类

[1] 季卫东：《世纪之交日本司法改革评述》，载《人民法院报》，2001 年 11 月 5 日 B1 版。

[2] 信春鹰：《中国是否需要司法能动主义》，载《人民法院报》，2002 年 10 月 18 日。

[3] 江国华：《法治的伦理法则》，载《光明日报》，2006 年 8 月 7 日第 12 版。

[4] 中央司法体制改革领导小组办公室：《坚持和完善中国特色社会主义司法制度的成功实践》，载《人民日报》，2007 年 9 月 23 日第 2 版。

[5] 贺卫方：《司法改革的难题与出路》，载《南方周末》，2008 年 9 月 18 日 E31 版。

[6] 公丕祥：《中国司法改革的时代进程（下）》，载《光明日报》，2008年12月30日第12版。

[7] 公丕祥：《应对金融危机的司法能动（上篇）》，载《光明日报》，2009年8月6日第9版。

[8] 张希坡：《马锡五审判方式是人民司法工作的一面旗帜》，载《人民法院报》，2009年8月11日第5版。

[9] 王胜俊：《能动司法更加符合当代中国经济社会发展的现实需求》，载《光明日报》，2009年9月10日第11版。

[10] 王胜俊：《把握司法规律　坚持能动司法　努力推动人民法院工作科学发展》，载《人民法院报》，2010年5月6日第1版。

[11] 袁祥、王逸吟：《什么是能动司法？为什么要能动司法？》，载《光明日报》，2010年5月13日第9版。

[12] 龙宗智：《重建民众对司法的信任感》，载《南方周末》，2010年7月15日F31版。

[13] 蒋惠岭：《司法成本与司法收益的构成》，载《人民法院报》，2010年12月1日第8版。

[14] 王彬：《司法理性的多维关注》，载《人民法院报》，2011年9月8日第5版。

[15] 刘宪权：《民意、舆论与司法公正》，载《解放日报》，2012年1月8日第8版。

[16] 谢圣华：《将司法公开原则精细化标准化》，载《人民法院报》，2012年6月20日第5版。

[17] 许建兵、薛忠勋：《谈司法伦理在司法方法中的实现》，载《人民法院报》，2012年10月12日第5版。

[18] 梁慧星：《怎样进行法律思维》，载《法制日报》，2013年5月8日第9版。

[19] 孙笑侠：《民意与司法互动的八种情形》，载《北京日报》，2013年6

月 8 日第 17 版。

[20] 周强：《深化司法公开　促进司法公正》，载《人民法院报》，2014 年 1 月 27 日第 1 版。

[21] 徐汉明等：《关于深化司法体制改革》，载《法制日报》，2014 年 6 月 4 日第 9 版。

[22] 王治国：《坚持顶层设计与实践探索相结合　积极稳妥推进司法体制改革试点工作》，载《检察日报》，2014 年 6 月 16 日第 1 版。

[23] 贺小荣：《人民法院四五改革纲要的理论基点、逻辑结构和实现路径》，载《人民法院报》，2014 年 7 月 16 日第 5 版。

[24] 贺小荣：《依法治国背景下司法改革的路径选择》，载《人民法院报》2014 年 10 月 31 日第 005 版。

[25] 江国华：《深刻认识司法改革的四个重要问题》，载《河南日报》，2014 年 11 月 26 日第 5 版。

[26] 周斌：《建立防止司法干预的“防火墙”　为司法机关依法独立公正行使职权提供制度保障》，载《法制日报》，2015 年 3 月 31 日第 1 版。

[27] 崔永东：《司法责任制的传统和现实》，载《人民法院报》，2015 年 6 月 5 日第 5 版。